HISTOIRE DOCUMENTAIRE

DE L'ABBAYE

DE

SAINTE-CATHERINE

(PRÈS D'ANNECY)

L'ABBAYE DE BONLIEU

(APPENDICE)

Par F. MUGNIER

CHAMBÉRY
IMPRIMERIE C.-P. MÉNARD, HÔTEL D'ALLINGES

1886

HISTOIRE DOCUMENTAIRE
DE L'ABBAYE
DE
SAINTE-CATHERINE

(PRÈS D'ANNECY)

ABBAYE DE BONLIEU

(APPENDICE)

Par F. MUGNIER

Conseiller à la Cour d'appel de Chambéry,
Président de la Société savoisienne d'histoire et d'archéologie,
Membre de la Société florimontane,
Vice-Président du Comité d'inspection de la Bibliothèque
de Chambéry, etc.

CHAMBÉRY

IMPRIMERIE C.-P. MÉNARD, HÔTEL D'ALLINGES

1886

EXTRAIT DU TOME XXIV *des Mémoires et Documents de la Société savoisienne d'Histoire et d'Archéologie.*

L'ABBAYE DE CISTERCIENNES
DE
SAINTE-CATHERINE DU MONT DE SEMNOZ

CHAPITRE I.

SITUATION DU MONASTÈRE.

L'abbaye de Sainte-Catherine, près d'Annecy, était située à environ 3,500 mètres de cette ville, dans un repli du versant nord-ouest de la montagne de Semine ou Semnoz, à environ 630 mètres d'altitude, soit à 238 mètres au-dessus d'Annecy.

L'accès en était pénible, et, jusqu'aux derniers jours de l'existence du monastère, l'on n'a pu y arriver qu'à pied ou à cheval. Il est probable que les bâtiments, aujourd'hui remplacés par une maison moderne et par une ferme, étaient entourés de bois. De l'abbaye même, la vue ne pouvait s'étendre un peu que par une échappée au nord; mais une promenade de quelques minutes amenait bientôt les religieuses et les visiteurs sur le bord d'une corniche d'où le regard s'étend, au midi, jusqu'aux montagnes de Chambéry, et au nord, sur celles de Genève. L'on a devant soi les montagnes de Rumilly et de l'Ain; à ses pieds, la plaine d'Annecy avec le cours du Fier et un coin du lac. Il y a peu de paysages plus grandioses.

Le séjour de Sainte-Catherine, fort agréable durant l'été, était bien dur pendant l'hiver. Les religieuses, qui recevaient de nombreuses visites de mai à septembre, devaient être bien isolées d'octobre à avril. C'est le moment qu'elles choisissaient sans doute pour séjourner dans leurs familles.

Il ne reste rien aujourd'hui des constructions du XIIe siècle et de celles qui furent successivement élevées au cours des six cents années de la vie du monastère. Les seuls vestiges que l'on retrouve sont un pan de mur et la voûte de l'église conservés dans les bâtiments de la ferme, quelques chapiteaux de colonnes romanes, une fort simple fontaine voûtée, et, dans un mur du jardin, une pierre sur laquelle est sculptée une croix.

Une course à Sainte-Catherine, par une belle journée d'été, n'en constitue pas moins une excursion des plus intéressantes et des plus agréables.

Après avoir gravi facilement les pentes fleuries et boisées au sommet desquelles s'étend la petite vallée, l'on s'engage sous bois dans un large sentier conduisant au bord de la corniche. L'on a de la peine à s'arracher au paysage séduisant qui s'étale devant soi ; l'on s'y décide par la certitude d'en trouver bientôt un autre tout à fait différent : gracieux et imposant à la fois. On traverse le vallon, on escalade le petit col des Puisots, seul endroit où le voyageur puisse éprouver quelque fatigue, et l'on est bientôt sur le plateau et dans les bois du *Cret du Maure*. Là, du haut d'observatoires d'où la vue s'étend sur le lac bleu, les prairies vertes et les hauts sommets couverts de neige de la Tournette, des dents de Lenfont et du Parmeland, ou bien le long d'allées à perspectives sur le lac habilement ménagées, l'on jouit d'un spectacle tel qu'il est difficile d'en rêver de plus beau.

Si, au lieu de ne consacrer à l'excursion qu'une demi-journée, le touriste veut prolonger son plaisir, il trouve des maisons de gardes où il peut réparer ses forces. L'hospitalité qu'il y reçoit, pour n'être ni aussi délicate, ni aussi désintéressée que celle des filles de Saint-Benoît et de Saint-Bernard, n'est pas à dédaigner. C'est ce que comprennent les habitants d'Annecy qui, le dimanche, viennent se reposer des fatigues de la semaine sous les ombrages du Cret du Maure.

CHAPITRE II.

FONDATION DU MONASTÈRE. — GUILLAUME Ier, COMTE DE GENEVOIS. BÉATRIX DE GENÈVE, SA FILLE, COMTESSE DE MAURIENNE ET DE SAVOIE.

Suivant Besson (1), l'abbaye de Sainte-Catherine a été fondée en 1179, par Béatrix fille de

---

(1) BESSON. *Mémoires pour l'Histoire ecclésiastique des diocèses de Genève*, etc., p. 130.

Guillaume Ier, comte de Genevois. Cette princesse en aurait amené de Bonlieu (1) les premières religieuses, et aurait destiné l'église qu'elle y fit bâtir à être le tombeau de sa famille, comme l'abbaye d'Hautecombe (2) allait devenir celui des comtes de Maurienne et de Savoie.

Hâtons-nous de le dire, la date de 1179 n'est pas acceptée par toutes les personnes qui ont écrit sur l'abbaye de Sainte-Catherine. Jacques Replat (3) et M. l'archiviste Ducis adoptent la date de 1228 et supposent qu'en 1179 Guillaume Ier aurait fait construire, à Sainte-Catherine, une simple chapelle (4); M. le chanoine Mercier semble se ranger à cette opinion (5).

Les textes à l'aide desquels la question peut être élucidée ne sont pas très nombreux; nous allons en reproduire les extraits nécessaires pour se former une opinion plausible, sinon certaine.

La difficulté se complique de la question de savoir si Béatrix de Genève a été la seule épouse de Thomas Ier de Savoie, ou seulement sa première femme. Dans le premier cas, elle ne serait morte que dans la seconde moitié du XIIIe siècle;

---

(1) Couvent de Cisterciennes, situé à Bonlieu, commune de Sallenove, à 18 kilom. N.-O. d'Annecy.

(2) Abbaye de Cisterciens, sur la rive occidentale du lac du Bourget.

(3) Jacques REPLAT. *Bois et Vallons.*

(4) DUCIS. *Revue savoisienne*, années 1867, 1875, etc.

(5) *Souvenirs historiques d'Annecy*, p, 93 et suiv.

si, au contraire, Thomas de Savoie a épousé en secondes noces Marguerite de Faucigny, il faut regarder comme certain que Béatrix est morte vers 1218, et il devient évident que les fondations dont elle est l'auteur sont antérieures à cette date.

I.

Besson fixe la fondation à 1179; il l'attribue à Béatrix de Genève et non à son père. Il n'indique pas la charte, restée inconnue, d'où il a tiré cette date ; mais d'habitude, ses informations sont sûres, et, lorsqu'il nous a été donné de retrouver des documents cités par lui, nous avons pu constater l'exactitude de ses assertions. Il est possible pourtant que la charte originale, ou la copie lue par Besson, ait été oblitérée, et qu'un x ait été omis dans la lecture de l'acte, de sorte qu'il faudrait lire MCLXXXIX au lieu de MCLXXIX.

Comme on l'a remarqué, Béatrix devait être bien jeune en 1179, et pouvait ne pas posséder alors les ressources suffisantes pour faire bâtir un établissement religieux un peu important. Il n'en aurait pas été ainsi en 1189, et surtout en 1199, si l'on pense qu'il manque deux x dans la copie de la fondation. A cette dernière date, Béatrix se trouvait en effet depuis quatre ou cinq ans l'épouse de Thomas Ier, et pouvait puiser, soit dans ses propres biens, soit dans ceux de son mari, les fonds nécessaires à son œuvre.

II.

L'abbaye de Bonlieu, d'où sont venues les religieuses amenées à Sainte-Catherine, a été fondée en 1160. Tout le monde admettant cette date, il en résulte que, sous le rapport du personnel dont il fut composé à l'origine, le couvent a pu être fondé aussi bien en 1179, que plus ou moins longtemps après.

III.

En 1192, Guillaume Ier donne aux moines de Talloires divers droits, notamment celui de faire paître leurs porcs dans la forêt de Chevenieu (1), les servis et l'exaction qu'ila sur les églises d'Annecy et d'Annecy-le-Vieux.

Pour retarder l'époque de la fondation de Sainte-Catherine, on a dit que, si le couvent eût existé déjà en 1192, Guillaume n'aurait pas manqué d'en donner le domaine direct aux Bénédictins de Talloires, et qu'il les aurait en même temps chargés de la direction de cette église.

Ces raisons ne semblent pas péremptoires.

Guillaume, en effet, a parfaitement pu limiter ses concessions aux territoires d'Annecy-le-Vieux et d'Annecy, ne pas étendre davantage son bienfait. Et, précisément parce que le monastère de Sainte-Catherine existait déjà et possédait son directeur spirituel particulier, le comte de Genève

---

(1) Forêt existant alors entre Gevrier et Annecy, et qui a parfois été confondue à tort avec celle de Semnoz.
MERCIER, *Souvenirs historiques*, pr. n° 3, p. 612.

n'a pas eu à faire de déclaration à ce sujet en 1192.

C'est, du reste, à ce dernier avis que se range M. Ducis (1) quand, à propos d'un acte de 1190, de Guillaume Ier en faveur de l'abbaye de Bonlieu, il explique que si cette abbaye avait déjà le droit de pâturage au Semnoz, Guillaume n'avait pas à l'accorder deux ans plus tard au prieuré de Talloires.

Remarquons, toutefois, au sujet de cette charte de 1190, que Guillaume ne donne à Bonlieu le domaine direct dont il s'y agit, que *sur les acquisitions faites* par cette abbaye; qu'en conséquence, pour affirmer que la forêt de Semnoz était comprise dans la nouvelle concession, il aurait fallu établir d'abord qu'elle était au nombre des acquisitions antérieures de Bonlieu, ce qu'on n'a pas fait.

Pour notre compte, nous inclinons à penser que cette forêt avait, dès la fondation de Sainte-Catherine, en 1179 ou 1189, été attribuée à ce couvent par Guillaume, qui dotait le monastère en même temps que sa fille le faisait édifier.

IV.

C'est surtout sur une déclaration faite en 1771, par le sieur Veizi, ancien homme d'affaires de Sainte-Catherine, que l'on s'appuie pour fixer à 1228 la fondation du monastère.

---

(1) *Revue savoisienne,* 1875, p. 20.

Ainsi que nous le verrons au xviiie siècle, quand nous arriverons à l'union de Sainte-Catherine, au couvent de Bonlieu d'Annecy, le sieur Veizi, qui avait été pendant cinq ans le procureur du monastère, fut appelé à témoigner dans l'enquête ouverte pour rechercher les avantages et les inconvénients du projet d'union des deux couvents. Au cours de sa déposition il déclare que « l'abbaye « de Sainte-Catherine fut fondée, au mont Sem- « noz, par Béatrix de Savoye, fille du B. Viller- « me, comte de Genevois, *en 1228.* »

M. Ducis appelle cette déposition un acte authentique (1), et M. Mercier pense qu'il n'est pas possible de nier une date donnée d'une façon si précise par un témoin (2).

Nous ne pouvons adopter l'opinion des deux savants écrivains. D'abord, il ne faut pas confondre, au point de vue de l'authenticité, le procès-verbal d'une enquête avec les faits que les témoins y rapportent. Le premier est en effet authentique, mais les faits signalés par les témoins peuvent être faux ou erronés, et le sieur Veizi, témoin dans l'enquête, n'était pas le témoin du fait qu'il rapportait, sans indiquer d'ailleurs le titre sur lequel sa déclaration était fondée.

Il s'est évidemment trompé si Béatrix est morte en 1217 ou 1218, comme cela paraît certain ; mais

(1) *Revue Savoisienne,* 1875, p. 21.
(2) *Souvenirs historiques,* p. 97.

à supposer qu'elle ait été la seule épouse de Thomas et qu'elle ne soit morte qu'après 1240, il est peu vraisemblable qu'elle ait attendu plus de trente années pour achever ce que le comte Guillaume, son père, avait commencé, et tellement avancé déjà, que parfois on l'a appelé aussi le fondateur de Sainte-Catherine (1).

Il est possible que ce soit en 1228 que le couvent ait pris le titre d'*Abbaye*, peut-être à l'occasion de la nomination d'Agathe de Genève, en qualité de supérieure ou abbesse ; mais il est certain qu'en 1228 il existait déjà depuis assez longtemps au moins comme simple *prieuré*.

V.

L'erreur du sieur Veizi est du reste devenue manifeste par la découverte, dans les archives de Turin, de deux chartes de 1227, qui prouvent qu'à cette date l'abbaye était en plein fonctionnement et avait eu une existence déjà un peu longue.

En avril 1227, Guillaume II, comte de Genevois, accorde le droit d'asile à la maison de la *Montagny* ; et il est hors de doute que ce n'est qu'après un certain temps qu'un tel nom a pu se

---

(1) M. Ducis pense que la mort de Guillaume doit être placée au plus tôt en 1196, puisque dans une charte de 1195 il se dit *sanus et incolumis*, et qu'étant bien portant en 1195 il n'est pas probable qu'il soit mort cette même année. Cette considération n'a rien de décisif, alors surtout que Guillaume était fort âgé. (V. *Rég. gen.* n° 460.)

former et devenir la forme abrégée sous laquelle était connue et appelée l'abbaye de *Sainte-Marie* à *Sainte-Catherine du Mont de Semnoz*.

Le 3 des ides de juin de la même année, Guillaume II donne à Sainte-Catherine la leyde du sel d'Annecy, et se constitue le défenseur d'une donation de moulins, situés à Annecy, faite au monastère par Albert de Compeys (1).

VI.

Le savant archiviste de la Haute-Savoie, dont nous combattons quelques conclusions, mais qui nous servira de guide dans une grande partie de cette étude, a publié, d'après une note d'un érudit du siècle dernier, le chanoine David, une inscription qui nous paraît de nature à éclairer encore la question. Elle était écrite en caractères de la fin du xiiᵉ siècle, que nous reproduisons comme M. Ducis, en capitales romaines :

ANNO : AB : INCARNATIONE DOMIN
MILLESIMO : DUCENTESIMO : VICESIMO
HVGO CAMERACENSIS : FECIT HOC
LAVATORIUM : TEMPORE : GVLLIELMI
NONI : ABBATIS : SALVE MATER :
DEI.

Il en résulte qu'en 1220, un moine appelé **Hugues de la Chambre**, ayant pour abbé un

---

(1) Voir ci-après, page 33 et *Documents* I et II.

Guillaume neuvième (1), construisit un *lavoir* à Sainte-Catherine.

Pourquoi un lavoir, s'il n'y avait alors qu'une chapelle ? Des travaux complémentaires de ce genre ne se font d'habitude qu'assez longtemps après que les bâtiments principaux sont achevés et habités, et dans des établissements où le personnel est nombreux.

D'un autre côté, la présence du moine Hugo à Sainte-Catherine, où il se livre à des travaux importants, prouve que la communauté avait déjà un chapelain qui, de même que les aumôniers des siècles suivants, était son économe ou intendant.

VII.

Arrivons à la dernière objection contre la fondation de Sainte-Catherine avant 1228.

On sait qu'Agathe de Genève, nièce de Béatrix,

(1) On a cherché inutilement à quelle abbaye du voisinage pouvait appartenir cet abbé Guillaume *neuvième*. Sans nier qu'il existe des inscriptions indiquant le rang de nomination des abbés sauf pour un premier ou un second, nous ne pensons pas qu'il y ait d'exemples d'indication lapidaire d'un abbé, 6e, 9e, 12e, etc. Aussi supposons-nous qu'au lieu de NONI, il faudrait lire NORI pour NOSTRI. Dans ce cas, la difficulté disparaîtrait.

Le Recueil des inscriptions des abbayes cisterciennes du diocèse de Besançon contient 34 inscriptions funéraires d'abbés ou d'abbesses, et l'on n'en rencontre qu'une seule, celle de Ponce, 1er abbé de Bellevaux, où le nombre ordinal soit indiqué. *Mémoires de l'Académie de Besançon*, 1883, p. 290 et suivantes.)

14

fille de Guillaume II, est appelée *première abbesse* du couvent dans une charte de 1253, qu'elle était encore abbesse en 1273, et que l'abbesse suivante ne paraît, d'après Besson, qu'en 1292. On en conclut que, quelle que fut sa jeunesse lors de sa nomination, celle-ci ne peut pas être reculée au-delà de 1228. C'est possible ; bien qu'Agathe, destinée sans doute à l'état religieux dès ses premières années (1), peut-être à cause de quelque défaut corporel, ait pu avoir le titre de prieure ou d'abbesse tout en étant encore fort jeune ; mais il faut se souvenir que ce que nous cherchons ici, c'est l'époque de la fondation du couvent, simple prieuré d'abord, et non celle de la prise du titre d'abbaye.

VIII.

Une autre preuve de la fondation de Sainte-Catherine à la fin du XIIe siècle, se trouve dans l'épigraphe du tombeau de Guillaume Ier et de sa fille Béatrix.

Cette inscription, suivant Besson et le *Voyage littéraire* (2), était ainsi conçue : *Hic jacet felicis memoriæ piissimus Wullielmus Gebennarum*

---

(1) Nous avons un exemple semblable dans le testament d'Amédée IV, comte de Savoie, de 1252, en ce qui concerne sa dernière fille Béatrix, dont il ordonna l'entrée en religion au couvent du Beton. (GUICHENON. *Preuves*, p. 69.)

(2) *Voyage littéraire de deux religieux bénédictins*, (D. Martène et D. Durand), Paris, 1717.

comes, hujus abbatiæ insignis benefactor et pater Beatricis a Sabaudia hujus abbatiæ fundatricis in capitulo recumbentis.

Le chanoine David aurait dit (1) que cette inscription était l'œuvre d'un faux savant; mais nous croyons, avec M. Mercier, qu'à supposer qu'elle ait été retouchée, l'on y a conservé l'indication des faits qu'elle était destinée à transmettre à la postérité, c'est-à-dire les noms de la fondatrice et du bienfaiteur de l'abbaye.

S'il en est ainsi, on doit tenir pour certain que Guillaume, mort en 1195, n'a accordé ses bienfaits qu'à un établissement achevé ou près de l'être, et conclure que le monastère existait avant 1195.

CHAPITRE III.

TOMBEAU DE GUILLAUME Ier. — MARIAGE, ENFANTS, MORT ET SÉPULTURE DE BÉATRIX DE GENÈVE. — COSTUME ET RÈGLEMENT DES CISTERCIENNES.

Nous avons vu que, d'après l'inscription du tombeau de Guillaume Ier, sa fille Béatrix, épouse de Thomas Ier de Savoie, aurait été ensevelie dans le chapitre de Sainte-Catherine, et nous avons dit que sa mort devait être placée vers 1218. Recherchons d'abord ce qu'était le tombeau de Guillaume Ier. Nous ne possédons sur ce monument que les renseignements fournis par Besson et par le *Voyage littéraire*. Besson a dit : « On

(1) MERCIER. *Souvenirs historiques,* p. 97.

« y voit le tombeau de Guillaume Ier ; il est peint
« dans le tableau avec Béatrix sa fille, tous deux
« à genouil, avec cette inscription au bas : *Hic*
« *jacet*, etc. »

Le *Voyage littéraire* s'exprime ainsi : « l'ab-
« besse nous mena à l'église, où l'on voit sous le
« portique un tombeau élevé avec cette inscrip-
« tion : *Hic jacet*, etc. »

Les deux bénédictins ne parlent ni de *tableau* ni
de peinture murale, mais d'un tombeau sur lequel
est gravée l'inscription. Ne faut-il pas en conclure
que ce que Besson a appelé le *tableau* n'était autre
chose que la représentation des deux personnages
sur la pierre tumulaire placée horizontalement
suivant l'habitude, ou peut-être appuyée contre
le mur ? nous le croyons. En tout cas, on ne voit
nulle part que Guillaume et Béatrix fussent,
comme on l'a écrit, agenouillés devant la patronne
du monastère, et le monument ne répond pas à
l'idée d'un *ex voto*.

Mais Béatrix a-t-elle réellement été ensevelie
à Sainte-Catherine ? Une raison d'en douter pro-
vient d'un passage de la Chronique du couvent
d'Hautecombe (1), suivant lequel elle aurait été
enterrée dans cette abbaye le 7 avril 1230. « Anno
« Domini mccxxx sexto idus aprilis fuit hic tumu-
« lata illustris ac reverendissima domina parens
« comitum hinc et inde dormientium Sabaudiæ
« comitissa. »

(1) *Monumenta patriæ*, Scriptorum, t. I, p. 673.

Cette note, écrite longtemps après l'événement, est très probablement erronée. A la rigueur, il serait cependant possible que, morte en 1218, Béatrix eût été inhumée à Sainte-Catherine, et qu'en 1230 son mari eût fait transporter son corps à Hautecombe, où quatre de leurs fils furent ensevelis plus tard. Une telle supposition serait corroborée par cette circonstance que Béatrix n'eût pas de tombeau spécial à Sainte-Catherine ; mais l'on n'a pas retrouvé davantage les traces de celui qu'elle aurait eu à Hautecombe.

On a dit « qu'il serait étonnant qu'elle n'eût pas
« choisi sa sépulture dans l'abbaye qu'elle avait
« fondée...., qu'on peut même présumer qu'elle
« s'y est retirée les dernières années de sa vie,
« peut-être dès 1240. Cette retraite expliquerait
« l'incertitude de la date précise de la mort de
« cette princesse et justifierait la place que sa
« nièce, la première abbesse, lui donna dans le
« chœur (1). »

M. Mercier, allant plus loin, déclare positivement que « pour se préparer à mourir, Béatrix
« se retira à Sainte-Catherine, après la mort de
« son époux, en 1233 (2). »

Tout cela est du domaine de la supposition. Le seul fait certain, croyons-nous, est la mort de Béatrix de Genève, la première femme de Tho

---

(1) Ducis. *Revue savoisienne*, 1875, p. 22, 30.
(2) *Souvenirs historiques*, p. 97.

mas Ier et la mère de ses quatorze ou quinze enfants, *vers 1218*. Nous allons essayer de le démontrer, avec quelques détails, s'agissant d'une princesse dont les fils et les filles ont joué un rôle important et glorieux dans l'histoire du xiiie siècle.

D'abord, Thomas n'a-t-il eu qu'une seule femme, appelée indifféremment Béatrix (de Genève) ou Marguerite (de Faucigny) ou Béatrix-Marguerite? Nous n'hésitons pas à répondre, avec la plupart des historiens, qu'il en a eu deux : Béatrix, en premières noces ; Marguerite, en secondes noces.

On ne trouve, en effet, dans l'histoire de cette époque aucun exemple d'un nom double comme aurait été celui de *Béatrix-Marguerite*, ou de personnage historique prenant indifféremment tantôt un nom, tantôt un autre. Du reste, l'on ne signait pas les écrits ; on y faisait apposer son sceau. Celui-ci, gravé à l'avance, portait le nom réel, définitif, et ne pouvait se prêter à aucun changement. Dans le corps des chartes le nom n'était très souvent indiqué que par une initiale qui, détériorée par l'usage de la pièce, ou dénaturée par les copistes, a pu donner naissance à des erreurs. En ce qui concerne Béatrix et Marguerite, le B gothique a pu facilement être pris pour un M, et réciproquement.

Nous allons rechercher ces indications dans les chartes parvenues jusqu'à notre époque et où l'épouse de Thomas Ier est mentionnée, ainsi que dans les chroniqueurs qui ont écrit à une époque peu éloignée.

I.

Aucune charte n'indique la date ni le lieu du mariage de Thomas et de Béatrix de Genève (1). On ne rencontre de renseignements que dans les récits forts peu sûrs de nos vieilles chroniques. Si l'on en croit celle qui a pour nom : *Les anciennes chroniques de Savoye* (2), ce mariage aurait été des plus romanesques. Thomas aurait, vers 1195, fait un voyage à Genève ; après avoir dansé avec Béatrix fille de Guillaume Ier, il aurait ressenti pour elle un amour qui ne fut pas dédaigné. Sur ces entrefaites, le comte Guillaume se serait rendu à Paris et aurait promis sa fille au roi Philippe-Auguste, qui avait eu connaissance de son éclatante beauté. De retour à Genève ou à Annecy, Guillaume aurait conduit sa fille à Paris. Thomas, averti du voyage, se serait embusqué dans les défilés du Bugey, aurait surpris le comte de Genève, et s'étant emparé de la jeune fille, l'aurait amenée au château de Rossillon, où il

---

(1) Notre sentiment à cet égard est conforme à celui de M. Ch. Lefort, président de la Société d'histoire de Genève, et l'un des auteurs du *Régeste genevois*, que nous avons consulté à ce sujet.

(2) Voir *Monumenta patriæ*, SCRIPTORUM, t. I, préface et pages 171, 172. Dominique Promis attribue les *Chroniques* à MAISTRE CABARET, qui les aurait préparées à partir de 1380 et les aurait mises au jour vers 1416.

l'aurait épousée le jour même (1). Guichenon (2), après *Botero*, dit-il, a regardé cette aventure comme une fable pour divers motifs, dont le principal est qu'à l'époque du mariage de Thomas, Philippe-Auguste aurait déjà été remarié. Ainsi que l'a fait remarquer M. Terrier de Loray, dans un article intitulé : *Enlèvement de la fiancée d'un roi de France au XIIIe siècle* (3), il n'est pas absolument certain qu'il en ait été ainsi.

En effet si, d'un côté, Philippe-Auguste qui, le 5 novembre 1193, avait fait prononcer son divorce avec Ingeburge de Danemarck, par le Concile français de Compiègne, et qui avait en 1194 éprouvé divers refus d'alliance, épousa Agnès de

---

(1) Simphorien Champier, dans ses *Grandes chroniques de Savoye*, Paris, 1516, feuillet 47, répète le même récit, en ajoutant que Thomas avait eu soin de se munir à l'avance d'un prêtre pour la célébration de son mariage avec Béatrix.

(2) *Hist. généal. de la Maison de Savoie*, t. I, p. 253.

(3) *Revue des questions historiques*, 1870, p. 207 à 218. A côté de fort bonnes observations, le travail de M. de Loray contient d'assez nombreuses inexactitudes. Outre celles que nous indiquons plus loin, nous devons faire remarquer que quelques-unes des sœurs d'Amédée IV, premier fils de Thomas et de Béatrix, n'ont pas pu être les aînées de ce prince, ainsi que M. de Loray le suppose ; car Marguerite, qui se maria la première, n'était pas nubile en 1218, et Béatrix, dont la beauté fut célèbre et qui dut se marier fort jeune, n'épousa Reymond Bérenger qu'en 1219.

Rappelons, en passant, que cette dernière Béatrix fut la mère de Marguerite femme de saint Louis.

Méranie le 16 juin 1196; si, d'un autre côté, Amédée (IV) le fils aîné de Thomas et de Béatrix est né en 1197, il est possible que le mariage de ses parents ait eu lieu en 1195, avant le 25 juillet (date de la mort du comte Guillaume Ier de Genève, d'après le *Régeste genevois*), et avant le second mariage de Philippe-Auguste. Après avoir établi la possibilité de l'enlèvement, M. de Loray, s'appuyant d'une part sur un passage de la chronique latine de Guillaume de Newbrige (1), et d'autre part sur l'assertion d'un écrivain que *le fait même de la célébration du mariage de Thomas et de Béatrix au château de Rossillon serait prouvé par les titres conservés dans les archives de Genève*, croit qu'on peut considérer comme certain le fait du rapt de Béatrix de Genève lorsqu'elle se rendait en France pour épouser Philippe-Auguste.

Nous préférons l'opinion de Guichenon parce que, outre les nombreuses invraisemblances que M. de Loray a relevées lui-même dans le récit des chroniqueurs, l'on n'entrevoit pas les motifs pour lesquels Guillaume se serait rendu à Paris, en

---

(1) « Cum eam alius vir potens expetisset, parentibus
« regiam magis petitionem admitentibus, ad Franciam
« pompatice ducebatur, transiensque per fines proci prioris,
« ejus se manibus sponte injecit; a quo volens retenta et
« solemniter regia vota delusit. » Guil. Neubrige. L. V., chap. XVI. — D. Bouquet, t. XVIII, p. 49. — Citation tirée de l'article de M. T. de Loray, p. 246.

1194 ou en 1195, à un âge fort avancé, ni ceux pour lesquels il aurait refusé la main de sa fille au comte Thomas pour l'accorder à un prince qui avait déjà essuyé plusieurs refus à raison de la situation où le plaçaient son divorce et le recours d'Ingeburge à la Cour de Rome (1). Ajoutons que les archives de Genève, pas plus que celles de Turin, ne contiennent aucune pièce indiquant le lieu où Thomas et Béatrix se sont mariés (2).

Quoi qu'il en ait été réellement, nous retiendrons du récit des chroniqueurs cette observation que, tous, ils appellent la première épouse de Thomas Ier *Béatrix* et non *Marguerite*, ou *Marguerite-Béatrix*. (V. les chroniques latines, et Paradin, édit. de 1561, ch. 63.)

Maintenant examinons les chartes.

(1) Le pape Célestin III annula, le 13 mars 1196, la décision du Concile de Compiègne. (HENRI MARTIN. *Hist. de France*, 1883, t. III, p. 561.)

(2) M. T. de Loray a mal interprété un passage de M. Guillemot (*Monographie du Bugey*). Cet auteur a dit en parlant de l'enlèvement : « C'est un fait constant attesté par Lé-« vrier, auteur grave et qui n'affirme que sur des documents « sérieux extraits des anciennes archives des *Comtes de* « *Genevois*. » M. de Loray a appliqué à un fait spécial ce que M. Guillemot dit, d'une manière générale, des sources auxquelles puise Lévrier. Bien plus, M. Guillemot s'est trompé en citant Lévrier à l'appui de son opinion, car cet auteur (*Chronol. hist. des comtes de Genève*, p. 121, 131 et 284) énonce le mariage de Thomas avec Béatrix, mais ne parle ni de l'enlèvement, ni du lieu de la célébration du mariage.

II.

La première, en date du 25 février 1198, est la confirmation des franchises de Suze par Thomas Ier et par *Nichole*, fille du comte de Genève, son épouse. [Le texte donné par les *Monumenta historiæ patriæ*, LEGES MUNICIPALES, page 8, porte bien *Nichola uxore filia comitis Gebennarum;* mais il faut remarquer que l'on ne possède de ce document qu'une copie du xive siècle qui, naturellement, est dépourvue de sceau. M. Cibrario, qui l'a annotée, dit : « Il y a ici une erreur, la « première femme de Thomas Ier se nommait « Béatrix. »

Cette pièce ne fait donc que compliquer le problème.

III.

Dans de très nombreuses chartes de 1200 à 1218, publiées par Guichenon, Cibrario, Promis, Wurstemberger, on parle de la femme de Thomas Ier et l'on cite les noms de son fils aîné Amédée, d'Aimon, d'Humbert et Guillaume ses autres fils. La naissance de ceux-ci, de 1197 à 1217, y est abondamment constatée.

Le 1er juin 1218, Thomas conduit à Moudon sa fille Marguerite qu'il *promet* en mariage, car elle n'est pas encore nubile, à Hartmann, fils du comte Ulric de Kibourg. La future, accompagnée par ses frères Amédée et Humbert, est reçue par la comtesse de Kibourg. Il semble que la mère aurait dû s'y trouver, à moins qu'elle ne fût déjà décédée, ou bien empêchée par une de ses nombreuses grossesses. L'année suivante, lorsque Thomas promet une de ses autres filles, Béatrix, à Reymond Bérenger, comte de Provence, la charte signale la présence de sa femme : « *Jurant observationem hujus promissionis A. (Amédée ou Aimon), et W. (Guillaume) filii Thome comitis et a. comitissa uxor ejus* (1). »

A partir de cette époque l'intervention de la femme de Thomas se produit souvent; mais cette princesse n'est plus indiquée par l'initiale B. C'est quelquefois par un A comme dans la charte précédente; et, d'autres fois, son nom de Marguerite est écrit en toutes lettres. (Ici la lettre M a pu être prise pour un A gothique.)

IV.

C'est ainsi que, le 27 décembre 1221, Thomas fait à l'hôpital du Mont-Cenis une donation qui est approuvée par ses fils Amédée et Humbert et par Marguerite, sa femme. Ici, plus de doute, le nom est encore parfaitement lisible sur la charte, aux archives de Turin, et en voici la reproduction exacte : dōna margareta comitissa uxor c^s.

En décembre 1227, l'on trouve une donation à

---

(1) WURSTEMBERGER. *Hist. de Pierre II, comte de Savoie*, t. IV, n° 48.

la Grande-Chartreuse par M. épouse de Thomas. L'initiale s'y lit seule, mais elle y est deux fois.

Le 26 février 1231, une donation accordée au monastère d'Hautecombe est approuvée, à Pierre-Châtel, par Marguerite, en toutes lettres (*Margueritha comitissa Sabaudiæ*) et par Amédée, Aymon, Guillaume élu de Valence, Thomas, Pierre, Boniface et Philippe, fils de Thomas comte de Savoie : ils ne sont pas dits aussi fils de Marguerite. La charte a été égarée depuis la publication que Cibrario en a faite dans son splendide ouvrage sur Hautecombe (1).

V.

Le 4 mars 1232, Thomas Ier accorde des franchises au bourg de Chambéry, qu'il vient d'acheter de Berlion. La comtesse en jure l'exécution, mais son nom n'y est pas écrit. En commençant, Thomas déclare qu'il agit avec l'assistance de la comtesse son épouse et de ses fils, *atque filiorum meorum*. Cela pourrait signifier que ses fils ne sont pas ceux de sa femme actuelle; mais à la fin du document, lorsqu'il déclare qu'il fait corroborer la donation par l'apposition des sceaux, il dit : « *Atque domine comitisse uxoris mee, filiorumque* NOSTRORUM. Il semble bien, du moins,

---

(1) CIBRARIO. *Storia e descrizione della Reale Badia d'Altacomba*. DOC. IX.

qu'il faut lire ainsi ce mot qui est écrit en abrégé sur la charte originale (1).

Le sceau de l'épouse de Thomas pend encore aujourd'hui au document; il est absolument semblable à celui de la charte du Mont-Cenis de 1221, tel qu'il a été décrit et gravé par Cibrario (2). Or, comme nous savons *de visu* que le sceau de 1221 est celui de Marguerite, puisque ce nom est écrit en toutes lettres dans la charte, nous sommes certain que l'on doit appeler Marguerite aussi la princesse qui a scellé les franchises de Chambéry (3).

(1) Cette charte se trouve aux archives municipales de Chambéry.

(2) CIBRARIO. *Sigilli de princ. di Savoia*, p. 93, sceau n° 5.

(3) Il est vrai que Wurstemberger, IV, n°s 82 et 83, a publié deux extraits du *Zibaldone*, de Pingon, d'après lesquels le nom de *Béatrix*, comtesse de Savoie, existerait au bas d'une confirmation faite en 1232 (sans indication de jour, ni de lieu) de l'achat du bourg de Chambéry; mais Pingon a dû écrire d'après des souvenirs, et non avec les documents sous les yeux, car la vente de Chambéry a été publiée bien souvent, mais jamais avec ce prétendu acte de confirmation. Les erreurs commises par Pingon y sont du reste nombreuses; c'est ainsi qu'au lieu d'écrire : *in turre Stephani Vachi*, il met *in foro Stephani*. Dans l'une des deux pièces, il dit que la légende du sceau de la comtesse est : *Sigillum comitisse Sabaudie uxoris charissime;* dans l'autre, cette légende serait : † *Sigil. Beatricis comitisse Sabaudie.* Elle aurait donc eu deux sceaux distincts la même année !

Une autre preuve de la légèreté avec laquelle Pingon écri-

VI.

Nous arrivons à une charte du 23 mai 1233. Thomas Ier vient de mourir : son fils aîné Amédée IV confirme les donations faites à l'abbaye de Novalaise par ses ancêtres, pour le repos de l'âme de ceux-ci et de celle de son père. Sa promesse est ratifiée par *Beatrix comitissa*, et par ses cinq frères Guillaume élu de Valence, Boniface élu de Bellay, Aymon, Pierre prévôt d'Aoste et Philippe. Qu'était cette Béatrix ? Très probablement la comtesse de Provence, l'une des sœurs d'Amédée IV.

vait, résulte de la façon dont il a rapporté, dans son *Zibaldone*, la mort de Béatrix d'après la chronique d'Hautecombe. Nous avons vu que ce document place la *sépulture* (et non la mort) de la comtesse de Savoie, dont *le nom n'est pas indiqué*, au 6 des ides d'avril 1230, Pingon écrit : « Illustrissima Domina *Beatrix* de Gebennis, comitissa Sabaudiæ et Domina de Narembors Parens comitum Sabaudiæ *hinc inde dormientium* hic dormit. *Obiit sexto idus Aprilis* anno MCCLVII, puis cette note en marge : *Ex inscriptione Altæcumbæ*. » Personne n'a jamais vu cette inscription, et la note de Pingon semble n'être qu'une réminiscence vague et tout à fait erronée de la mention de la *chronique*.

On ne peut donc tenir aucun compte de ce document pour fixer la mort de Béatrix, femme de Thomas Ier, à 1257.

Remarquons, enfin, relativement à cette inscription, que si elle a réellement existé, elle n'aurait pu être gravée qu'après 1268 et même 1285, c'est-à-dire après la mort de Guillaume, de Pierre II, de Boniface et peut-être de Philippe fils de Béatrix, qui furent ensevelis à Hautecombe ; car c'est alors seulement que l'on aurait pu dire qu'ils dormaient aux côtés de leur mère : *Parens comitum hinc et inde dormientium*.

Celle-ci n'était, du reste, pas la seule comtesse du nom de Béatrix vivant alors dans notre pays; il y avait encore *Béatrix*, femme de Thomas II, autre fils de Thomas Ier ; *Béatrix*, fille d'Amédée IV; *Béatrix*, belle-sœur de Pierre II. C'est de là qu'est venue la confusion. Ajoutons que, dans de nombreuses chartes postérieures à 1233, il est souvent parlé de leur *mère* par les fils de Thomas; quelquefois, semble-t-il, comme d'une personne décédée, ordinairement comme d'une personne vivante. Dans ce dernier cas, il s'agissait de Marguerite qu'ils appelaient leur mère, par déférence, et faute d'un mot latin correspondant à notre expression de *belle-mère*.

Malgré les obscurités incontestables de la matière, nous pouvons conclure avec Cibrario, etc., que Béatrix de Genève est décédée vers 1218; que Thomas s'est remarié vers 1219 avec Marguerite, dite de Faucigny, dont il n'aurait pas eu d'enfants, la naissance de sa nombreuse postérité paraissant antérieure à 1217.

Si donc Béatrix et Marguerite ne sont pas une seule et même personne, il est évident que la fondation de Sainte-Catherine remonte au delà de 1217; et, si la date du nécrologe d'Hautecombe, 1230, n'est pas erronée, c'est de Béatrix que l'annaliste a voulu parler; si elle est fautive, l'épouse de Thomas dont il s'y agit peut être Marguerite, à qui l'on aurait d'ailleurs attribué à tort la qualité de mère des princes *dormant* auprès d'elle.

En terminant cette trop longue discussion, relevons une singulière inadvertance échappée à Guichenon et répétée parfois servilement par d'autres écrivains. L'historiographe de la Maison de Savoie adopte l'opinion des deux épouses de Thomas Ier : Béatrix, puis Marguerite. Il dit que la première est morte sans postérité, et attribue à Marguerite les quatorze enfants de Thomas Ier (t. I, p. 253 et 254). Cependant, à cette même page 253, il constate l'existence de Béatrix en 1210 et en 1218, sans s'apercevoir que si elle vivait à ces dates, elle est nécessairement la mère de tous les fils de Thomas et de la plupart de ses filles, sinon de toutes (1).

Nous allons désormais marcher plus sûrement ; mais avant d'aller plus loin, voyons ce qu'étaient les religieuses venues de Bonlieu à Sainte-Catherine.

M. Ducis (2), après avoir indiqué les conditions dans lesquelles un couvent, déjà nombreux, en

---

(1) CUICHENON. *Hist. généal. Preuves*, n[os] *57, 63, 69*. Cette contradiction a déjà été signalée par Bertolotti, *Compendio della Storia della Casa di Savoia,* le marquis de Saint-Thomas, *Tavole genealogiche* et Cibrario, *Storia,* t. I, p. 302. Tous les fils de Thomas, et au moins ses filles Marguerite, comtesse de Kibourg et Béatrix, comtesse de Provence, sont nés avant 1210 ou 1212.

(2) *Revue savoisienne,* 1875, p. 29.

fondait un autre pour y déverser son trop plein, raconte le départ des religieuses de Bonlieu et leur arrivée à Sainte-Catherine. Les circonstances de son récit sont vraisemblables, mais du domaine de la supposition.

Il décrit ainsi le costume des Cisterciennes et leurs occupations : « Leur costume se compose
« d'une robe de laine d'un blanc gris retenue à
« la taille par un cordon, et sur laquelle s'abat-
« taient les deux bandes d'un scapulaire noir.
« Une guimpe blanche couvrait la gorge et les
« épaules. Un voile noir pour les professes et
« blanc pour les novices couvrait la tête et le
« buste. Au Chœur, les professes portaient une
« ample tunique appelée *Coule*. Les sœurs con-
« verses avaient presque le même costume, mais
« plus simple et de couleur cendrée à cause de
« leurs occupations.

« Toutes gardaient leurs vêtements pour aller
« prendre le repos, qui durait de huit heures du
« soir jusqu'à cinq heures du matin, sauf l'inter-
« ruption entre minuit et une heure et demie
« du matin pour le chant de matines et laudes.
« Le chant des autres parties de l'office était dis-
« tribué en six autres moments de la journée.
« L'exercice de l'oraison mentale avait lieu le
« matin et à la tombée du jour.

« Elles ne faisaient que deux repas, le premier
« après dix heures du matin, le second à six
« heures du soir. L'abstinence des aliments gras

« était obligatoire toute l'année. Le jeûne et la
« discipline devaient avoir lieu les mercredis et
« les vendredis et les vigiles de fêtes.

« Le silence était perpétuel, sauf pendant une
« demi-heure après le premier repas et une demi-
« heure après le second.

« Les professes et les novices s'occupaient, à
« certaines heures, de travaux manuels, comme
« coudre, filer ou soigner le petit jardin. Le
« grand jardin était dévolu aux sœurs converses,
« ainsi que les autres travaux de la campagne,
« dans lesquels elles pouvaient être aidées par
« des domestiques attachées à la maison sans
« aucune obligation couventuelle.

« Tels étaient les principaux points de la règle
« des Bernardines primitives. (*Regula Sancti*
« *Benedicti*.) »

M. Ducis ajoute que « c'est à la suite de tra-
« vaux de défrichement et de culture que s'éta-
« blit *la Bouverie* à 400 mètres au sud du cou-
« vent, et successivement un autre grangeage à
« l'extrémité du plateau. »

Déjà au moment où les religieuses de Bonlieu
fondèrent Sainte-Catherine, la règle n'était plus
observée dans toute sa rigueur ; elles n'étaient pas
cloîtrées, et le couvent était un asile pour les
filles de familles nobles trop nombreuses ou trop
pauvres, plutôt qu'une retraite pour les âmes
ardentes entraînées par une vocation réelle.
Beaucoup d'enfants y entraient dès l'âge le plus

tendre, cinq ans, et n'en sortaient plus que pour faire quelques rares apparitions dans leur famille, où elles voyaient bien vite que leur place n'était plus marquée. Le plus souvent, la pauvreté, la simplicité d'esprit ou quelque défaut physique, décidait de leur vocation ; mais, nous nous empressons de le dire, cette espèce de sélection ne s'exerçait que sur un nombre assez restreint de personnes, car il y avait alors en Savoie peu de couvents de femmes et leur personnel n'était pas considérable (1).

CHAPITRE IV.

DONATIONS DE GUILLAUME II ET D'ALBERT DE COMPEYS. — LE DROIT D'ASILE. — LA LEYDE DU SEL. — LES MOULINS SUR LE THIOU A ANNECY.

En avril 1227, Guillaume II, fils et second successeur de Guillaume Ier, frère de Béatrix, fait

---

(1) Dans la partie de notre pays qui forme le département actuel de la Savoie, il n'y avait que les monastères du Beton (*Bitumen*) et des *Dames de Sainte-Claire* ou URBANISTES de Chambéry. Dans le comté de Genevois et le Faucigny, ils étaient plus nombreux. C'étaient d'abord BONLIEU et SAINTE-CATHERINE, puis les couvents de Cisterciennes du LIEU et de BELLERIVE, fondés vers 1150 et qui disparurent vers 1535 ; la Chartreuse de femmes, de Mélan. A la fin du XVIe siècle et dans la première moitié du XVIIe, le nombre des couvents devint fort considérable par l'arrivée en Savoie des Ursulines, des Dames Annonciades et par la fondation de l'ordre de la Visitation et de celui des Bernardines réformées, sorties de Sainte-Catherine. (BESSON, p. 103, 110, 309, 325.)

à Sainte-Catherine la concession du droit d'asile. L'importance de cet acte, le premier document authentique que nous rencontrions, nous engage à en donner ici la traduction complète :

« Moi, Vullielme, comte de Genevois, fais con-
« naître à tous ceux qui liront cette charte (1) que,
« pour honorer Dieu et l'ordre [de Cîteaux] et
« pour le remède de mon âme et de celle de mes
« prédécesseurs, j'ai accordé pour toujours à la
« maison de la *Montagni* de l'Ordre de Cîteaux,
« cette LIBERTÉ que tout homme, ou toute femme,
« qui, à raison d'une faute ou offense quelconque,
« se réfugiera à ladite maison, y soit en sûreté
« absolue et affranchi de tout danger et de toute
« peine, tant dans sa personne que dans ses biens,
« sauf le droit d'autrui, depuis le lieu appelé à
« Pellion, du côté inférieur de la maison, savoir,
« depuis la fontaine située à côté de la grange
« (*métairie*) jusqu'au sommet des monts qui l'en-
« tourent et sur toute la pente [des terres] du
« monastère (*c'est-à-dire jusqu'à la plaine*).

« Nous exceptons aussi de l'immunité les viola-
« teurs des routes publiques (2) et des églises,

(1) Nous devons à l'obligeance de M. le général A. Dufour, président honoraire de la Société d'histoire et d'archéologie, la copie de cette charte et des suivantes. Il l'a prise aux archives de Turin, sur une autre copie *fort incorrecte* du XVIe siècle. Nous avons pu, toutefois, corriger les deux premières chartes à l'aide d'une copie prise sur les originaux par le notaire J. Alexis Collomb, d'Annecy, le 16 mars 1774.

(2) Les voleurs de grand chemin.

« les ennemis manifestes du comté et les traîtres,
« s'ils le sont notoirement ou s'ils ne veulent pas
« se défendre de la trahison dont ils sont accusés ;
« les homicides, à moins qu'ils n'aient tué en état
« de légitime défense.

« J'ai confirmé cette liberté en touchant les
« Saints Evangiles ; elle a été confirmée par Alaïs
« (*Alice*) mon épouse, par R. (*Robert*) mon fils,
« Falcoz du Mont Saint-Martin, Henri, vilier
« (*administrateur*) et Ubaud, sénéchal d'An-
« necy, par le seigneur de Duing et le seigneur des
« Clets, par le seigneur de Menton, par les fils de
« la dame étrangère (*extranee*) de la Tour d'An-
« necy, par les fils du sénéchal, par les fils d'Henri
« de l'Ile, par Guillaume, écuyer, de Rumilly, qui
« ont juré sur les Evangiles.

« Quant à Albert de Compeys, qui n'a pas juré,
« il promet de bonne foi d'observer perpétuelle-
« ment [ce privilège].

« Pour plus ample confirmation de la chose,
« j'ai ordonné de corroborer cette charte par l'ap-
« position de mon sceau. Cet écrit a été fait l'an
« de grâce MCCXXVII, au mois d'avril, à Annecy. »

Le privilège que le comte de Genevois accordait
au couvent de Sainte-Catherine était considérable,
puisqu'il rendait franc tout le territoire qui envi-
ronnait le couvent et l'église. Il faut remarquer
que la charte ne parle ni de la maison ni de la
chapelle, parce que ces édifices jouissaient par eux-

mêmes du droit d'asile. La concession eût été illusoire, à cause des difficultés d'accès, si la pente assez raide par laquelle on arrivait au couvent n'avait pas joui de l'immunité.

Le bourg d'Annecy était la localité la plus importante du comté de Genevois, puisque d'une part Rumilly était une ville de guerre fermée, et que Genève était plus sous le pouvoir des évêques que sous celui du prince temporel; le Chablais appartenait d'ailleurs aux comtes de Savoie. Les comtes de Genevois habitaient souvent alors à Annecy ou dans les environs : à Annecy-le-Vieux, à la Balme-de-Sillingy. La grande proximité où Sainte-Catherine se trouvait d'Annecy a pu faire que souvent des coupables ou des malheureux sont venus y réclamer un abri et une protection qui leur permissent de voir diminuer la sévérité du châtiment, ordinairement trop rigoureux, lorsqu'il suit immédiatement le délit.

Le droit d'asile, même dans les églises, avait été supprimé par l'article 199 du règlement du Sénat de Savoie, approuvé et confirmé par l'édit d'Emmanuel-Philibert, du 3 avril 1560 (1). Comme

(1) *Des immunités des églises,* art. 199. Et n'y aura aucun lieu d'immunité pour debtes, ny autres matières civiles ou criminelles, et se pourront toutes personnes prendre à franchises, et sauf à les réintégrer en matières criminelles, s'il est par après ainsi ordonné par le Juge, quand il y aura prise de corps décernée à l'encontre d'eux, sur les informations faites des cas dont ils sont chargés et accusés. (BALLY. Stile et Règlement du Sénat de Savoie, p. 41.) V. aussi CODE FABRIEN, livre I, titre IV, défin. I.

toujours, l'autorité ecclésiastique résistait, sauf à laisser faire quand elle ne se croyait pas assez forte. C'est ainsi, par exemple, qu'en 1602, un militaire ayant été enlevé de l'église de Faverges (1) où il s'était réfugié, François de Sales prononça le 21 décembre, peu de jours après son sacre, l'ordre suivant : « Nous avons appris avec peine qu'au « mépris de notre mandement un soldat qui s'était « porté dans l'église de Faverges pour y jouir de « l'immunité accordée depuis longtemps aux égli- « ses et à elles acquises par un droit irrévocable, « a été enlevé de force du saint lieu…. Ordonnons « de le restituer à cette église dans les vingt-quatre « heures, ou de faire connaître les motifs du refus. » (tiré du texte latin) (2).

A cette concession considérable du droit d'asile, le comte de Genève fait succéder des dons matériels très importants et dont le monastère se prévaudra encore au XVIIIe siècle.

Le 11 juin de la même année (3 des ides de juin) il donne au couvent la leyde du sel à Annecy, et deux sols de cens à recevoir chaque jour de mars; il l'exempte de toute leyde et de tout péage pour tout ce qu'il vendra ou achètera dans le comté; il lui permet d'acquérir ou de recevoir, à titre gratuit en franc alleu, tout fief dans ce même territoire.

(1) Petite ville à 23 kilom. S. d'Annecy.
(2) *Nouvelles lettres inédites de saint François de Sales*, par Datta. Blaise, 1835, p. 257.

Il lui donne tout ce qu'il a ou peut avoir à Malaz (un kilom. N.-O. de Sainte-Catherine), Guillaume de Semnoz et son tènement, les tènements de Rodolphe le Chauve et d'Hugues de Novelles, le tiers d'une vigne à Annecy-le-Vieux, un veissel de froment à Brogny, la dîme du blé à Flagier, deux muids de vin au clos de Lapraz, pour dire la messe à l'autel de la Vierge, un seitier de noyaux à Thônes. Il donne à Dieu, à la bienheureuse Vierge du Mont et à ses servantes, à perpétuité, tous les droits qu'il a au Mont de Semnoz depuis le nant (1) de Vovray jusqu'à la [pierre] noire, prés, pâturages, bois, terre cultivée ou non, sans aucune exception.

Albert de Compeys intervient à l'acte. Il donne à son tour les moulins du Thiou (2) à Annecy, qu'il a achetés paisiblement d'Albert de Magez, à qui le couvent payera en outre dix livres; le comte se rend garant de la donation. Albert de Compeys donne encore dix sols annuels pour l'entretien d'une lampe qui brûlera nuit et jour, douze deniers, deux pains et trois poulets assurés sur des terrains à Lafon et à Loverchy.

Les témoins de cette donation sont, outre le comte et son épouse, Guillaume Falconaz, clerc,

---

(1) Nant : ruisseau.
(2) Thiou, rivière formée par les eaux qui sortent du lac d'Annecy; elle se jette dans le Fier à Cran, à deux kilom. ouest environ d'Annecy.

Albert de Compeys, Guillaume de Cuyne et Guillaume de la Tour. (V. *Doc. II.*)

Ces gentilshommes, ainsi que ceux mentionnés dans la charte précédente, formaient la petite cour du comte de Genève; cependant, Guillaume de Cuyne était le vassal du comte de Savoie (1). Albert de Compeys était peut-être le frère, mais plutôt le père de l'abbesse Béatrix de Compeys dont il va être parlé. Dans la charte que nous venons d'analyser, il n'est fait aucune mention de celle-ci ; et, notamment, il n'y est pas dit que la donation faite par Albert ait pour cause la dot de sa sœur.

CHAPITRE V.

SAINTE CATHERINE SE REND INDÉPENDANTE DE BONLIEU. — LES DEUX PREMIÈRES ABBESSES : AGATHE DE GENEVOIS ET BÉATRIX DE COMPEYS. — TOMBEAUX DE ROBERT, ÉVÊQUE DE GENÈVE, DE GUI, ÉVÊQUE DE LANGRES, ET DE BÉATRIX DE COMPEYS.

En 1242, la maison-mère de Bonlieu et Sainte-Catherine n'étaient encore que de simple prieurés, ainsi que le démontre une charte retrouvée par M. Jules Vuy et qui a fait l'objet d'une étude de cet écrivain dans la *Revue savoisienne* (2).

(1) Nous retrouvons Guillaume de Cuyne, Albert de Compeys et Falcon du Mont Saint-Martin, cautions du comte de Genève, dans un acte du 2 mai 1227, par lequel il donne pour femme à Jacques de Curienne, châtelain de Montmélian, la veuve de Pierre Portier, de Rumilly. (Wurstemberger, IV, n° 65 b.)

(2) *Revue savoisienne,* 1867, p. 37, 45, 54, et 1875, p. 29.

A cette époque, un procès éclata entre les deux monastères. Les religieuses de Bonlieu revendiquaient leur suprématie sur Sainte-Catherine, l'exercice de l'autorité de la maison-mère sur la fille. Les deux communautés s'adressaient des réclamations réciproques, dont le texte manque, et qui furent soumises au chapitre général de Cîteaux. Celui-ci désigna J., abbé du Miroir (Bresse), et P., abbé de Chassagne (Châlonnais), pour concilier les parties. Les arbitres statuant dans la cause *entre la prieure et les nonnes (moniales) de Bonlieu d'une part et la prieure et les nonnes de la Montagni d'autre part* (1), décidèrent que les réclamations des deux couvents se compenseraient et que, moyennant le paiement que Sainte-Catherine ferait à Bonlieu d'une somme de trente livres genevoises, monnaie, elle serait affranchie de toute dépendance envers celle-ci.

L'abbé M. de Bonmont (canton de Vaud, Suisse) fut désigné comme garant de la transaction pour Bonlieu, et B., abbé de Saint-Sulpice (Bugey), pour Sainte-Catherine, après que les parties eurent juré sur les Evangiles d'observer cet accord sous la sanction pénale de trente livres viennoises, monnaie.

Les trente livres genevoises ne furent pas

(1) In causa que vertebatur inter priorissam et moniales de bonoloco ex una parte, et priorissam et moniales de montanea ex altera. (V. *Document* III.)

payées et le Chapitre général dut ordonner la signification de la sentence arbitrale aux religieuses de Sainte-Catherine par les soins de B., abbé de Saint-Sulpice, et de R., abbé d'Hautecombe (1).

Sainte-Catherine s'exécuta; et en juin 1243, les deux abbés lui remirent, en signe de libération, la charte de transaction munie de leurs sceaux.

On a supposé que Béatrix de Genève et de Savoie aida, dans cette circonstance, sa nièce, l'abbesse Agathe de Genève ; mais il y avait longtemps que Béatrix était morte, si, comme nous croyons l'avoir démontré, elle n'était pas la même personne que Marguerite, seconde épouse du comte Thomas Ier. Nous pensons, d'ailleurs, qu'Agathe n'était pas à ce moment à la tête du monastère, dont la supérieure portait simplement le titre de *prieure*. Si la sœur du suzerain eût été la supérieure de Sainte-Catherine, certainement on l'aurait indiqué dans les actes du procès.

Le titre d'abbesse de Sainte-Catherine du Mont apparaît, pour la première fois, avec *Agathe de Genève*, ou *de Genevois*, dans une charte du 6 des ides de janvier 1252, si l'on suit le style pascal, ou 1253, si l'on fait commencer l'année à Noël. Elle assiste, avec sa mère (Alaïs ou Alice, de la Tour-du-Pin), à Annecy, dans la cour du comte, à la renonciation que fait son frère Amédée, évê-

---

(1) Rodolphe II. BLANCHARD. *Histoire de l'abbaye d'Hautecombe,* p. 111.

que de Die, en son nom et en celui de leurs frères Henri, laïc, Robert, chanoine de Vienne, Guillaume et Guigues, clercs, de leurs droits dans la succession paternelle, en faveur de Rodolphe, leur frère aîné (1).

Agathe de Genève est encore nommée dans deux actes (2) du 27 septembre 1273 (le mercredi après la fête de saint Mathieu, apôtre), passés à Châtillon, entre les membres de la famille de Genève, sous la présidence de Guy, archevêque de Vienne. Elle est désignée la première parmi les témoins, une fois par ces mots : *Abbatissa de Monte* ; l'autre par ceux-ci : *Agatha abbatissa de Montana*. Ses frères Amédée, évêque de Die, et Gui, évêque de Langres, assistent à ces pactes de famille.

Il est possible que ce soit cette abbesse qui ait fait élever le monument de Guillaume Ier, son aïeul, et celui de Béatrix, sa tante : il est probable encore qu'une pierre tombale rappelait son propre souvenir, mais il n'existe aucun document à ce sujet. L'époque de sa mort est ignorée.

Amédée, évêque de Die, avait fait son testament, dans son diocèse, semble-t-il, le 21 janvier 1275, style pascal (en 1276 si l'on commence l'année à

---

(1) Invent. genevois. *Fasc. I*, n° 9. Wurstemberger, IV, n° 316.

(2) *Régeste genevois*, n°s 1104 et 1105. *Mém. et Doc. de la Soc. d'Hist. et d'Archéol. de Genève*, t. XIV, p. 405. Archiv. de Turin, duché de Genevois, paq. 1, n°s 25 et 24.

Noël). Il ne tarda pas à mourir, car vers 1275, l'évêché de Die fut réuni à celui de Valence, sous Gui de Montlaur. Bien que l'évêque n'indique pas le lieu de sa sépulture, il est vraisemblable que son corps aura été transporté immédiatement à Sainte-Catherine par les soins de Hugues de Genève, l'un de ses légataires, de Guillaume de Rumilly et de Rodolphe de Pontverre, témoins à son testament (1). Dans ce cas, sa sœur aurait pu faire élever son tombeau.

Par son testament du 5 des nones de mai 1271, Thomas II de Menthon destina sa fille *Prisce* (2) à être religieuse à Sainte-Catherine.

La deuxième abbesse fut *Béatrix de Compeys*. Elle était fille, a-t-on dit, de Gérard de Compeys, seigneur de Thorens, vidomne de Genève ; mais il faut remarquer qu'elle n'est pas mentionnée dans l'étude historique de M. Costa de Beauregard (3).

---

(1) *Locis citatis*, p. 406 et paq. n° 27 ; les autres témoins sont du diocèse de Die ou des environs : Humbert *de Saint-Laurent*, Aymar et Humbert Romans (ou *de Romans*), Ramus, *d'Alex*, Odol, *de Montvendre*, Jean et Arnaud, *d'Aoste*, commune voisines de Crest (Drôme, arrond^t. de Die).

(2) Fille de Thomas de Menthon et de Prisce de Compeys, *Notice généalogique de la famille de Menthon*, p. 6.

(3) Costa de Beauregard. *Les Seigneurs de Compeys*.

Cet écrivain n'a fait mention de Béatrix ni dans le texte de son ouvrage, ni dans le tableau généalogique des Compeys. Cependant son existence est certaine : nous allons rapporter l'inscription gravée sur son tombeau.

On ne connaît pas l'époque précise à laquelle elle succéda à Agathe de Genève. Besson cite Béatrix en qualité d'abbesse en 1292; mais elle l'a été plus tôt. C'est durant son administration que fut fondé à Sainte-Catherine l'anniversaire d'Agnès de Montfalcon, première femme d'Aimon II, comte de Genevois, décédée le 19 août 1279. Ce seigneur épousa, avant la fin de cette même année (1279), Constance de Béarn. Le 18 novembre 1280, il fit son testament à Mont-de-Marsan. On y lit, entre autres dispositions, un legs de vingt *livrées* de terre pour l'anniversaire de sa femme Agnès, pour le sien et celui de ses ancêtres. « Item lego
« domui abbatice montis de Savinea (*Seminea*)
« viginti libratas terræ annuales pro anima mea et
« Agnetis quondam uxoris meæ et antecessorum
« meorum (1). » On ne dit pas dans quelle partie du Genevois ces terres étaient situées.

Les propriétés du monastère avaient encore reçu, le 1er avril 1280, un accroissement considérable.

Robert de Genève, seigneur de Rumilly en Albanais et de Gruffy, donne, sous réserve d'usufruit, à B. (*Béatrix*), abbesse, et aux religieuses de Sainte-Catherine, les moulins et battoirs mus par l'eau de la Veneysi à Gruffy (2). Il interdit à

(1) *Mém. et Doc. Soc. Gen.*, t. XIV, p. 164.
(2) Voir *Document* VI. Gruffy, commune du canton d'Alby, à 4 lieues sud de Sainte-Catherine. La Veneysi était un ruisseau appelé maintenant la Veïse, et qui fait encore tourner des moulins.

quiconque d'en construire dans cette paroisse ; il veut qu'à sa mort l'abbaye en soit saisie de plein droit sans avoir besoin de recourir à une déclaration du juge, et que personne ne puisse réclamer la caducité du legs, même après cinq cents ans.

Robert fit sans doute cette importante donation à l'abbaye, afin de rémunérer à l'avance les soins que les religieuses prendraient pour sa sépulture et pour celle de son frère Gui, évêque de Langres.

L'évêque de Genève mourut le 14 janvier 1287 ; quant à Gui (Guigues ou Guillaume), il décéda vers 1291, un 6 mai (1).

Suivant les auteurs du *Voyage littéraire*, l'anniversaire de Gui se faisait à Sainte-Catherine, le 11 des Calendes de décembre (21 novembre). Le peuple avait une grande vénération au tombeau de ce prélat, qu'on appelait le Bienheureux Guigues. Nous savons, par le *Registre des vestures*, que son tombeau était placé sous le parvis de l'église, car, le 20 avril 1711, Isabeau Marcot, *rendue* de l'abbaye, fut ensevelie *sous le parvis de l'église, à côté de la tombe du Bienheureux Gui*. La faveur d'être enterré auprès des tombeaux des Bienheureux Guillaume et Gui s'achetait par la donation de quelques biens, comme on le verra au XVIIIe siècle.

La pierre tombale de Béatrix de Compeys a été,

---

(1) *Régeste genevois*, n° 1246. M. Ducis place la mort de Robert au 1er avril 1288, et celle de Gui au 6 mai 1290.

lors de la démolition du monastère, transportée à Annecy-le-Vieux, au village de Frontenex. Elle est actuellement placée debout dans un mur du jardin de M. Thévenet, et pour longtemps à l'abri des injures du temps. Cette pierre, de 2 mètres de longueur sur 0ᵐ 40 de large, porte l'inscription suivante en caractères du xive siècle, autour d'une crosse abbatiale qui a, elle-même, 1 m. 40 c. de longueur.

Jacet hic † ANNO DMI ⋮ M ⋮ CCC ⋮ SEPTIMO ⋮ XII°. CAL. IVLII OBIIT NOBILIS ⋮ DOM ⋮ DNA ⋮ B ⋮ DE CPEIS SCD ⋮ ABBA ⋮ DE ⋮ MOTE CVI ⋮ AIA REQVESCAT IN PACE ⋮ AM ⋮

La pierre a été ébréchée en deux endroits : après le mot XII° et après IVLII ; la restitution est facile pour le second mot manquant, c'est OBI ou OBII. Quant au premier, c'est CAL. ou MENSIS ; les deux lectures sont plausibles. S'il y a CAL, Béatrix de Compeys serait morte le 19 juin 1307 ; s'il y a MENSIS, son décès a eu lieu le 12 juillet. Nous croyons qu'il faut lire CAL. parce que la computation romaine était alors plus ordinaire. Nous la rencontrons précisément dans les deux chartes qui vont suivre.

CHAPITRE VI.

XIVe SIÈCLE. MARGUERITE DE MIOLANS, TROISIÈME ABBESSE. — SÉPULTURE D'AMÉDÉE II DE GENEVOIS. — GUIGONNE ALAMAND, QUATRIÈME ABBESSE. — SCEAU DE L'ABBESSE. — PÉRONNE DE CRESCHEREL, CINQUIÈME ABBESSE.

La troisième abbesse fut *Marguerite de Miolans*. Suivant la petite chronique appelée *Fasciculus temporis* (1), le comte Amédée de Genevois, mort le mercredi 22 mai 1308, aurait été enseveli à Sainte-Catherine le vendredi suivant.

« A. D. MCCCVIII die mercuri in vigilia Ascen-
« sionis Domini XXII mensis Maï videlicet XI
« kal. mensis Junii, obiit illustris vir D. Amedeus
« comes Geben. apud *lu Bacho* et die veneris se-
« quenti fuit sepultus apud *la Montagny.* »

Les auteurs du *Régeste genevois* avaient cru que ce nom de *la Montagny* désignait un château près du Vuache; mais M. Jules Vuy a rappelé que c'était le nom sous lequel on indiquait alors l'abbaye de Sainte-Catherine du Mont (2), et nous avons vu qu'il a déjà été employé dans les donations de 1227.

Agnès de Chalon et son fils Guillaume III accompagnèrent à Sainte-Catherine le corps d'Amédée II, leur époux et père; ils voulurent sans doute se montrer reconnaissants de l'empressement des religieuses à lui rendre les derniers devoirs, et ré-

(1) *Mém. et Doc. Soc. Gen.*, t. IX, p. 302.
(2) *Rég. gen.*, n° 1619. *Rev. sav.*, 1867, p. 35; 1875, p. 38.

compenser les soins respectueux dont ils étaient eux-mêmes l'objet. Ils confirmèrent, après vérification des titres, une donation que nous ne connaissions pas encore, celle des dîmes de Champelaz, près de La Roche, puis celle des moulins et battoirs de Gruffy (1).

Cette charte (on se souvient qu'on ne possède à Turin qu'une copie fort incorrecte et d'une lecture difficile) est évidemment fautive dans sa date : « Datum die aprilis vj Calendas in capitulo « die mercurj ante festum pentecostis, anno Domini m° ccc° hoctavo. » Amédée étant mort le 22 mai, sa femme, Agnès de Chalon, n'a pas pu se dire veuve, *relicta*, le 27 mars. Du reste, en 1308, Pâques était le 14 avril (2) et Pentecoste le 2 juin ; le mercredi avant Pentecoste était donc le 29 mai, soit le 4 avant les Calendes de juin.

Cette difficulté n'est pas la seule que soulève l'interprétation de ce document. La donation est faite, dans le chapitre, au monastère et à son abbesse, sœur Marguerite de *Menthon, notre nièce*, (*religiosa domina soror Marguerita de Menthone, nepotis* (sic) *nostra*). Cette qualification de *nièce* est écrite deux fois. Or, Besson appelle la troisième abbesse Marguerite de Miolans et non Marguerite de Menthon. D'un autre côté, la notice généalogique de la famille de Menthon est com-

(1) V. *Document V.*
(2) *Art de vérifier les dates.*

plètement muette sur cette *Marguerite de Menthon*. Il faut en conclure que le copiste des Archives de Turin a mal lu le titre original, où il n'y avait peut-être que l'initiale M qu'il a cru pouvoir interpréter par *Menthon*.

A Marguerite de Miolans succéda, vers 1341, *Guigone Alamand*, parente (peut-être sœur) de Thomas Alamand, qui était alors prieur du monastère de Talloires. Elle appartenait probablement à l'illustre famille Alamand, de Saint-Jeoire en Faucigny. M. Ducis croit que le prieur de Talloires et l'abbesse de Sainte-Catherine sortaient d'une famille Alamand, de Saint-Jeoire, ou Saint-Jorioz, village sur la rive gauche du lac d'Annecy (1).

Le 20 août 1340, une transaction fut passée entre l'abbaye du Mont et le prieuré de Talloires au sujet des novales de Groysier (2). Il fut convenu que les religieuses percevraient cette dîme et qu'elles donneraient au curé de la paroisse deux coupes et demie de froment et autant d'avoine (3). M. Ducis a constaté, d'après des albergements de 1343 et de 1346, que l'abbaye avait à cette époque des propriétés à Loverchy et à Vovray (4). Nous avons vu plus haut qu'elle possédait ces propriétés presque depuis sa fondation.

Le 18 octobre 1344 (anno ab incarnatione

(1) *Revue savoisienne*, 18 , p.
(2) Groisi-en-Bornes, canton de Thorens.
(3) Ducis. *Revue savoisienne*, 1875, p. 39.
(4) Ducis. *Loc. cit.*

Dni) (1), Reymond de Larichier ayant vendu à un sieur Thomassin, d'Annecy, des terres à Vovray relevant du fief de l'abbaye, et dont il l'investit par la tradition d'un bâton (traditione unius baculi manualiter, ut moris), l'abbesse (*Guigona Alamandi humilis abbatissa de monte*) approuve l'acte le 25 février suivant, en qualité de seigneur de la terre vendue, et le fait sceller du sceau de l'abbaye.

Ce sceau, de forme ovale, a 4 centimètres de haut sur 23 millimètres de large. Type : la Vierge couronnée, portant l'enfant Jésus nimbé, tient un sceptre. Au-dessous, et séparée par le toit d'une niche, sainte Catherine agenouillée, les mains jointes et élevées; à droite, quelques signes effacés; à gauche, une palme semble-t-il, et au-dessus un C. (peut-être S. au lieu de la palme. Il y aurait alors S. C., Sancta Catharina.) Autour : la légende S. ABBATISSE DE MONTANEA (2).

Suivant l'obituaire de Bonlieu, Guigonne Alamand serait morte le 12 avril : *Obiit domina Guigona que fuit abbatissa de Monte.*

Cette mention ne prouve pas que l'abbesse se fût démise de ses fonctions, ni qu'elle se fût retirée et fût morte à Bonlieu : elle établit seulement qu'après son décès, un anniversaire, pour le repos

---

(1) L'année commençait donc parfois à Annecy à l'Annonciation, 25 mars.

(2) *Sceau de l'abbesse de Montagny.*

de son âme, avait été fondé dans la maison-mère, ainsi que cela était d'un usage fréquent. Le nécrologe d'Abondance nous en fournit de nombreux exemples ; il contient les *obiit* d'un très grand nombre de religieux et de convers de Sixt, d'Illy, de Peillonnex, etc., qui sont morts dans leurs couvents, mais qui avaient un anniversaire dans l'abbaye-mère (1).

M. Ducis (2) cite une abbesse nommée Prisque Alamand, en 1365. Nous pensons qu'il s'agit de la même personne dont le prénom *Guigona* ou *Guigua* aura été mal écrit ou mal lu ; il y a peu de différence entre Guigua et Prisqua, et le nom de Prisqua est bien rare. Sous la forme de *prisca* (vieille), il aurait peut-être indiqué seulement l'âge avancé de l'abbesse.

Après Guigonne Alamand, Besson cite, en 1370 et le 30 janvier 1403, *Péronne de Crescherel.*

M. Ducis (3) fait descendre la famille de Crescherel de celle de Saint-Thomas Becket, laquelle se serait d'abord réfugiée en Hollande, d'où Boniface de Savoie, devenu archevêque de Cantorbéry, la retira pour l'établir dans ses terres d'Ugines. Jean, arrière-neveu du saint, aurait épousé

(1) *Rev. savois.,* 1875, p. 39. *Monumenta patriæ. Scriptorum,* III. col 326. V. aussi notre *Prieuré de Peillonnex,* **p. 53.**

(2) *Revue savoisienne,* 1879, p. 7.

(3) *Revue savoisienne,* 1875, p. 39.

Marguerite de Beaufort, et leur fils Hugonnet aurait eu douze enfants, parmi lesquels trois filles, Amédée, Annette et Péronnette, auraient été religieuses à Sainte-Catherine.

Jean épousa en secondes noces Alexie de Crescherel (1), et de là vint le nom de Crescherel porté par la branche d'Hugonnet.

Le 1ᵉʳ septembre 1360 (2), Péronnette de Crescherel approuve la reconnaissance faite par Nicolet de Bessonnay en faveur de Ponete, fille de défunt Jonod, le serraillon (*le serrurier*), d'une pièce de terre vers Loverchy, relevant du fief de Sainte-Catherine (3).

M. Ducis n'indique pas le fond où il a puisé ces divers documents ; il est probable que les derniers proviennent des archives départementales de la Haute-Savoie, et qu'il a trouvé ce qui se rapporte aux Becket dans les archives des vallées de Beaufort et d'Ugines, qu'il connaît intimement.

Le 10 septembre 1370, Jean Ranaczat, procureur de l'abbesse Péronnette de Crescherel, consent un albergement, pour 2 sols de rente, de terrains situés près de Chessenaz et d'Herier en Semine. L'acte avait été reçu par le notaire Jean Bonhom-

---

(1) Crescherel, château au confluent de la Chaise et de l'Arly, près d'Ugines, en Savoie. Nous avons lu, dans un titre de 1589, cette indication : noble Philippe *d'Holande* dit de *Crescherel*.

(2) Il est donc difficile qu'il y ait eu, en 1365, une abbesse du nom de Prisque Alamand.

(3) *Revue savoisienne*, 1875, p. 39.

me, de Siondaz (1). Jean Ranaczat était le chapelain du couvent; il mourut vers 1413, ainsi que nous le verrons plus loin.

En 1381, l'abbesse dut se pourvoir auprès de Mathilde de Boulogne (2), comtesse de Genève, qui gouvernait pour le compte de son fils Pierre, contre des personnes qui avaient fait construire un moulin à Gruffy, et disaient y avoir été autorisées par les gens du prince. Elle a soin, pour attirer l'attention et l'intérêt sur sa supplique, de rappeler que le comte de Genève a droit à la moitié des profits produits par le monopole des moulins et battoirs sur la Veneysi.

Voici sa requête; elle est en français :

« A vous tres excelente princesse de Mahaut
« de Bollogne comtesse de Genève, sa très chère
« et redobtée dame humblement signifie la ab-
« baisse de Sainte-Catherine de la Montagne pres
« d'Annessy que come de la bonne memoire mon-
« seigneur Robert de Genève evesque du dit lieu
« adoncques sires de Rumilly en Arbanoys et

---

(1) D'après l'extrait tiré des minutes du notaire Rolet, de Musiége, de 1381, par M. Jules Vuy, vice-président de l'Institut genevois, qui a bien voulu nous l'adresser. (Voir *Document* VI.)

(2) Mathilde, ou Mahaut, de la maison de Boulogne-Auvergne, femme du comte Amédée III, de Genève, dont elle eut cinq filles; le dernier de ses fils fut Robert, qui devint l'antipape Clément VII. (GALIFFE, *Genève, hist. et archéol.*, t. II, p. 111 à 113.)

« de Gruffy pour la raison de son patrimoine
« pour le remede de son ame et de ses devanciers
« ayt donne en aumosne perpetuelle a la dicte ab-
« baie ses mollins et battoirs de Gruffie qu'il avoit
« en laigue de la Veneysy par telle maniere qu'en
« la proche conté de Gruffie nulle personne ne
« puisse faire ny édifier perpetuellement aultres
« mollins ne battoirs et vous tenez l'aultre moytié
« et ainsi maintenant aulcungs au prejudice de la
« dicte donation s'efforcent de faire maintenant
« en ladicte parrochie mollin et battoir laquelle
« chose ne se doibt faire pour l'ordonnance des-
« sus dicte et ce pour la cause quil afirme que vous
« ou vos gents ont abergé le lieu ou il est faict.

« Elle vous supplie pour Dieu et pour aumosne
« pour ainsi comme vous este accoustume de main-
« tenir et soubstenir la dicte vostre povre abbaie
« qu'il vous plaise de restituer et faire délivrer
« maintenant a la dicte abbaie les dicts mollins
« et battoirs et que la novellité (*le nouvel œuvre*)
« faicte au prejudice de la donation dessus dicte
« soit hostee et tollee et a la dicte abbaie main-
« tenue liberalement la dicte donation a leur faicte
« pour celluy qui en celuy tems estoit seigneur
« dudit lieu. »

La comtesse, sur l'avis de son conseil et après vérification du titre, ordonna, le 13 juillet 1381, à Clermont, que les moulins et battoirs nouvellement construits à Gruffy et dans le mandement de ce lieu fussent supprimés, que le châtelain veillât au maintien du monopole de l'abbaye, et que le receveur des comptes supprimât de son rôle le nouveau moulin (1).

Il paraît que l'on fit opposition à cet ordre, car par d'autres lettres données à Grésy (sur Aix) le 14 septembre suivant, Mathilde de Boulogne ordonna de nouveau au châtelain de Gruffy de faire détruire les moulins construits au détriment du privilège de l'abbaye de Sainte-Catherine (2). Pour n'avoir pas à y revenir ailleurs, disons que par acte reçu M⁰ Claude Daviet, notaire à Mûres, le 16 juin 1569, des moulins situés à Gruffy furent loués au sieur Jean de Bussat, de Cusy, sous la redevance annuelle de 90 coupes de froment, 60 coupes de seigle, 3 coupes de millet, mesure de Gruffy, un pourceau gras, 120 livres de chanvre battu, 2 poulets, 8 chapons et 24 livres en argent (3).

Lors de la confection du cadastre de 1730, les moulins de Gruffy appartenaient à Joseph Bernard de Menthon, baron de Gruffy. Il est possible qu'ils eussent été aliénés à cette branche de la famille de Menthon lors de la supériorité de Claudine de Menthon, vers 1602, ou de Marie-Victoire de Menthon, vers 1716.

En 1378, un membre de la famille des Comtes

(1) V. *Document* VII.
(2) V. *Document* VIII.
(3) D'après une note de M. l'instituteur de Gruffy.

de Genevois, Robert de Genève (Clément VII), avait été élu pape contre Urbain VI, et avait reporté le siège de la papauté à Avignon. Il possédait, avant d'avoir hérité du comté tout entier, divers fiefs en Savoie. Par un bref daté d'Avignon, le 23 mai 1389, dans lequel il agit comme pape en même temps qu'en qualité de seigneur, il donne à l'abbaye et aux religieuses de Sainte-Catherine un personnat (1) dans l'église de Thônes, devenu vacant par la résignation de maître Jordan Emon, chanoine de Genève. Cette donation est faite à l'abbaye pour l'aider à supporter ses charges, sans qu'elle ait besoin, pour en prendre possession, d'obtenir la permission de l'autorité diocésaine et nonobstant tous statuts et coutumes contraires.

Le 12 mai 1394, peu de temps avant le décès de Clément VII, qui mourut à Avignon le 26 septembre suivant (2), la comtesse Mathilde se qualifiant de gouvernante du Comté de Genève pour notre très saint seigneur le pape Clément VII, prince héréditaire de Genève, confirma à l'abbaye de Sainte-Catherine le privilège dont ses moulins d'Annecy jouissaient, d'être exempts de tous impôts, taxes et subsides, en vertu de franchises anciennes confirmées, semble-t-il résulter de cette charte, par le comte Pierre (1370-1394).

(1) V. *Document* IX. Un personnat était un petit bénéfice ecclésiastique.
(2) V. *Chronol. pour les études histor. en Savoie*, p. 19.

Cette nouvelle confirmation est faite à l'occasion des réclamations adressées aux meuniers de l'abbaye par les capitaine et gens du comte, pour qu'ils contribuassent aux frais de réparation des fortifications de clôtures (remparts?) de la ville d'Annecy. A ce propos, la comtesse rappelle que les corps de beaucoup de membres de la famille de Genève reposent dans le monastère dont les ressources sont à peine suffisantes à ses besoins ordinaires. Cette franchise est accordée à la Balme (Balmis), et contresignée par le seigneur de la Rochette ou de Rochette, écuyer, et Pierre Guillerme ou Guillaume, juge de Genevois (1).

CHAPITRE VII.

XVe SIÈCLE. SIXIÈME, SEPTIÈME, HUITIÈME, NEUVIÈME ABBESSE. — JACQUEMETE DE MENTHON. — AYNARDE DE SAINT-JEOIRE. — CATHERINE BLANC. — ANNE DE SAINT-JEOIRE.

Nous sommes arrivés au quinzième siècle.

En 1410, l'abbesse est *Jacquemete de Menthon*. fille de Robert de Menthon, bailli de Genevois, et d'Isabelle de Lucinge. Cette abbesse mourut avant le 16 mai 1425 (2).

Le 5 août 1401, Odon, dernier membre de la famille de Genève, avait vendu ses droits sur le comté à Amédée VIII, comte de Savoie. Celui-ci,

(1) V. *Document* X.
(2) Besson, p. 131. *Revue savoisienne*, 1875, p. 39, 216.

par des lettres données à Thonon, le 12 décembre 1413, confère la chapellenie de Sainte-Catherine, vacante par le décès récent de Jean Ruazet, chanoine de Genève, qui paraît être le même que Jean Ranaczat dont nous avons parlé plus haut, à un clerc nommé *Moruri*. Amédée VIII dit que cette chapelle ou chapellenie avait été dotée par le comte Amédée, son oncle et l'un de ses prédécesseurs, d'un revenu annuel de dix livres genevoises à prendre sur les produits de la leyde d'Annecy, moitié à Noël, moitié à la fête de sainte Marie-Madeleine (1).

A Jacquemete de Menthon succéda probablement *Aynarde de Saint-Jeoire*. Cette abbesse apparaît dans un document du 16 mai 1425, qui nous fait connaître le personnel de l'abbaye à cette date (2). C'est un acte par lequel Henri de Menthon fonde à Sainte-Catherine l'anniversaire de sa sœur l'abbesse défunte. La communauté se composait alors de l'abbesse Aynarde de Saint-Jeoire, d'Alexie de Serraval, prieure, Henriette de Menthon, Nicolette de Veigié, sacristine, Isabelle de la Croix, Jeanne de Charansonnai et Henriette Balmonde (ou de Balmont ou Beaumont). Besson ne cite sans doute que les noms des religieuses présentes à l'acte; il devait y en avoir d'autres, malades ou absentes. Nous verrons plus loin que les religieu-

(1) *Document* XI.
(2) Besson, p. 131.

ses faisaient parfois des visites assez longues à leurs familles.

Un peu plus tard, vers 1433, Jean de Bertrand, archevêque de Tarentaise, et peut-être cardinal, fut enseveli à Sainte-Catherine. Il avait été auparavant évêque de Genève, de 1408 à 1418; c'est sans doute alors qu'il avait choisi l'abbaye du Mont pour le lieu de sa sépulture.

M. Ducis fait remarquer à ce propos que l'église de N.-D. de Liesse ayant été bâtie à Annecy vers 1360, par Amédée III, Comte de Genevois, et choisie pour recevoir les tombeaux de sa famille, l'accès de Sainte-Catherine devint depuis lors plus facile à la dépouille mortelle des grandes familles du pays.

Henri de Menthon, dont nous venons de voir la sœur abbesse du couvent de Sainte-Catherine, y avait envoyé l'une de ses filles. Dans son testament du 14 mars 1437, il assure le paiement de sa dot d'une façon qui ne dut pas être onéreuse pour ses héritiers. Il donne à sa fille Marie, religieuse à Sainte-Catherine : 1° 50 florins dont elle touchera le revenu pendant sa vie et qui appartiendront ensuite à l'abbaye; 2° la redevance annuelle de 4 coupes de froment à la mesure d'Annecy, 4 sommées de vin et un quart de noix; le tout représentant la part héréditaire de cette religieuse.

Il convoque, en outre, l'abbesse à sa sépulture à Talloires, où son corps devra être enseveli dans la chapelle de Sainte-Catherine, fondée dans le monastère des Bénédictins par sa famille (1).

Le 1ᵉʳ avril 1439, l'abbesse Aynarde de Saint-Jeoire ratifie la vente d'une terre située à Taillefer, près d'Annecy, et dépendante du fief de l'abbaye (2). Cette même année, dans son testament du 23 mars, Claude des Clets, demeurant à Marlens, dote sa sœur Georgine, religieuse à Sainte-Catherine. L'abbaye possédait alors des terres à Marlens (3).

Suivant le chanoine Nicolas de Hauteville (4), Françoise-Hélène et Claudine-Orenge, filles de Jean de Sales (le pieux), qui suivaient la règle des Béguines de Brabant, « se retiroient souvent à « l'abbaye de Sainte-Catherine, où elles prati- « quoient les exercices de piété et jouissoient du « calme et de la douceur de la solitude. » (1460 à 1480.)

D'après Besson, l'abbesse suivante serait *Catherine Blanchi*, ou Alba, et en français, *Catherine Blanc* ; cet auteur la place en 1474 et 1476 (5).

Le 6 décembre 1474, l'abbaye transige avec Jean fils de défunt Jean Garin, boucher d'Annecy, au

---

(1) (2) Ducis. *Revue savoisienne*, 1875, p. 39, 40.
(2) La chapelle de Sainte-Catherine, au prieuré de Talloires, avait été fondée avant 1310. *(Chronicon talluerinense.)*
(3) *Mém. de l'Acad. salés.*, t. VI, p. 132 et 147.
(4) *Maison naturelle de saint François de Sales*, p. 110.
(5) Besson, p. 131.

sujet de piliers de pierre placés dans le cours d'eau *thié* (le Thiou) et sur lesquels il avait édifié une boucherie près des moulins du couvent (1).

Le 30 janvier 1476, l'abbesse Catherine Blanc ratifie la vente d'une terre faite par Claude de Menthon et donne quittance du laod (2).

En octobre 1480, D. Pierre de Roland (Rolandi) est chapelain et procureur du monastère de Sainte-Catherine, qu'il représente à Genève dans un procès contre Antoine Tuituverij *aliàs* Amoyrons, bourgeois de cette ville (3).

En 1492 nous trouvons, suivant Besson, l'abbesse *Anne de Saint-Jeoire.*

Par lettres patentés du 9 mai 1493, Blanche, duchesse de Savoie, agissant en qualité de tutrice de son fils Charles-Jean-Amédée (4), confirme, à la demande des religieuses, les privilèges de Sainte-Catherine, sous la sanction d'une amende de cent livres contre tout officier ducal qui les enfreindrait (5).

---

(1) Extrait du *Catalogue genevois* aux archives de la Chambre des Comptes, à Turin, se rapportant au volume 34, qui est perdu.

(2) Besson, p. 131.

(3) Archives municipales d'Annecy.

(4) Blanche de Montferrat, veuve du duc Charles Ier, mère de Charles II Jean-Amédée, qui mourut le 15 avril 1596. (*Chronol. pour les études historiques en Savoie*, p. 47).

(5) *Document* XII.

CHAPITRE VIII.

XVIᵉ SIÈCLE. DIXIÈME, ONZIÈME, DOUZIÈME, TREIZIÈME, QUATORZIÈME ABBESSE. — BERNARDE DE MENTHON.— FRANÇOISE DE BEAUFORT. — CLAUDINE DE CHEVRON-VILETTE. — PERNETTE DE BELLEGARDE. — JÉROMINE DE MAILLARD.

Besson dit que *Bernarde* ou *Bernardine de Menthon* était déjà abbesse en 1510. Cela n'est pas tout à fait exact. Bernarde, fille de Jean de Menthon, seigneur de Couvettes, et de Françoise d'Aglié (1), fut bien élue le 14 septembre 1510, en remplacement d'Anne de Saint-Jeoire qui venait de mourir, mais son élection ne fut confirmée par le commissaire délégué que le 5 septembre 1511. Ce retard provint de ce qu'elle n'avait pas atteint l'âge canonique, trente ans, et que l'on dut attendre les dispenses qui furent accordées par l'abbé de Cîteaux.

Voici le préambule du procès-verbal de l'élection : « In nomine Domini, amen. Cum abbacia
« sanctæ Catharinæ super Anneciacum ordinis
« cisterciensis gebennensis diœcesis vacet per
« decessum Rᵈᵃᵉ Dominæ Annæ de Sancto Jorio
« nuper defunctæ ipsius abbaciæ ultimæ abba-
« tissæ, cujusquidem abbaciæ dum vacat electio,
« nominatio et omnimoda dispositio alterius ab-
« batissæ tam de jure quam hactenus observata
« consuetudine ad moniales et religiosas ejusdem
« abbaciæ pleno jure spectet et pertinet..... »

---

(1) BESSON. *loc. cit.*

Avant de confirmer l'élection et de mettre la nouvelle abbesse en possession de sa charge, l'abbé de Chésery, commissaire délégué par l'abbé de Hautecombe, qui était alors père immédiat de l'abbaye de Sainte-Catherine, lorsqu'il appartenait lui-même à l'Ordre de Cîteaux, lui accorda la dispense d'âge dont elle avait besoin. Acte du tout fut donné par M⁰ Urbain Abondance, notaire apostolique (1).

Vingt-un jours après, le 26 septembre, la nouvelle abbesse approuve la vente de deux pièces de terre (un journal et une pose) (2) à Meithet, consentie par George, femme de Claude Marchiand, à Dieulefils et Gérard Garon, d'Annecy, suivant acte reçu par le notaire Amédée Thomasset ; elle déclare avoir reçu les laudes (laods) et les vendes, et investit les acheteurs sous la réserve des tributs dus à l'abbaye : « Confitendo propterea nos
« habuisse et recepisse ab iisdem emptoribus
« laudes et vindas nobis spectantes et pertinentes
« et de quibus ipsos emptores solvimus et quitta-
« mus per presentes quas in premissorum testi-

(1) Archives du Sénat de Savoie. Reg. des lettres de 1714.
(2) Il semble résulter de cette double énonciation que l'on se servait alors indifféremment des deux mots, journal et pose, pour indiquer l'unité de superficie. Actuellement, le mot *pose* n'est plus employé en Savoie que dans certaines parties du Chablais ; ailleurs, on se sert du mot *journal*, qui a survécu à l'emploi du système métrique. La superficie du journal varie de 24 à 34 ares, suivant les localités ; le plus souvent, elle est de 29 ares 48,37.

« monio concedimus. Datæ in dicta nostra abba-
« tia die vigesina sexta mensis septembris anno
« D^i. m° quingent° undecimo, sub sigillo nostro
« et signato manuali commissarii nostri.— sceau,
— signé : Conversi, n°. » (1).

Au mois de septembre 1520, l'abbaye reçut la visite du D. Edme, abbé de Clairvaux, qui se rendait à Rome et profitait de son voyage pour visiter les couvents de son ordre se trouvant sur sa route. Il était accompagné de Jehan Gellot, son chambrier, et de D. Claude de Bronseval, son chapelain, qui ont fait une relation du voyage (2). Après avoir passé à Genève, ils couchèrent le 10 à l'abbaye de Bonlieu. « Le lieu est povre, dit le
« récit, situé entre grosse montagne. Monsei-
« gneur visita et nous feit lon bonne chière. Il y
« avait une jeune abbesse (3) et XII religieuses
« toutes bien acoustrées, mais peu scavans de
« religion. Et elles furent assez humbles et si pro-
« mirent de bien vivre, selon qu'elles debvoient.
« Le XII partismes fort matin et vinmes passer
« parmy la ville de Nicey (Annecy) et d'illec

(1) D'après une petite charte appartenant à la Société florimontane. *Document* XIII.

(2) *Relation d'un voyage à Rome* commencé le XXIII du du mois d'août 1520 et terminé le 14 avril 1521, par R^d Père en Dieu, Mgr Dom Edme, XLIe abbé de Clairvaux. Troyes, Bouquet. 1850. Extrait publié par M. Jules Vuy, *Revue savois.*, 1871, p. 5.

(3) Probablement Gabrielle de Chaffardon. Besson, p. 143.

« monter au monastère de religieuses de Saincte-
« Katherine.

« Ce monastère est situé *in medio ascensus
« montis*. Monseigneur visita tout ce dit jour et y
« avait une bonne abbesse et XII religieuses assez
« de bonne sorte.

« Le XIII après disner sommes descendus à
« pied sans lance (car descendre à cheval ny fait
« pas bon) et venuz repasser à Nicey. »

En 1514, avait commencé la troisième série des Comtes de Genevois, par Philippe de Savoie, que François Ier fit duc de Nemours le 22 décembre 1528. Philippe épousa Charlotte d'Orléans et mourut à Marseille en novembre 1533 (1).

Bernarde de Menthon profita de la présence, à Annecy, de la veuve de Philippe, tutrice du jeune Jacques de Savoie, pour obtenir la confirmation des privilèges de l'abbaye. Charlotte d'Orléans lui accorda cette confirmation, pleine et entière, par lettres patentes données à Annecy le 16 décembre 1537 (2).

Le 7 juillet 1543 eut lieu la réception à profession de Bonne de Salins, fille de feu Mainfroi, à qui son frère, François de Salins, constitua une dot de mille florins. La communauté se composait alors de l'abbesse Bernarde de Menthon, d'Anne d'Aglié, sa parente, prieure, Philippine-Bonne-

---

(1) *Chronologies pour les études histor. en Savoie*, p. 55.
(2) V. *Document* XIV.

Pernette de Rossillon, Raimondine de Cornillon, Louise de Villette, Françoise de Lescheraine et Pernette de Bellegarde. Elles sont au nombre de huit, y compris l'abbesse (1). Il est probable que l'acte lu par Besson ne portait que les noms des religieuses qui furent présentes à la cérémonie. Elles appartenaient toutes à d'excellentes familles nobles ; l'on comprend donc que le chambrier de l'abbé de Cîteaux ait pu écrire en 1520 que c'étaient des *religieuses d'assez bonne sorte*.

En 1548, l'abbesse chargea deux commissaires ou receveurs d'extentes, Philippe Crochet, d'Annecy, et Damet d'Alby, de renouveler le livre des rentes de l'abbaye ; leur salaire est fixé à 4 gros la feuille, soit 2 sols la page (2).

En 1556, elle fit inhumer ou transporter à Sainte-Catherine le corps de sa mère. C'est ce qui résulte de cette inscription d'une dalle funéraire, apportée du couvent, et qui, actuellement, forme la couverture d'une fenêtre de l'église de Saint-Maurice à Annecy :

---

(1) Besson, p. 131.
(2) Ducis. *Revue savois.*, 1884, p. 23. La profession de commissaire d'extentes, ou commissaire à terriers, a existé très tard. Dans une convention de 1723, Me Beaud, notaire à Chambéry, s'engage envers Louis Rosset, praticien à Rumilly, à lui apprendre l'art de commissaire à terriers, sans rien lui céler ni cacher, de lui fournir la table et le lit, moyennant cent livres outre le travail dudit Rosset pendant trois ans. (Minutes Dubosson, notaire à Rumilly.)

SI GIST MA
DAME IHANNE
FRANCOYSE DALIY
DES COMTES DE
SAINT MARTIN
FAME DE FEV MOSIEVR
DE CŌVETTE

et au-dessous. dans une espèce de cartouche,

1556
BERNARDE
DE MENT
ON.

Cette inscription, qui fait peu d'honneur au graveur, est surmontée de l'écusson double des Menthon et des Couvette (1).

Bernarde de Menthon, qui avait atteint l'âge de 30 ans en 1511, était devenue vieille et infirme et ne pouvait plus supporter seule le fardeau de l'administration. Une élection eut lieu vers 1559, par laquelle *Françoise de Beaufort* fut choisie pour l'aider d'abord, puis, pour lui succéder. Cette religieuse n'est pas nommée parmi celles qui assistèrent à la réception de Bonne de Salins, en 1543. Il est possible qu'elle vint d'une autre abbaye, Bonlieu, ou Beton, et qu'elle ait dû son élection à l'influence de son parent Pierre de Beaufort, abbé de Tamié de 1536 à 1584. Les abbés de Tamié

---

(1) F. RABUT. *Revue savoisienne*, 1860, p. 51.

étaient peut-être, alors déjà, visiteurs des monastères de Cisterciennes de Savoie, comme vicaires généraux de l'ordre de Cîteaux.

Nous rencontrons les deux abbesses dans une transaction du 24 janvier 1560. Bernarde de Menthon y figure comme abbesse ordinaire et Françoise de Beaufort comme abbesse élue.

Cet acte est passé dans le poêle (1) de la maison d'Annecy des religieuses de Sainte-Catherine. Ensuite de l'arbitrage de spectable seigneur Anthelme de Conflans, docteur ès droits, de noble Philippe Rochet et de Michel Chardon, du côté de l'abbaye; de noble Martin Longi, receveur et auditeur des comptes des commissaires d'extentes de Mgr le comte de Genevois (2), et de Me Jehan Bolliet, notaire, du côté des défendeurs, il met fin au procès existant devant le magnifique Conseil de Genevois, entre l'abbaye et les consorts Thomas, au nombre de trois, bourgeois d'Annecy, relativement à la revendication exercée par l'abbesse contre ceux-ci, afin de les faire déclarer hommes-liges du monastère.

Les abbesses libèrent les consorts Thomas de tous hommages personnels et réels qui leur auraient été dus en vertu de la revendication susdite, moyennant la somme de 400 florins p. p., valant

(1) La chambre principale, derrière la cuisine ordinairement.

(2) Le comté de Genevois ne fut érigé en duché par Emmanuel-Philibert, duc de Savoie, que le 31 décembre 1564.

chacun 12 sols monnaie de Savoie, qu'elles ont reçue, à raison d'un tiers, de chacun des défendeurs. L'abbesse jure de respecter cette transaction, en *mettant la main en son estomac (en rigueur de son vœu de religion)*. L'acte est signé en présence de messire Jehan du Marest, procureur du couvent et sans doute son chapelain.

Cette transaction est ensuite approuvée par le Chapitre du monastère réuni à cet effet le 10 février 1560, aux personnes de l'abbesse Bernarde de Menthon, de Françoise de Beaufort *esleue* abbesse, Anne d'Aglié, prioresse, Claude de Salany (Salaing, Salins?) Louyse de Vilette, Françoise de Lescheraine, Pernette de Bellegarde, Françoise de Briaux, Humberte de la Fléchère, religieuses, Françoise de Menthon, Jane de Lucinge, Claude de Vilette et Louise de Saint-Jeoire, novices. Sont présents : Messire Jehan du Marest, procureur de l'abbaye, Bernard du Marest, son frère, messire Jehan de Charansonnay, prêtre, Claude de Mandallaz, Jehan François du Marest, paroisse d'Allonzier, et Claude Mistral, de *Quinta* (1). Le notaire est M⁰ Fauret (soit Favret) (2).

On voit par ces deux actes que le personnel du monastère avait éprouvé quelques changements depuis 1543, et que les religieuses avaient une

---

(1) Aujourd'hui *Quintal* à 4 kilom. S. de Sᵗᵉ-Catherine. Le nom de cette commune indique une borne milliaire romaine.

(2) Archives de la Société florimontane.

maison à Annecy. L'abbaye de Talloires en possédait une aussi. Les religieux établis à la campagne (*en lieu champestre*, disait-on alors), avaient besoin d'avoir à la ville voisine un lieu d'entrepôt pour les denrées qu'ils recevaient ou qu'ils vendaient, et un appartement pour loger lorsque leurs démêlés avec l'autorité ecclésiastique et leurs procès incessants les obligeaient à quitter leurs couvents.

Annecy était devenu la résidence de l'évêque de Genève, et c'est dans cette ville que siégeaient le Juge-maje et le Conseil de Genevois.

En 1562, et à la date du 14 avril, Françoise de Beaufort obtint à son tour, de Jacques de Savoie, Duc de Nemours et Comte de Genevois (1), la confirmation des privilèges, libertés et immunités de l'abbaye ; mais, cette fois, la confirmation n'est pas pure et simple. D'abord le prince a soin de rappeler qu'elle n'est accordée que sauf le paiement des tributs annuels qui lui sont dus ; puis, il déclare que le couvent ne pourra désormais acquérir des biens se mouvant de ses fiefs ou arrière-fiefs que pour une somme totale de mille écus sol, toujours sauf le tribut, et que les acquisitions dont la valeur dépasserait cette somme ne jouiraient d'aucun privilège (2).

---

(1) Celui que Brantôme a appelé la fleur de toute chevalerie.
(2) *Document* XV.

Besson cite Françoise de Beaufort (d'Héri), en 1563 (1). Le 8 septembre 1564, elle ratifie la vente de terres et d'une grange situées près d'Annecy, lieu dit en Barra, ou Barrot, consentie devant le seigneur Juge-maje de Savoye, par R^d seigneur Pierre-Marc de Montfalcon et Anthod, à Me Philippe Nuget ou Nugés, bourgeois d'Annecy, par un acte de 1561, Mugnier, notaire à Chambéry. Le prix de vente était de 400 florins. Il semble que l'abbesse cède pour 300 florins tous les droits féodaux du couvent sur les biens vendus. Elle reconnaît, en outre, avoir reçu les laods et vendes.

Cette pièce est scellée d'un sceau sur hostie, pendant, et tout à fait semblable à celui de Bernarde de Menthon que nous avons décrit plus haut. Seulement l'écusson des Menthon est remplacé par celui des Beaufort (2). Il paraît que la matrice du sceau avait une pièce mobile destinée à contenir les armes de chaque nouvelle abbesse.

Le 23 novembre 1566, par acte du notaire Daviet, R^{de} dame Anne d'Alex fonda à Sainte-Catherine un anniversaire et une messe basse avec ses psautiers, antiennes et oraisons accoutumés, moyennant la donation d'un champ et d'un pré à Allonzier, qui produisaient, en 1771, un revenu de 24 livres (3).

(1) Besson, p. 131.
(2) Archives de la Société florimontane.
(3) Archives de la Soc. flor. Extrait de la visite des titres de l'abbaye faite en 1771, par Mgr Biord, dans l'enquête pour l'union de Sainte-Catherine à Bonlieu.

Françoise de Beaufort ne fut pas abbesse très longtemps. Cette dignité échut, avant le mois d'avril 1570, à *Pétronille ou Pernette de Bellegarde de Disonche*, qui était déjà religieuse en 1543. Son élection fut confirmée, par l'abbé de Clairvaux, le 3 avril 1570; et le 26 du même mois la nouvelle abbesse prit possession de sa charge par un acte dressé par le notaire Folliet.

Pernette de Bellegarde, qui avait été nommée abbesse à un âge déjà avancé, fut remplacée, le 10 mai 1586, par *Claude ou Claudine de Chevron-Vilette* (1), qui était novice en 1573. En supposant qu'elle eût alors 14 ans, elle aurait été âgée de 27 ans en 1586. Son parent, son frère peut-être, Jean de Chevron-Vilette, coadjuteur de Pierre de Beaufort et qui devint, non sans peine, abbé titulaire de Tamié en 1584, ne dut pas être non plus étranger à son élection.

Elle est appelée, dans les registres du Sénat de Savoie, d'après un acte du notaire Dufour, Claudine de Vilette La Couz. Son élection fut confirmée une première fois, le 25 mai 1586, par le prieur d'Hautecombe, en qualité de vicaire-général de Clairvaux ; une seconde fois, dix jours plus tard, par Claude Germain, prieur de Cîteaux, vicaire-général de l'Ordre des Bénédictins (1). Cependant il est probable que Claudine de Chevron

---

(1) Besson, p. 131

ne put pas conserver ses fonctions parce qu'elle n'avait pas l'âge de 30 ans, car l'année suivante, 1587 (2), la crosse abbatiale avait passé à *Jéromine de Maillard-Tournon*. Cette abbesse était la fille de Pierre de Maillard, de Rumilly, l'un des fidèles compagnons d'Emmanuel-Philibert, gouverneur de la Savoie en 1566, fait baron du Bouchet en 1568, et dont la terre de Tournon fut érigée en Comté le 27 octobre 1569.

Elle résigna ses fonctions probablement en 1600, et au plus tard en 1602, lors de la confirmation de Claudine de Menthon. C'est donc par erreur que Charles-Auguste de Sales, dans sa *Vie de la mère Marie-Aymée de Blonay* (de la Visitation) (3), dit que, lorsque le sieur de Blonay amena à Sainte-Catherine, en 1605, sa fille pour l'y faire élever en qualité de pensionnaire, l'abbesse était une dame de la maison de Maillard, sœur du comte de Tournon. A ce propos, Charles-Auguste de Sales ajoute que l'on ne recevait à Sainte-Catherine que des demoiselles *de condition et de naissance*.

(1) Cette élection ayant été confirmée par l'abbé de Clairvaux, et ensuite par les délégués de Citeaux, il semble qu'il y avait entre les deux abbayes de Citeaux et de Clairvaux promiscuité de juridiction. La fille, Clairvaux, essayait souvent d'empiéter sur Citeaux, qui résistait et parfois ressaisissait son autorité.

(2) Besson, p. 131.

(3) Nancy. Vergner, 1673, p. 14, 18, 19.

Lorsque la jeune de Blonay fut arrivée, l'abbesse la mit sous la conduite de la sœur de Vignes (de Vignol), très vertueuse religieuse et qui entendait parfaitement l'éducation de la jeunesse. Vers le Carême de 1609, la cousine de Mlle de Blonay, Emmanuelle de Monthoux, étant novice, l'abbesse vint à Annecy, chez Madame de Charmoisy, pour entendre prêcher l'évêque François de Sales; elle amena avec elle la novice et la petite pensionnaire.

Le couvent gagnait ainsi quelque argent à instruire et élever les jeunes filles.

CHAPITRE IX.

XVIIe SIÈCLE. QUINZIÈME, SEIZIÈME ABBESSE. — CLAUDINE DE MENTHON. — PERNETTE DE CERIZIER. — PROJETS DE RÉFORME DE SAINT FRANÇOIS DE SALES.

Jéromine de Maillard fut remplacée, en septembre 1600, par *Claudine de Menthon-la-Balme*, dont l'élection fut confirmée le 24 avril 1602, par l'abbé de Cîteaux.

Le 26 février 1601, le Duc de Genevois et de Nemours, Henri de Savoie, accorda à l'abbaye la perception du *franc salé* en échange de celle de la leyde du sel. (V. plus loin la délibération sur le projet d'union à Bonlieu.)

Le 23 avril 1605, l'abbesse reçut pour coadjutrice Pernette de Cerizier, suivant un acte du notaire Hugo Dunand. D. Boucherat, abbé de Cîteaux, approuva cette nomination le 13 mai suivant et le Duc Charles-Emmanuel I lui accorda son placet le 12 novembre (1). D'après Besson (2), *Pernette de Cerizier* serait devenue abbesse titulaire en 1607. Suivant une note contenue au registre du Sénat que nous avons déjà citée, ce fait ne se serait produit qu'en 1622 : « Il est joint l'acte « de la bénédiction abbatiale et mise en posses- « sion de ladite R^{de} dame de Cerisier, par M^{re} de « Riddes, abbé de Tamié, en qualité de vicaire « général de l'Ordre de Cîteaux, en Savoye, le « 1er aoust 1622 (3). »

Il est possible que Claudine de Menthon, à qui l'on avait dû donner une coadjutrice, sans doute parce qu'elle était malade, ne se soit plus occupée activement de l'administration du monastère à partir de 1607, mais elle n'avait pas abdiqué complètement. Elle préside, en effet, le 20 novembre 1611, à la réception au noviciat de Charlotte-Françoise de Vallon, et Pernette de Cerizier

(1) Archives de la Chambre des comptes. Patentes de Savoie, vol. 24, paquet 48. Le Duc avait écrit à l'abbé de Tamié de faire entendre de sa part aux religieuses qu'elles devaient élire coadjutrice Philiberte de Chevron-Vilette, mais cette nomination ne put avoir lieu parce que cette religieuse « n'était pas encore professe ni capable de cette dignité. »

(2) Besson, p. 131.

(3) Fr. N. de Riddes, abbé de Tamié depuis 1595 ; il eut pour successeur, en 1645, son neveu Guillaume de Riddes.

n'est pas au nombre des religieuses réunies en chapitre à cette occasion.

Cet acte, dont on trouvera le texte intégral aux Documents (1), fut dressé par le notaire Michel Andrier, de Vallon près Samoëns, que Jacques de Gex, seigneur de Vallon, père de la novice, avait amené avec lui. Il fut fait en présence de saint François de Sales, de Jean-François, frère et successeur de celui-ci, de M. de Charmoisy, oncle maternel de la jeune religieuse, etc., qui signèrent à l'acte avec le père et avec l'abbesse.

Les religieuses de Sainte-Catherine sont alors : Claudine de Menthon, abbesse, et les vénérables dames Hyéronime de Maillard (2) ; Louise de Saint-Jeoire, prieure ; Jeanne, Françoise et Jacqueline de Beaufort, sœurs ; Louise (Thérèse) de Ballon (3) ; Jeanne de Valence ; Claudine de Rochette (4) ; Jacqueline du Crest ; Bernarde de Vignod (ou Vignol) ; Amédée de Sirizier (ou Cerizier) ; Emmanuelle de Monthoux, religieuses professes ; Françoise de Beaufort et Péronne de Rochette, novices.

Le sieur de Vallon paye à sa fille, entre les mains de l'abbesse et pour tous droits paternels et ma-

(1) *Document* XVI.
(2) La précédente abbesse.
(3) La réformatrice dont il va être parlé longuement.
(4) Fille du Premier Président du Sénat de Savoie, Charles de Rochette.

ternels, 200 ducatons, une tasse et une cuiller d'argent (1) ainsi qu'une pension viagère de 50 florins. Il lui donne, en outre, ses *accoustrements*, savoir : un manteau simple pour l'été, un autre manteau de bon drap fourré, deux robes, deux cottes, une bague, un chapelet et son lit garni. Le père promet encore de supporter les frais qu'il faudra faire lors de la profession et de la consécration de sa fille, et, en garantie du paiement de la pension, il hypothèque sa seigneurie d'Arbusigny.

La novice de 1611 devint abbesse en 1640.

En 1609 et 1611, le confesseur ou chapelain de Sainte-Catherine était un père Antenne (Anthelme ?); c'était, paraît-il, un bon prédicateur. Une dame du Chablais ayant écrit à saint François de Sales pour lui demander un prédicateur, l'évêque lui répondit : « Le confesseur de sainte Catherine « père Antenne prescha il y a 2 ans à la Roche ou « il donna une fort grande satisfaction et si il con- « fesse, et comme je crois, il n'est pas encore ar- « resté. Nous verrons donc un peu ce qui se pourra « faire. » (2).

---

(1) Saint François de Sales, dans les règles de la Visitation, avait d'abord imposé aux religieuses de cet Ordre de manger avec une cuiller de bois. Nous avons dit, dans notre étude sur *saint François de Sales* (page 99), qu'il remplaça cette cuiller par une cuiller d'argent.

(2) *Œuvres complètes de saint François de Sales*, Paris, Vivès, 1882, t, IX, p. 132.

C'est vers cette époque que François de Sales, qui avait entrepris la réforme des couvents de son diocèse et qui avait réussi à l'établir, tant bien que mal, à Abondance, Sixt, Talloires, etc., voulut l'étendre aux monastères de femmes (1).

Quant aux religieuses, disait saint François de Sales, « il serait requis qu'on retirast les trois
« monastères de Cisteaux dans les villes afin que
« leurs déportemens (*actions*) fussent veus jour-
« nellement et qu'elles ne demeurassent pas expo-
« sées aux courses de la foy ou de l'Estat, a l'in-
« solence des voleurs et au désordre de tant de
« visites vaines et dangereuses des parens et amis ;
« joinct que de les enfermer aux champs esloi-
« gnées d'assistance, c'est les faire prisonnières
« misérables, mais non pas religieuses, ainsi que
« l'on prétend de faire par les bonnes exhortations
« qu'elles recevront dans les villes, et aussi le
« Saint Concile de Trente ordonne qu'on les y
« réduise pour les mêmes causes. On pourrait donc
« réduire (*amener*) celles de Sainte-Catherine en
« la ville d'Annecy, celles de Bonlieu à Rumilly
« et celles du Betton à Saint Jean de Maurienne
« ou à Montmélian. »

(1) Un bref apostolique du 10 mai 1597, du Pape Clément VIII, et dont le Sénat permit l'exécution par arrêt du 10 juin, avait bien été délivré à l'évêque de Maurienne (Philibert Millet), pour la vérification, correction et réformation de tous les monastères de religieuses en Savoie ; mais il ne paraît pas qu'il ait été mis à exécution. (Arch. du Sénat. Reg. des arrêts crim. de 1596-97.)

Ce projet, que François de Sales présenta au prince de Piémont à Annecy en 1616, convint fort à ce prince, dit encore Charles-Auguste. Cependant il ne fut pas mis à exécution. Aussi le panégyriste de saint François dit-il, quelques pages plus loin :
« Ces choses se faisoient en cest esté (1617) lors-
« que l'évêque travalloit aussi puissamment pour
« la réformation du monastère de Sainte-Cathe-
« rine. Mais, comme par l'artifice du diable, tous
« les jours mille empeschemens se présentoient à
« ses desseins, il ne peut faire autre chose que
« d'en retirer cinq vierges demoiselles qui furent
« portées d'une très bonne volonté d'embrasser la
« vie religieuse. Il leur bailla le nom de *Bernar-*
« *dines,* les establissant premièrement à Rumilly,
« et depuis à la Roche et à Seyssel où elles vi-
« vent très religieusement sous de saintes consti-
« tutions qu'il leur a données avec cette espérance
« que ceste petite vigne deviendra un jour grande,
« et, au lieu de leurs lambrusches (raisins sauva-
« ges), rendra à son divin Maître de très beaux et
« très bons raisins. (1) »

En plaçant ce fait dans l'été de 1617, Charles-Auguste de Sales confond l'époque des conseils que François de Sales donna à Thérèse de Ballon avec celle du départ des cinq religieuses pour Rumilly, qui n'eut lieu qu'en 1622. Cette erreur a

---

(1) CHARLES-AUGUSTE DE SALES. *Vie du Bienh. Fr. de Sales.* Vivès, édit. 1862, t. II, p. 166.

été copiée par la plupart des historiens qui se sont occupés de cet événement.

François de Sales était mort depuis quelques années, lorsque les maisons de Bernardines de la Roche et Seyssel furent fondées.

Nous allons voir ces choses avec plus de détails.

CHAPITRE X.

LA MÈRE DE BALLON. — LA RÉFORME A RUMILLY. — LA MÈRE DE PONÇONNAS ET LES RELIGIEUSES DES AYES.

Le 4 mars 1607, la communauté de Sainte-Catherine reçut au nombre de ses professes Thérèse-Louise de Ballon, âgée d'environ 16 ans. Par une faveur que les familles obtenaient facilement, la cérémonie eut lieu, non au monastère, mais à Vanchy, dans le château même du père de la novice. Elle fut présidée par le frère D. Nicolas de Riddes, abbé de Tamié, vicaire général de Clairvaux qui, en même temps, donna l'habit de novice à Gasparde de Ballon, sœur de Thérèse, et à Péronne de Rochette, la plus jeune fille de Charles de Rochette, premier président du Sénat de Savoie.

Les sœurs de Ballon étaient les filles de Charles-Emmanuel Perrucard de Ballon et de Jeanne de Chevron, qui avaient eu trois fils et trois filles : Pierre, appelé M. de Cusinens pendant la vie de son père, et que Mme de Chantal et Mme de Charmoisy se disputèrent pour gendre (celle-ci l'emporta), Gaspard et Melchior, jumeaux, qui furent d'église; Thérèse-Blanche-Louise, Gasparde et Jeanne-Françoise, qui devinrent religieuses.

Cette famille, dont l'orgueil était grand à ce moment et dont Charles-Auguste de Sales exalte la splendeur dans son *Pompris de la maison de Sales*, était loin d'être ancienne ; sa fortune avait même une origine assez modeste. Le père de Charles-Emmanuel, Pierre Perrucard, était valet de chambre (barbier) du duc Emmanuel-Philibert. Il l'avait suivi et fidèlement servi dans les armées jusqu'au moment où la victoire de Saint-Quentin rendit ses Etats au Duc de Savoie. Pour le récompenser et sans doute pour le payer de ses salaires durant ce long espace de temps, celui-ci lui vendit, le 21 mai 1563, les seigneuries de Ballon, de Cusinens, de Léaz et de la Clusaz, situées aux bords du Rhône, vers Bellegarde (Ain), et celle d'Avancher ou Vanchy, le 5 avril 1566 (1).

Les détails curieux et précis dans lesquels nous allons entrer au sujet de Thérèse-Louise de Ballon, de sa vie à Sainte-Catherine, de sa sortie de ce

---

(1) *Document* XVII. Guichenon, *Hist. de Bresse et de Bugey,* indique ainsi les armes du seigneur de Ballon : *de sinople à trois têtes de perroquets d'argent allumées et becquées de gueule.* Un écrivain a dit que Pierre Perrucard avait obtenu la faveur de son maître *per turpia obsequia.* (V. E. Révérend Dumesnil. *Armorial de Bresse,* p. 509.)

Archives du Sénat. Reg. de 1562 à 1564, f° 173 v°. Reg. de 1560 à 1568, f° 266 et 271. Reg. de 1584 à 1588, f° 93.

monastère pour établir la réforme de son Ordre, sont extraits à peu près littéralement d'un ouvrage devenu fort rare : *la Vie de la vénérable Mère L. B. T. de Ballon, fondatrice et première supérieure des Bernardines réformées en Savoye et en France*, par Grossi (Giovanni), Annecy, 1695.

Thérèse de Ballon était née le 5 juin 1591, à Vanchy. « On la mit en nourrice en dehors de la maison, et quand on la ramena elle était devenue, par suite d'accident, *boîteuse des deux côtés* (1). »

« A l'âge de sept ans elle fut reçue novice à Sainte-Catherine ; l'abbesse aurait été alors (*c'est-à-dire en 1598*) Pétronille (*ou Pernette*) de Cerizier (2). Jusqu'à sa profession et suivant un usage ordinaire, elle faisait d'assez longues et fréquentes visites à Vanchy, chez ses parents. »

---

(1) Comme nous l'avons dit plus haut, les infirmités physiques, et quelquefois la simplicité d'esprit, étaient des causes fréquentes d'entrée au couvent. « Parmi les dix premières
« religieuses de la Visitation, à peine y en avait-il deux qui
« ne fussent pas de petite complexion et infirmes. — La
« réception de la plupart d'entre elles suscita mainte raillerie et fit beaucoup murmurer dans le monde. Mgr de Ge-
« nève répondait avec sa bénignité ordinaire : *Que voulez-
« vous, je suis le partisan des infirmes.* » J. Vuy. *La Philothée*, t. I, page 161. (Voir aussi *Œuvres complètes de saint François de Sales*, t. VII, p. 396.)

(2) Nous avons vu qu'elle n'était alors que coadjutrice.

Nous avons dit qu'elle y fit profession le 4 mars 1607.

« Quand une novice avait fait ses vœux au dehors, c'était la coutume que, lorsqu'elle rentrait, toutes les religieuses vinssent la recevoir à la grand'porte de l'abbaye. Elle s'y agenouillait, et on lui présentait une croix pour lui marquer que la vie religieuse n'était qu'une vie crucifiée.

« La première année de leur profession, les religieuses ne sortaient pas une seule fois pour prendre l'air de la campagne autour du monastère, comme pouvaient le faire les anciennes professes. Elles devaient assister au chœur, à toutes les heures *canoniales*, pendant cette première année.

« Mlle de Ballon trouva parmi les professes une parente, la sœur Marie-Louise de Vignol ; elle était aussi cousine de l'abbesse. Le couvent de Sainte-Catherine recevait, à titre de pensionnaires, pour les instruire et les élever, les jeunes filles nobles des environs. La supérieure confiait la direction de chacune d'elles aux diverses religieuses ; une demoiselle de Bressieu échut à Thérèse de Ballon.

« Elle choisit bientôt pour directeur, outre le confesseur du couvent, l'évêque de Genève François de Sales, dont son frère devint le parent par son mariage avec Françoise de Vidomne de Charmoisy (1). Quand l'évêque venait à l'abbaye,

(1) Ce mariage eut lieu en février 1620.

il disait : « Voyez ma petite cousine de Ballon, « c'est une vraie épouse de J.-C. » Après la mort de sa mère, elle porta un cilice sur la chair le mercredi et le vendredi. Elle ne craignit pas cependant de faire faire son portrait, et même par un peintre hérétique.

« En juin 1617, elle fit à la Visitation d'Annecy (fondée en 1610 et 1611) une retraite de cinq jours. C'est alors que lui vint l'idée de réformer son couvent et peut-être son ordre tout entier. Elle fut aidée, sinon poussée, par François de Sales, qui avait reçu mission de la réforme cistercienne de M. Nicolas Boucherat, abbé général de Citeaux. Comme la plupart des religieuses de Sainte-Catherine étaient ses parentes, il prit de là avantage de les voir plus souvent. Ses visites donnèrent de l'ombrage à quelques-unes (1). »

« La réformatrice voulait commencer par la clôture, « le plus fort rempart des vierges consa- « crées à Dieu. » Elle était si peu en usage à Sainte-Catherine, que l'entrée en était autant permise aux séculiers que la sortie en était libre aux religieuses.

« Les visites fréquentes ou les séjours qu'elles allaient faire chez leurs parents ou chez leurs amis d'alentour, les faisaient rentrer dans l'esprit du monde, de sorte qu'elles revenaient toutes séculières à leur monastère. Cela se voyait surtout

---

(1) *Vie de la vénérable Mère de Ballon,* p. 1 à 104.

par l'ameublement de leurs chambres et par l'ajustement de leurs habits. Comme chacune avait son appartement, il y avait entre elles un esprit d'émulation à qui l'aurait et plus richement garni et plus proprement tenu. Elles étaient aussi si curieuses dans les étoffes dont elles se vêtaient, qu'elles n'en portaient que des plus fines et de la couleur la plus voyante ; quelques-unes y ajoutaient même des parures. Il s'était introduit un abus indigne de religieuses : c'était que, le jour de la vêture d'une religieuse, non seulement on faisait un festin dans le réfectoire, mais qu'on dansait même après le repas (p. 143).

« De plus, comme elles étaient toutes de la première noblesse de ces quartiers-là, elles avaient, outre la dot qu'elles apportaient au monastère, des pensions viagères considérables dont elles disposaient à leur gré ; c'étaient souvent des présents à des personnes de qui elles en recevaient aussi. Outre les servantes à gage de chaque religieuse, il y avait dans l'enceinte du monastère plusieurs valets tant pour la culture des terres que pour la garde du bétail.

« La sœur Bernarde de Vignol était une jeune professe aussi bien faite qu'elle était noble. Sa vanité la portait jusqu'à relever sa beauté par les ornements que les deux princes des Apôtres défendaient même aux femmes mariées. Non contente de nourrir de longs cheveux, elle s'arrêtait même à les friser. Elle aimait à parer ses mains de bagues enrichies de pierres précieuses et se piquait d'être toujours la mieux mise du couvent.

« Son naturel extrêmement doux, son humeur enjouée, son entretien plein d'esprit la mettaient dans une singulière considération tant en dehors que dedans l'abbaye. Elle avait pourtant cela de bon et de louable qu'elle aimait passionnément l'honneur. Une faute corporelle, d'une parente qu'elle avait dans un autre monastère, fut le terrible autant que triste remède que la main de Dieu trouva à tirer le bien du mal.

« Elle se joignit à Thérèse de Ballon, avec la sœur Emmanuelle de Monthoux qui avait fait profession en 1612. Une quatrième adepte fut Péronne de Rochette, qui avait trouvé en sa sœur aînée, aussi religieuse à Sainte-Catherine, une maîtresse trop rude. La cinquième et la dernière qui se rengea dans la ligue sainte fut Gasparde de Ballon.

« Elles eurent avec l'abbesse une conférence dans laquelle elles demandèrent la clôture pour empêcher que les religieuses n'allassent passer la meilleure partie de l'année chez leurs parents, où elles ne faisaient que se dissiper; que les domestiques séculiers fussent logés hors de l'abbaye; que tout ce que les religieuses avaient en propre fût mis en commun, puisque la règle l'ordonnait.

« Les anciennes religieuses ne voulaient pas entendre parler d'un genre de vie qu'elles n'avaient pas choisi. Elles voulurent sortir et garder leurs économies pour leurs maladies ou leur vieillese.

« Thérèse de Ballon écrivit à Dôle, où elle avait appris qu'il y avait un commencement de réforme; on lui répondit qu'avant de sortir d'une maison, il fallait s'assurer les revenus suffisants pour vivre dans une autre communauté.

« Gasparde de Ballon s'était fait faire un habit de la façon qu'elle se figurait qu'on devait le porter; l'abbesse le fit découdre, mais plus tard les réformées adoptèrent ce modèle. »

Les discussions durèrent plusieurs années; les novatrices, voyant qu'elles ne réussissaient pas, résolurent de se séparer de leurs compagnes.

En 1620, une jeune fille de Rumilly, âgée de 18 ans, Louise de Montfalcon, nièce d'un sénateur au Sénat de Savoie, vint à Sainte-Catherine pour y achever son éducation; elle fut confiée à une des anciennes religieuses, Madeleine de Tournon. « Celle-ci, désireuse d'apprendre à son élève à bien prononcer le latin, pria la sœur de Ballon, qui y excellait, de lui rendre ce bon office. »

Dans ses conversations avec la sœur Thérèse, Mlle de Montfalcon lui apprit que son oncle avait à Rumilly une maison inoccupée (1) qui pourrait servir de couvent aux sœurs de la réforme.

(1) Rumilly, à 15 kilom. S. O. d'Annecy, était une petite ville de guerre assez bien fortifiée; son château fut rasé par les ordres de Louis XIII en 1630. La maison de Montfalcon est devenue la propriété de la famille de l'auteur au milieu du xviiie siècle.

Le 24 mars 1622, Mlle de Montfalcon demanda à François de Sales s'il autorisait leur départ, pour lequel elles avaient déjà obtenu le consentement de l'abbé de Tamié et celui de l'abbé général de Cîteaux. L'évêque le permit ; les sœurs de Ballon passèrent l'été chez leur père, afin d'échapper aux reproches des vieilles religieuses, et d'être plus libres pour préparer la séparation.

Le 1er août, l'abbé de Tamié se rendit à Sainte-Catherine. Il fit assembler la communauté, qui se composait alors de l'abbesse Mme de Cerizier ; de Mme Claudine de Rochette, prieure ; de Mmes de Tournon, deux sœurs de Vignol, deux sœurs de Ballon, et de Mlle de Monthoux. Le confesseur était D. Limandy, cistercien d'Hautecombe. Toutes les religieuses y vinrent avec leurs parents qu'on avait appelés à dessein. « M. l'abbé s'étant assis au siège de Mme l'abbesse, celle-ci s'étant assise après lui, il dit qu'il était venu en qualité de commissaire du R{me} général de l'Ordre, pour donner permission à quelques religieuses d'aller en la ville de Rumilly établir un autre monastère où la clôture fût exactement observée.

« Les anciennes ne firent plus d'opposition, mais leurs larmes indiquaient leurs regrets et leurs affliction. Quelques messieurs leur représentèrent (aux réformées) qu'elles auraient grand'peine à subsister à Rumilly, cette ville étant d'ordinaire pleine de gens de guerre, ce qui y enchérit extraordinairement toutes les denrées ; mais elles persistèrent dans leur dessein

« Les sœurs de Vignol et de Monthoux partirent les premières ; les plus considérables des habitants (*de Rumilly*), suivis d'une foule de peuple, vinrent au-devant d'elles (1). »

Le départ était déjà décidé depuis la fin de juin 1622, car le 7 juillet, François de Sales écrivait à son frère (probablement Jean-François, son coadjuteur), la lettre suivante, où il se félicite de ne s'être pas trouvé à Annecy en ce moment, et où il annonce qu'il vient d'obtenir du prince de Piémont que l'on provoque à Rome une réformation générale :

« à Thonon 7 juillet 1622.

« Monsieur mon frère

« ..... Je suis bien ayse que les filles de Sainte-
« Catherine aient fait leur affaire en mon absence,
« et avant que je parte on despechera à Rome pour
« la réformation générale ainsi que Mgr le Prince
« le résolut avant hier (2). »

Au moment de partir à son tour, Thérèse de Ballon hésitait. Elle fut tentée de rester à Sainte-Catherine et écrivit à l'évêque dans ce sens, persuadée qu'il ne la désapprouverait pas.

Le 10 août 1622 il répondit au contraire :

(1) *Vie de la vénérable Mère de Ballon,* p. 102 à 221.
(2) Bouchage. *Notes historiques sur saint François de Sales,* p. 50, et *Revue savoisienne,* 1880.

« Ma chère fille,

« Si j'avais comme vous a espérer une réforme
« je ne pourrois voir asses tost l'heure que j'y
« fusse. Puis donc que vous aves l'obédience de
« vos supérieurs, vous n'aves pas de quoi apporter
« du retardement à son exécution.

« Ainsi partes au plus tôt pour Rumilly et sa-
« lues bien de ma part à vostre arrivée mes chères
« filles qui y sont déjà (1). »

Un peu plus tard, François de Sales reçut par lettre les reproches qu'il pensait avoir évités au moyen de son absence d'Annecy, et le 29 août il répondit à l'abbesse de Sainte-Catherine :

« Je réponds clairement à vostre lettre, ma très
« chère cousine, ma fille. Il est vrai que dès il y a
« longtemps je me suis aperçu des désirs que plu-
« sieurs de ces filles avaient pour la réformation ;
« et tout autant que la conscience m'a pu per-
« mettre je vous l'ai signifié de temps en temps.
« Mais il est vrai aussi que j'eusse souhaité qu'elles
« eussent eu encore un peu de patience puisque
« nous sommes à la veille d'avoir un ordre général
« pour la réformation de tous les monastères de
« cette province de deça les monts, notamment
« des filles parmi lesquelles les moindres défauts
« sont plus blâmables que les grands parmi les

---

(1) *Œuvres complètes de saint François de Sales*, **Vivès**, Paris, 1862, t. XI, p. 363 et 364, d'après la *Vie de la Mère de Ballon*.

« hommes. Or ma très chère cousine voila donc
« l'affaire au jour. Qu'il se soit passé quelques
« impatiences, quelques immortifications, quel-
« ques fiertés, quelques désobéissances, quelques
« amours propres, quelques imprudences, certes
« il ne peut être nié. La ferveur de la charité de
« quelques unes, ou si vous voulez, l'ardeur de la
« propre volonté des autres, a fait choisir un autre
« moyen qui leur semblait plus court........ que
« cette affaire ait été entreprise je le sus le jour
« avant mon départ de cette ville; que l'on en
« soit venu à l'exécution je le sus à Argentine (1)
« allant à Turin; mais vous avez été la première
« qui m'avez donné connaissance de la particula-
« rité, bien que depuis j'en aie encore appris
« davantage (2). »

Il y a bien quelques réticences dans cette dernière lettre. Elles apparaissent plus nettement encore si on la rapproche du passage rapporté plus haut de la *Vie de saint François de Sales*, par son neveu Charles-Auguste (3), et de celui-ci d'une lettre de l'évêque à Mme de Chantal, du 11 mai 1610 : « Ne dites mot de Sainte-Catherine, car
« c'est le secret qui doit tout faire réussir (4). »

(1) Commune au delà d'Aiguebelle.
(2) *Œuvres*, t. XI, p. 364.
(3) Voir page 77.
(4) *Œuvres complètes*, t. VII, p. 165. Les éditeurs ont pris Sainte-Catherine pour une demoiselle, et ont écrit Mlle de Sainte-Catherine.

« Après avoir attendu chez Mme de la Fléchère (1) l'achèvement de quelques réparations indispensables à la maison de Montfalcon, elles s'y installèrent ; mais elles eurent à lutter contre les esprits malins qui renversaient la vaisselle, jetaient les livres à terre, etc. ; cependant leur rage céda à la force des exorcismes. Au rez-de-chaussée, une pièce servait de prison, et renfermait alors des faux sauniers. Elle fut convertie en chapelle.

« Le 5 octobre 1622, François de Sales vint visiter les réformées. Comme il était sur le pas de la porte du chœur où les religieuses s'étaient rendues pour le recevoir, il dit en souriant : « Qui sont ces « filles ? osera-t-on bien entrer ici ? »

« Le lendemain il célébra la messe dans leur chapelle ; puis l'on procéda à l'élection de l'abbesse. Le vote se fit dans le tuyau de l'oreille de François de Sales, à qui chaque sœur donna son vote à basse voix. Il proclama le vote ainsi : *Elles veulent la plus petite*, Thérèse de Ballon, qu'on appela depuis lors la mère de Ballon (2). »

Le nouveau couvent était bien pauvre ; cependant il ne voulut pas écouter le conseil qu'on lui donnait de faire assigner aux cinq religieuses parties de Sainte-Catherine, une pension sur des terres de l'abbaye.

(1) Magdeleine de la Forest, veuve de Claude-François de la Fléchère, l'une des correspondantes de saint **François de Sales**, demeurant à Rumilly.

(2) *Vie de la vénérable Mère de Ballon*, p. **278**.

Les premières novices furent Mlle de Montfalfalcon, l'ancienne pensionnaire de Sainte-Catherine, Mlles de Bressieu, de Thomas et de Minjoux.

Au commencement de 1623, et pendant deux ans, leur personnel fut doublé par l'arrivée de cinq religieuses parties du couvent des Ayes, près de Grenoble, et qui venaient à Rumilly pour faire l'apprentissage de la réforme monastique. C'étaient les sœurs Claude de Buissonrond, Louise de Ponçonnas, Louise de Pasquier, et la sœur de Monténard, encore novice.

Ce fut alors entre les diverses religieuses un assaut de macérations, une concurrence dans l'austérité et les mortifications. Plus tard, cette concurrence se continua dans l'établissement de couvents nouveaux par la Mère de Ballon d'une part, et par la Mère de Ponçonnas, devenue chef d'ordre à son tour, et, enfin, dans les faits extraordinaires qui signalèrent leur vie.

Voici comment l'auteur anonyme de la *Vie de la Mère de Ponçonnas* dépeint l'état de l'abbaye des Ayes (1) :

« Laure de Ponçonnas était entrée à sept ans

---

(1) *Vie de la Bienheureuse Mère de Ponçonnas, institutrice de la congrégation des Bernardines réformées du Dauphiné*, etc. Lyon, 1675. Cet ouvrage a donc été imprimé vingt ans avant la *Vie de la Mère de Ballon*. Le couvent des Hayes ou des Ayes était alors, comme Sainte-Catherine, Bonlieu et le Beton, sous la direction de l'abbé de Tamié en Savoie.

au couvent des Ayes, dont l'abbesse était sa parente. (Comme Thérèse de Ballon, elle était *contrefaite*, mais elle ne s'appliqua pas d'aussi bonne heure que celle-ci à être considérée comme une sainte.)

« Le silence, la simplicité, l'amour du travail, la régularité étaient alors presque entièrement bannies des Ayes. Le luxe, la galanterie (1), la délicatesse, l'amour-propre y régnaient ; en un mot, les filles qui composaient la communauté n'étaient religieuses qu'en apparence et devant les hommes, mais nullement dans le cœur et devant Dieu.

« Louise de Ponçonnas passa quelque temps chez ses parents, la lecture des romans devint sa principale occupation.

« Toute son application n'était qu'à dire des choses avec finesse, pour se dédommager par son esprit du préjudice que portaient au dessein qu'elle avait de plaire les défauts de son corps, duquel elle ne négligeait cependant pas le soin, tout contrefait qu'il était, car elle polissait son visage et relevait la blancheur de son teint avec tous les soins imaginables. Elle avait une passion démesurée d'avoir de beaux bras et de belles mains, et il n'y avait pas d'artifice qu'elle ne mît en usage pour y réussir, jusque-là même qu'elle les ornait de bagues et de bracelets les plus précieux qu'elle put

---

(1) Ce mot n'avait pas alors le sens qui lui est donné actuellement, et les romans du temps de Louis XIII ressemblaient peu aux nôtres.

avoir. Sa coiffure n'avait nul air de celle qui est propre aux filles de sa profession; elle la compassait avec grande assiduité devant le miroir. Elle abandonna l'habit pénitent et vraiment religieux, et ne voulut plus porter que des étoffes très fines, des robes extrêmement longues et du linge le plus beau et le plus clair.

« Lorsqu'elle retourna au couvent, elle changea ses meubles, qui étaient fort communs, en d'autres beaucoup plus magnifiques, et para sa chambre de tout ce qu'elle put imaginer de galant et de propre. »

Elle fit profession le 17 septembre 1617, entre les mains de Nicolas de Riddes, abbé de Tamié, vicaire-général de Cîteaux. Claudine de Buissonrond fut aussi novice aux Ayes, à l'âge de sept ans environ.

« La résolution de fonder un couvent de Ber-
« nardines réformées à Grenoble, fut prise en l'an
« 1620. Les novatrices consultèrent l'abbé de
« Tamié et François de Sales (1), qui leur conseilla
« de venir à Rumilly faire leur apprentissage avant
« d'aller à Grenoble; elles y arrivèrent le 1ᵉʳ jan-
« vier 1623.

« Quelques mois après que cette sainte compa-
« gnie se fut assemblée, soit à cause de leur grand

---

(1) Prêchant le Carême au Parlement de Grenoble en 1617 et en 1618, François de Sales était allé plusieurs fois aux Ayes et y avait parlé de réformation.

« nombre dans un étroit espace, et des travaux
« qu'on y faisait, soit à cause de leurs austérités
« et de leur pauvreté extrême, toutes ces filles se
« trouvèrent couvertes d'une si furieuse quantité
« de vermine qu'elles en fourmillaient de toutes
« parts.

« La Mère de Ponçonnas en fut cruellement
« tourmentée ; elle souffrit les piqûres de ces vi-
« lains animaux avec une générosité merveilleuse,
« jusque-là même que pour surmonter l'horreur
« que sa délicatesse et sa propreté naturelle lui en
« donnaient, on l'a vue souvent en mettre plu-
« sieurs à la fois sur sa langue, et les y tenir fort
« longtemps, malgré les soulèvemens de cœur et
« les autres efforts que faisait la nature dans l'ex-
« trême violence qu'elle souffrait. (P. 99.) »

Les religieuses dauphinoises retournèrent à Grenoble, y fondèrent leur couvent dont la Mère de Buissonrond fut la supérieure ; elle mourut le 10 septembre 1631.

Louise de Ponçonnas lui succéda le 14 du même mois. Elle se mit bientôt à fonder des couvents ; peut-être, suivant le dessein que son panégyriste prête à la Mère de Ballon, désirait-elle devenir générale des Bernardines réformées, comme Mme de Chantal l'était de l'Ordre de la Visitation ; car, dit notre auteur, la tentation d'être générale d'Ordre est très forte dans les religions (1).

(1) Religion a ici le sens d'ordre monastique.

Une prétendante attenta plusieurs fois à sa vie, mais elle fut toujours arrêtée par une force invisible.

La Mère de Ponçonnas, dit encore son biographe, avait des extases :

« On l'a vue plusieurs fois dans des transports
« d'amour pour Dieu si violens et si enflammés,
« qu'elle en était dévorée jusque-là même qu'il
« la fallait faire revenir par quelques rafraîchisse-
« mens et lui faire tenir, durant des heures en-
« tières, les mains dans de l'eau. Cette ardeur lui
« causait une si grande sécheresse à la bouche
« qu'elle en avait les lèvres presque toutes brûlées
« quoique les extrémités de son corps fussent froi-
« des comme de la glace. Les cris étonnans qu'elle
« faisait obligeaient ses filles d'appeler les méde-
« cins qui tous conclurent, après un long examen
« de tous ses accidens, qu'il y avait quelque chose
« de surnaturel qui passait leur intelligence (1). »

Revenons aux réformées de Rumilly.

Suivant l'ordinaire, l'on alla d'un extrême à l'autre : en 1625, la sœur de Vignol, dont le P. Grossi nous a raconté la coquetterie, se livra à de telles austérités qu'elle en perdit l'esprit et la santé :
« Les vapeurs mélancoliques que son sang brûlé
« par ses extrêmes abstinences faisait monter à
« son cerveau lui causèrent des extravagances, qui

---

(1) *Vie de la Bienheureuse Mère de Ponçonnas*, p. 12 à 99, 158, 159, 229, 297.

« mirent en trouble tout le monastère........; elle
« guérit plus tard. »

Cet exemple porta la mère de Ballon à prohiber, dans la règle du monastère de Grenoble, les austérités excessives, celles que tous ne peuvent pas exercer.

Après Grenoble, elle fonda les couvents de Saint-Jean-de-Maurienne, la Roche, Saint-Maurice en Valais, Seyssel, Vienne en Dauphiné, Lyon (haut de la Croix-Rousse), Carpentras. En 1658, elle érigea celui de Toulon où elle conduisit six professes de Rumilly. Pendant qu'elle était à Toulon, les autres religieuses de Rumilly députèrent leur aumônier à l'évêque de Marseille « pour
« lui dire de prendre bien garde à la mère de
« Ballon, que c'était un esprit léger, inquiet, am-
« bitieux qui voulait toujours régner et dominer,
« et qu'étant sur la fin de sa supériorité à Rumilly
« où, suivant la règle, elle ne pouvait plus être
« élue ni confirmée dans cette charge, elle était
« venue en Provence pour y gouverner et y faire
« la générale de sa congrégation. » Le confesseur était encore chargé d'inviter la mère de Ballon à revenir à Rumilly. Elle répondit qu'elle était prête à obéir; mais les religieuses de Marseille l'élurent supérieure de leur monastère. Elle fonda ensuite le couvent de Cavaillon, et quitta Marseille le 23 mars 1641. Gasparde de Ballon fut élue supérieure de Cavaillon, et nommée une seconde fois. A l'expiration des six ans, Thérèse passant par hasard

dans cette ville fut choisie en remplacement de sa sœur. Elle fit encore d'autres fondations de couvents en Savoie et dans les environs, et mourut le 14 décembre 1668 (1) à Seyssel, où sa sœur Gasparde était alors supérieure. Les deux sœurs allant ainsi de couvent en couvent éludaient, semble-t-il, l'interdiction d'être supérieures pendant plus de deux périodes de trois ans.

« Les dames de Sainte-Catherine voulurent
« honorer la mémoire de la Mère de Ballon par
« un service solennel quelques jours après sa
« mort. Lorsqu'on commença l'office pour les tré-
« passés, les cloches sonnèrent d'elles-mêmes,
« sans que personne les ébranlât (2). »

La Mère de Ballon a été mise au nombre des Bienheureux. Etant âgée de cinq à six ans, Louise-Thérèse, que déjà aucune répugnance n'arrêtait dans l'exercice de la charité, entendit des gens de sa maison dire qu'elle serait une *sainte*. Ces paroles, que sa mémoire lui rappela plus tard, décidèrent peut-être de sa vocation (3). L'accident dont

---

(1) Besson, p. 165, place ce décès au 15 mars 1669. Le portrait sur toile de la Mère de Ballon, provenant du monastère de Rumilly, est actuellement au couvent des Bernardines de Belley (Ain). F. Croisollet. *Hist. de Rumilly*, Supplt., p. 205.

(2) *Vie de la Mère de Ballon,* p. 358, 409, 422, 436, 499, 564, 608.

(3) Il n'en faut souvent pas davantage. C'est ainsi qu'en 1861, une jeune fille, d'une conduite austère, s'étant éva-

elle avait été victime dans son enfance, ne lui permettant pas de briller dans le monde, elle reporta sur les choses spirituelles l'ardeur, l'ambition peut-être, d'une nature d'élite. Les mêmes causes ont amené sans doute un résultat semblable chez Mme de Ponçonnas.

CHAPITRE XI.

DIX-SEPTIÈME, DIX-HUITIÈME ABBESSE. — FRANÇOISE DE REGARD-CHANEX. — CHARLOTTE-FRANÇOISE DE VALLON. — CARTE DU VISITEUR DE CÎTEAUX. — CHRISTINE DE SAINT-THOMAS, COADJUTRICE.

Reprenons maintenant l'histoire de Sainte-Catherine.

Avec le temps, la rancune entre les anciennes Cisterciennes et les Bernardines réformées disparut. Il semble même que l'exemple de celles-ci

nouie dans l'église d'un village du canton de Romans (Drôme), fut emportée au dehors. En reprenant ses sens, elle entendit les assistants dire : *elle a les stigmates*. On alla la visiter; et les stigmates au front, aux mains, puis ailleurs, augmentèrent. La foule arriva ; la jeune fille en extase la bénissait, et une belle-sœur recueillait avec soin les sous et les pièces blanches jetées sur le lit. Le Parquet intervint; la jeune fille, confiée aux sœurs de Saint-Vincent-de-Paul, fut bientôt guérie de ses extases par des potées d'eau froide. Elle raconta alors que « *l'orgueil l'avait perdue;* » qu'ayant entendu parler de stigmates, elle avait agrandi sa blessure du front et avait fait les petites plaies, que des *milliers* de gens étaient venus contempler.

(Archives du Tribunal de Valence (Drôme).

exerça une heureuse influence sur l'abbaye-mère. Le P. Grossi rapporte, en effet, qu'à l'époque où il écrivait (vers 1680), il tenait de la R^{de} mère Angélique Marchand, supérieure des Bernardines réformées d'Annecy, « qu'à la clôture près, les « religieuses de Sainte-Catherine vivaient dans « une régularité qui les rendait bien différentes « de leurs devancières. » (Page 103.)

En 1617, Pernette de Cerisier avait appelé d'une décision du Conseil du Genevois du 1er mars 1616, relative à une contestation entre son couvent et Hugonin Dumaret, bourgeois d'Annecy. Les parties s'accordèrent; la transaction fut homologuée par le Conseil, puis enregistrée au Sénat le 16 juin 1618. (Reg. 34. f° 20.)

Le 12 mars 1622, demoiselle Jeanne de Menthon fonda à l'abbaye, au moyen d'un capital de 500 florins, une grand'messe annuelle à célébrer le jour de son décès. Un peu après, une fondation semblable fut faite par Marie-Angélique de Monthoux de la Balme, épouse du seigneur de Vaugelas (1).

Le 20 août 1631, à l'occasion d'un procès avec Pierre Grivet, pour le fermage des moulins de Cran, l'abbesse obtient un monitoire de Charles-

---

(1) Procès-verbaux de l'union de Sainte-Catherine à **Bonlieu.**

Auguste de Sales, vicaire-général de l'évêché, ordonnant à tout témoin appelé, de déposer entre les mains du commissaire que le Conseil du Genevois nommerait. — Elle signe : *Pernette de Cerizier, humble abbesse de Sainte-Catherine du Mont de Semenoz* (1).

Le 6 mars 1632, les religieuses élurent coadjutrice, suivant un acte reçu par M° Escuyer, *Françoise de Regard de Chanay*. La note du Sénat dit : « elle fut confirmée le 8 dudit mois de mars « par M. l'abbé de Tamié, et a été mise en posses- « sion en qualité d'*abbesse* le 9. »

Il est possible que Pernette de Cerizier soit morte peu après l'élection de sa coadjutrice qui, étant nommée avec future succession, n'avait qu'à prendre le nom d'abbesse, lorsque la titulaire décéderait. Toutefois elle vivait encore le 25 mars, jour où le roi Victor-Amédée accorda son placet à Françoise de Regard, en qualité de coadjutrice et *pour succéder à l'abbesse après la mort d'icelle, ensuite de l'élection faite en sa personne par la même abbesse à cause de son âge décrépit et incommodité de maladie.* (Contrôle fin°ᵉˢ Savoie, vol. 46, p. 68.)

De 1636 à 1638, Françoise de Regard s'occupe de faire renouveler les reconnaissances des obligations consenties à l'abbaye par ses fermiers ou ses débiteurs des communes environnantes, Saint-

---

(1) Archives de la Société florimontane.

Jorioz, Quintal, etc. Ce sont souvent diverses annuités de fermages, des laods et servis non payés. Les créances varient de 4, 5, 6, à 40, 43 florins.

Le procureur général du couvent, par les soins duquel ces rénovations sont provoquées, est messire *Jehan Brunet*, habitant à l'abbaye. Il en était probablement en même temps le directeur et le confesseur.

En 1639, le sieur Delaportaz, notaire et commissaire d'extentes à Annecy, intenta un procès à l'abbesse et aux religieuses dans le but d'être payé d'un travail dont elles l'avaient chargé en 1634, et qui avait également pour objet le renouvellement de leurs titres de rentes. Dans une requête, signée Durovenod, avocat plaidant, il demande au Conseil de Genevois de nommer un commissaire non suspect pour vérifier sa besogne, et il offre d'imputer sur le prix la somme de deux mille florins pour la dot de l'*Anthoine*, sa fille, novice à Sainte-Catherine.

L'abbesse lui répond qu'il a tort de se plaindre parce qu'il n'a presque encore rien fait d'un travail qui doit être achevé en six ans.

Une discussion s'engage sur le genre de profession auquel la novice sera admise. Devra-t-elle recevoir l'habit noir, c'est-à-dire être dame de chœur, ou bien l'habit blanc seulement? Il semble que l'abbesse allègue que la novice n'est pas *de telle qualité que les autres* (d'aussi bonne noblesse) et qu'elle n'a pas reçu une dot assez considérable pour être religieuse de chœur. Le père répond qu'on aurait dû l'avertir de cela lorsqu'elle a commencé son noviciat, qu'*étant fille honnête, de fame et réputation*, elle sera bonne religieuse, et que peu lui importe l'habit qu'on lui donnera pourvu qu'elle soit enfin reçue à profession (1).

La dot de 2,000 florins était pourtant à peu près aussi élevée que celle de 200 ducatons que Françoise de Vallon avait apportée à Sainte-Catherine en 1611. Comme elle devait être payée par l'abandon que le commissaire d'extentes ferait du prix de son travail, ce qui n'amenait aucuns fonds dans la caisse du couvent, et que, d'autre part, le sieur Delaportaz ne devant pas recevoir de salaire, mettait peu d'ardeur à remplir la tâche qu'il avait acceptée, les deux parties apportaient quelque mauvaise volonté dans l'exécution de leurs engagements.

Françoise de Regard mourut le 24 septembre 1640. Elle fut remplacée le lendemain par *Charlotte Françoise de Gex de Vallon de Saint-Christophe*, dont nous avons rapporté la prise d'habit en 1611. Sa parenté un peu éloignée avec le futur évêque d'Annecy ne dut pas être étrangère à son élection (2).

Cet acte fut confirmé le 26 par l'abbé de Tamié,

(1) Archives de la Société florimontane. Cette pièce est lacérée en beaucoup d'endroits.

(2) Le nom patronymique de la famille était Jay, dont on a fait Gex. RIONDEL, *Revue savois.*, 1871, p. 63. L'évêque était alors Dom Juste Guérin, auquel Charles-Auguste de Sales succéda en 1645.

qui commit R^d Charles Brunet, religieux, pour mettre la nouvelle abbesse en possession de ses fonctions. Le tout fut approuvé par l'abbé de Clairvaux, le 10 mai 1642.

L'exercice de la suprématie passait ainsi alternativement, semble-t-il, de l'abbé de Cîteaux à celui de Clairvaux.

Le moine Charles Brunet est probablement le même que R^d Jean Brunet, procureur du couvent en 1638.

Nous n'avons retrouvé de Françoise de Vallon que la lettre suivante :

« de Sainte-Catherine ce 16 septembre 1641.

+

« Monsieur

« Vous savez la transaction qui a été passé entre
« vous et n̄re abbaye. Nous désirons y satisfaire
« de n̄re costé et y satisfaisant du v̄re.

« Et partant par le retour de ce porteur je vous
« prie de vouloir préfiger un jour parce que de
« n̄re costé nous sommes preste. quoi attendant
« ie suis,

« Monsieur, v̄re bien humble an n̄re
« Sr F. de Valon
« indigne abbesse »

Au dos, on lit :

+

« A Monsieur, Monsieur Laporte commissaire
« à Droise (2). »

(2) Droisy, village entre Clermont et Seyssel.

La lettre est scellée avec un petit sceau rond sur cire rouge, d'un centimètre de diamètre. On y voit la crosse abbatiale et le buste de la Vierge dont la tête est en face de la crosse. La Vierge tient à ses bras l'enfant Jésus (1).

Le sieur Laporte est le même que le sieur Delaporte dont nous venons de parler ; son procès avec le couvent avait été terminé par une transaction qu'il s'agissait sans doute d'exécuter.

En 1644, l'abbaye eut certaines difficultés avec le Chapitre d'Annecy. Le 30 septembre, les chanoines de Notre-Dame avaient délégué Mre Garet (ou Gaud), l'un d'entre eux, pour se rendre dans les vignobles d'Annecy-le-Vieux afin d'y réclamer la dîme de la vendange. Il commença par les vignes des religieuses de Sainte-Catherine qui en possédaient alors 78 fosserées, outre une maison à Annecy-le-Vieux. Le chef des vendangeurs lui répondit que ces vignes n'étaient pas soumises à la dîme et que, du reste, on ne l'avait jamais demandée auparavant. Le notaire Berthod, d'Annecy, dressa procès-verbal du tout.

Le chanoine se rend ensuite dans les vignes des Dominicains, dans celles du sieur Champrond, etc.; partout il reçoit la même réponse (2).

En 1662, l'abbaye du Beton fut visitée par Frère François de Montholon, abbé de Saint-Sul-

(1) Archives de la Société florimontane.
(2) Archives municipales d'Annecy.

pice, vicaire général, accompagné de Frère Jean Clapier, prieur de Chetry et promoteur de l'Ordre. Ses lettres patentes sont signées par Frère Claude Vaussin, abbé de Cîteaux, par André Emmanuel, abbé de Rodes et Jean-Antoine de la Forêt de Somont, abbé de Tamié,

Il est certain qu'il visita aussi Sainte-Catherine et dut y laisser des instructions semblables aux suivantes qui sont extraites de sa *carte de visite* à Bonlieu.

Il recommande aux religieuses la parfaite observance des trois vœux : humilité, — obéissance à l'abbesse; et, en son absence, à la prieure; — ne rien posséder en argent ou meubles sans la permission de l'abbesse :

— Garder la clôture, avoir soin qu'aucune religieuse ne sorte de l'enclos sans notre permission spéciale sous peine d'excommunication, « et comme les maisons religieuses sont comme autant de sanctuaires où il n'est permis qu'aux saints d'entrer, nous défendons très expressément à la dame R[de] abbesse de permettre l'entrée du monastère à aucune femme mariée sans notre permission. » (Ce précepte ne devait pas s'appliquer à Sainte-Catherine, où il n'y avait pas de clôture.)

Les matines seront sonnées ordinairement à 5 heures et un peu plus tôt les jours solennels, à la discrétion de l'abbesse. Les religieuses ne pourront se dispenser de la messe, comme de la table commune, sans la permission expresse de la supérieure.

Le parloir sera fermé pendant l'office divin.

La retraite se sonnera à 8 heures du soir en tout temps ; les religieuses se retireront en silence en leurs chambres et seront couchées à 9 heures ; enjoignons à la prieure de visiter tous les soirs les chambres et de faire coucher celles qui se trouveront veiller à cette heure.

Nous ordonnons que toutes les portes du monastère soient fermées en été à 7 heures ; la portière aura soin de les fermer religieusement et de porter les clés dans la chambre de l'abbesse.

Les religieuses prendront leur réfection toutes ensemble.

Ordonnons à la dame abbesse le soin particulier des religieuses malades.

Ordonnons aux religieuses de prier pour **le pape Alexandre VII**, pour l'Eglise, pour leurs Altesses Sérénissimes de Savoie, princes souverains que Dieu bénisse en leur Etat (1).

Un peu plus tard, en 1668, Jean-Antoine de Somont (2), abbé de Tamié, visitant l'abbaye des Ayes, décida que les religieuses n'auraient pas de gants quand elles iraient au parloir ; il leur recommanda de porter les manches extrêmement baissées et ordonna que, conformément au bref d'A-

---

(1) Archives de la Société florimontane.

(2) L'abbé de Tamié était âgé alors de 23 ans et n'avait pas encore embrassé la réforme de Rancé.

lexandre VII de 1666, elles ne mangeraient de la viande que trois fois par semaine (1).

Suivant la notice généalogique de la famille de Menthon (p. 25), Denise Bernarde de Menthon, religieuse ursuline à la Côte de Saint-Just à Lyon, aurait été, en 1669, nommée coadjutrice de l'abbaye de Sainte-Catherine; mais son élection n'aurait pas été confirmée. Quoi qu'il en soit, Françoise de Vallon ne tarda pas à réclamer le secours d'une aide. A la demande, sans doute, du marquis de Saint-Thomas, premier secrétaire d'Etat, le Duc de Savoie écrivit le 20 février 1671 (2) à l'abbé de Saint-Sulpice, commissaire de Cîteaux, pour l'inviter à faire élire coadjutrice avec future succession, *Christine Carron de Saint-Thomas*, reli-

---

(1) EDMOND MAIGNIEN. *Notice sur l'abbaye des Ayes,* dans le *Bulletin de l'Académie delphinale*, 1867, p. 447.

(2) « Monsieur l'abbé de Saint-Sulpice

« L'abbesse de Sainte-Catherine.. ayant laissé par son décès (*elle ne mourut que l'année suivante*) cette abbaye vacante j'y ai nommé la religieuse professe de Bonlieu Christine de Saint-Thomas à laquelle j'ai fait expédier le placet en vertu du droit de patronage et de nomination qui m'appartient, et comme vous êtes délégué vicaire général de votre Ordre dans mes Etats, je vous en donne avis et vous prie de l'instituer sur ledit placet, puisque vous en avés l'autorité...... .

« Votre bon ami C. Emmanuel. »

(Archives de Turin.)

Le bruit avait sans doute couru à Turin de la mort de l'abbesse; l'on dut se contenter de faire nommer coadjutrice la protégée du Duc.

gieuse de Bonlieu, sœur ou parente rapprochée de son ministre, à laquelle il avait d'avance accordé son placet. L'abbesse s'empressa de demander au Duc son agrément. L'élection eut lieu le 25 août 1671, en présence de D. Pierre Cornuty, prieur de Tamié, désigné par l'abbé de Cîteaux comme commissaire (1); elle ne trompa pas le désir exprimé par le souverain.

L'élection de la coadjutrice fut approuvée en ces termes par l'abbé de Cîteaux :

« *Frère Jean Petit, abbé de Cîteaux, à sœur Christine de Saint-Thomas, religieuse de notre abbaye de Sainte-Catherine les Annessy.*

« Vu notre commission du 27 juin dernier à notre très-cher confrère D. Pierre Cornuty, prieur de notre abbaye de Tamié, pour présider l'élection d'une coadjutrice avec future succession sur la requête de l'abbesse Françoise de Vallon pour être soulagée dans sa conduite et gouvernement spirituel et temporel.

« Vu l'acte de convocation de notre commissaire du 23 août pour être procédé à la dite élection le 25 août, le procès-verbal d'élection reçu le 25 août par Claude Aimé Diaconis, notaire apostolique, l'élection par les abbesse et religieuses au nombre de dix-huit, l'aceptation de l'élue, etc.

(1) L'abbé de Tamié Jean-Antoine de la Forêt-Somont, était alors à Cîteaux; il y reçut la bénédiction abbatiale cette même année 1671 et fut de retour à Tamié en septembre.

« ... Mandons à l'abbé de Tamié de la mettre en possession. — Donné à Cîteaux le 22 septembre 1671. »

Le 23 septembre le Duc de Savoie accorde de nouveau son placet à la nomination, en vertu de son droit *de patronage et de nomination* (1).

Françoise de Vallon mourut le 26 avril 1672 (2) âgée d'environ 77 ans.

De 1667 à mars 1673, le receveur des cens et servis de l'abbaye est J. B. Orlier. A partir de 1680, les reçus sont faits par l'aumônier, fr. Gaillard, qui prend le titre de procureur général des R[des] Dames abbesse et religieuses de Sainte-Catherine. Nous n'avons pas trouvé de documents établissant que J. B. Orlier fut l'aumônier du couvent ; cela est probable néanmoins.

CHAPITRE XII.

Mme DE SAINT-THOMAS, DIX-NEUVIÈME ABBESSE. — MANQUEMENTS DANS LA DISTRIBUTION DES AUMÔNES. — REGISTRE DES VÊTURES. — PRISES D'HABITS ; DÉCÈS DE RELIGIEUSES ; D'OBLATES. — MAXIMUM FIXÉ PAR LE SÉNAT POUR LA DOT DES RELIGIEUSES.

A la mort de Françoise de Vallon, Mme de Saint-Thomas devint abbesse titulaire.

Il semble que sous son administration le monastère cessa de distribuer les *aumônes* fixées par

(1) Registres civils du Sénat, 45, f°s 267 et suiv.
(2) BESSON, p. 132.

l'usage plutôt que par les titres et qui constituaient la justification des nombreuses donations faites aux couvents.

Le 5 mars 1675, le Procureur général adresse au Sénat une remontrance générale sur le fait des aumônes dues aux pauvres par tous les prélats et par les établissements ecclésiastiques possédant des bénéfices, afin qu'il leur soit enjoint, sous peine de réduction de leur temporel, de distribuer ces aumônes. Le Jeudi-Saint, 11 avril, François Gallay, conseiller de S. A. R. Juge-maje du Genevois, procéda à l'enquête en ce qui concernait Sainte-Catherine.

Ce magistrat se rendit d'abord à Vouvray, hameau situé au-dessous du couvent, chez noble Claude Domenjoud. Il y convie, par huissier, l'abbesse de Saint-Thomas avec sommation de communiquer les titres de l'abbaye établissant les aumônes. L'abbesse répond qu'elle n'a trouvé dans les archives du couvent aucune fondation imposant l'obligation des aumônes, que les trois aumônes générales se font pour obéir à la pieuse coutume de l'Ordre, qu'elle y satisfait et continuera d'y satisfaire tant qu'elle le pourra, bien que si l'on examinait les nécessités de la maison il y eût lieu de l'en exempter.

Le Juge-maje n'en procède pas moins à son enquête ; il entend douze temoins, dont aucun ne sait signer. Ils déclarent que l'abbaye est tenue de faire trois aumônes générales, une la veille de

Noël, une le Samedi-Gras et l'autre le Jeudi-Saint. Antérieurement, on distribuait chaque fois, à toute personne qui se présentait, un *michot* de pain mêlé, froment, orge et autre grain, du poids d'une livre environ.

Le Samedi-Gras, on ajoutait un morceau de fromage d'environ un quart de livre ; le Jeudi-Saint, chaque pauvre recevait, outre le pain, une écuelle de fèves cuites. Chaque jour encore, sauf le dimanche, on distribuait un demi-michot de pain, le *tout à forme de fondation et ancienne coutume*.

Actuellement l'aumône est réduite à trois jours par semaine, et encore manque-t-elle parfois certains jours. On ne fait plus, depuis longtemps, l'aumône du Carême, et aux trois aumônes générales le pain est moins gros et de mauvaise qualité. Les témoins montrent les morceaux qu'ils ont reçus ce jour-là (Jeudi-Saint) ; le Juge constate qu'il y manque un bon quart de livre, et en saisit deux pour les transmettre au Sénat. Les témoins déclarent enfin que, le Samedi-Gras, l'on n'a pas distribué de fromage, que l'on n'a pas servi de fèves le Jeudi-Saint, mais qu'on en avait donné un peu le lundi précédent.

Sur quoi, le 14 février 1676, le Sénat ordonne que les trois aumônes générales devront être faites comme anciennement, à midi, après avoir sonné trois fois la cloche ; il réserve sa décision quant à l'aumône quotidienne.

Le Jeudi-Saint suivant, 2 avril 1676, Guillaume

Descombe, châtelain du mandement d'Annecy, se rendit à Sainte-Catherine pour vérifier l'exécution de la décision du Sénat. Il assista à la distribution, annoncée au son de la cloche et faite devant la porte-maîtresse du monastère par messire Gros, confesseur et procureur général du couvent. Les *michots* de pain ou gâteaux sont du poids, les uns de trois-quarts de livre, les autres de demi-livre. Il y a plus de gâteaux que de pauvres. Le châtelain ne parle pas de la distribution de fèves cuites.

En 1716, de nouvelles plaintes furent portées au Sénat ; mais comme, pas plus qu'en 1675, l'on ne retrouva les titres de fondation des aumônes, le Sénat dut se contenter de faire la déclaration suivante :

« 10 juin 1716.

« Quoique les Révérendes Dames Abesse et
« Religieuses du mont de Sainte-Catherine près
« d'Annecy ne soient obligées par aucune fonda-
« tion ni aucun titre à faire aucune aumône géné-
« rale ni particulière, cependant suivant les an-
« ciens usages de leur Ordre, elles sont en coutume
« de faire toutes les années une aumône générale
« la veille de Noël, le Samedi-Gras et Jeudi-
« Saint, d'environ demi-livre de pain mêlé, fro-
« ment, seigle et orge, et le Jeudi-Saint elles
« ajouteront une écuellée de fèves, à chaque pau-
« vre. Et quant aux aumônes particulières elles
« en font suivant la nécessité du temps, sans s'as-

« treindre à aucun jour ni à aucune heure, mais
« seulement selon que leur charité le porte et
« leurs facultés le peuvent permettre. »

Certifié véritable par le s^r Favre, procureur et agent du couvent, devant M. Perréard, châtelain royal d'Annecy (1).

Au mois d'août 1680, l'abbé de Tamié, Frère Jean-Antoine de la Forêt de Somont, se rendit à Sainte-Catherine pour donner l'habit de novice à Catherine de Chavannes. Il y établit, de sa propre main, un petit registre qu'il intitula :

Registre des vestures des novices, professions, enterrements, baptêmes, mariages et autres actes solennels qui se font dans l'église du monastère de Sainte-Catherine qui a charge d'âmes des personnes séculières des environs. — Paraffé par nous abbé de Tamié, vicaire général de Cisteaux.

L'abbé Jean-Antoine de Somont était alors un religieux trop éclairé et trop austère pour affirmer l'existence de cette espèce de paroisse de Sainte-Catherine, si réellement l'abbaye n'avait pas eu charge d'âmes sur la Bouverie, les Puisots, le Moulin-Rouge et lieux circonvoisins. Le fait et le droit étaient tellement reconnus que le curé de Vieugy, paroisse limitrophe, se rendait à Sainte-Catherine, lorsque l'aumônier du couvent se trouvait absent, pour y faire les mariages ou les

(1) Archives du Sénat.

sépultures. Les corps étaient ensevelis autour de l'église (1).

Le 11 août 1680, l'abbé de Somont préside à la cérémonie de prise d'habit de novice par *Catherine de Chavannes*. Le 10 août 1683, *Madeleine de Chavannes* prononce ses vœux solennels. Il s'agit peut-être de la même personne (2).

Le 8 décembre 1680, Angélique de Barnous, du Dauphiné, reçoit l'habit de novice ; elle fait profession le 15 mars 1682.

Le 8 mai 1681, prise d'habit de Josephte-Marie

(1) *Registre des vestures ;* manuscrit déposé à la cure de l'église de Saint-Maurice à Annecy. Voir aussi *Souvenirs historiques d'Annecy*, p. 101. Le 30 mai précédent, l'abbé de Tamié avait établi un registre semblable à l'abbaye du Beton.

(2) Voici comment le P. d'Hauteville décrit les cérémonies de la profession définitive, aux pages 684 et 685 de sa *Maison naturelle de saint François de Sales :* « En 1658,
« Charles-Auguste de Sales fit à la Chartreuse de Meulan
« (Mélan) les cérémonies du voile noir pour trois professes
« de cette communauté. L'usage est beau et particulier. On
« l'appelle *le sacre des filles vierges,* parce qu'on y observe
« beaucoup de choses qui se pratiquent au sacre des évêques.
« On leur donne l'anneau, la couronne de fleurs, le voile
« noir, et le seul évêque en fait la cérémonie, où la fille
« quoique professe ne porte que le voile blanc jusques au
« temps qu'elle soit en état de bien considérer l'importance
« du vœu de virginité et l'honneur d'être épouse de J.-C.,
« dont elle fait une nouvelle et publique profession, après
« laquelle on lui donne le voile noir. »

Collomb, professe le 12 mai suivant, décédée le 7 juin 1702.

Le 24 mars 1681, Françoise Floquet, domestique de l'abbaye, décède après lui avoir donné tous ses biens par testament.

Le 7 juillet 1681, mort de la religieuse professe Jacqueline de Rieux.

Le 20 septembre suivant, Catherine de Roillon du Cengle est admise au noviciat, mais elle quitte l'habit le 28 avril 1682, ses infirmités l'ayant obligée de rentrer chez ses parents (1).

Le 2 juillet 1682, prise d'habit par Marie-Anne Reydelet et Jeanne Perrin, qui font profession l'une et l'autre le 15 août 1683.

Le 3 septembre 1682, la sœur Françoise de Sion est ensevelie dans le chapitre.

Le 18 février 1683, la sœur Charlotte de la Balme (branche des *Menthon*) est ensevelie dans l'église, devant le balustre de la communion, à l'âge de 72 ans, ayant vécu 52 ans fort exemplairement en religion.

Le 1er novembre 1684, Jacqueline Reydelet est reçue novice ; le 16 mai 1686, elle fait profession entre les mains de D. de Villy, prieur d'Aulps (2), commis par l'abbé de Clairvaux le 7 février précédent.

---

(1) Encore une malade. Le 2 octobre 1661, Mme de Fontani, religieuse de Sainte-Catherine, décéda à Bonlieu, où elle avait probablement été transportée à cause de la faiblesse de sa santé. (*Obituaire* de Bonlieu.)

(2) Abbaye de Cisterciens dans le Haut-Chablais.

Le 28 octobre 1690, a lieu la sépulture de Bartholomée Allard veuve de Georges Verdelet, de Vovray, *rendue* en l'abbaye de Sainte-Catherine. Elle est ensevelie au pied du tombeau du Bienheureux Vulierme, à la porte de l'entrée du cloître.

Le 24 .... 1691, l'aumônier du couvent, D. Jean-Louis Gaillard, est enseveli devant l'autel de la chapelle de Saint-Jean ; la cérémonie est faite par D. Jean-François Cornuty, prieur de Tamié (1).

En juillet 1692, l'aumônier-confesseur est **Frère François Sautier**.

Le 24 juillet 1692, sont reçues novices Josephte-Prospère de Blancheville, professe le 8 septembre 1693, et Antoinette Rouph, professe le 13 du même mois.

Le 12 mai 1693, sépulture de Jeanne Péréasson, professe.

Le 12 juin 1694, il n'y a pas d'aumônier ; **il est remplacé par D. Placide Bérengier, bénédictin de l'abbaye de Talloires**.

En septembre 1694, l'aumônier est **Frère G. Maillardet**.

Le 3 avril 1697, François Truant, Comtois, *donné* de l'abbaye, est enseveli dans le vestibule à l'entrée de l'église.

Le 22 avril 1697, sépulture de la sœur Jeanne-Madeleine Butin, âgée de 80 ans, *après avoir donné les marques d'une âme prédestinée*. Elle est enterrée dans le *cloître de collation*.

(1) Il fut élu abbé de ce monastère le 15 février 1702.

A cette époque, et par un arrêt du 27 juillet 1685, le Sénat voulant sans doute diminuer l'importance des biens de main-morte, et peut-être l'ardeur du prosélytisme vis-à-vis des héritières (1), ordonne que les filles ne pourront apporter ni donner aux couvents plus de 5,000 florins, et ne leur permet de disposer de leurs autres biens que moyennant l'accomplissement de certaines formalités.

Le 9 mars 1714, après la dernière occupation de la Savoie par Louis XIV, le Sénat interpréta l'arrêt de 1685 en ce sens que les filles pourraient disposer de leurs biens en faveur de qui elles voudraient sans être astreintes aux formalités portées par l'arrêt, pourvu que les communautés religieuses ne reçussent pas, par elles-mêmes ou par personnes interposées, plus de 5,000 florins.

Le 31 janvier 1689, Victor-Amédée II accorde à Sainte-Catherine des patentes par lesquelles il place l'abbaye sous sa protection spéciale, avec défense à toutes personnes d'en molester les religieuses en quelle manière que ce soit.

---

(1) On ne recevait volontiers dans les couvents, dit l'auteur de la *Vie de la Mère de Ponçonnas* (page 349), que les filles qui avaient une dot, et on repoussait celles qui étaient pauvres.

CHAPITRE XIII.

XVIIIe SIÈCLE. AUMÔNIERS DIVERS ; VISITE DE D. MARTÈNE ET DE D. DURAND. — L'AUMÔNIER D. MASSON RAMENÉ A HAUTECOMBE PAR ORDRE DU SÉNAT.

Nous voici au dix-huitième siècle.

Madame Christine Carron de Saint-Thomas est toujours abbesse. Elle fait quelques réparations aux chapelles du couvent. Dans le registre des dépenses de 1696 à 1703, on trouve l'article suivant :

« Acheté pour 2 florins et 7 sols pour une livre « de cosle (colle) une livre d'ocre et 2 onces de....

« Remis le tout à M. Lange pour pindre les « chambres de St Joseph et de la Ste Vierge. » Ces peintures, qui ne devaient pas manquer de mérite, ont été exécutées vers 1698 (1).

Le 21 avril 1702, mort de la prieure Marguerite de Saint-Christophe, la nièce sans doute de l'abbesse Françoise de Vallon de Saint-Christophe. Elle est ensevelie dans le chapitre, *place ordinaire* des sépultures des professes.

L'aumônier, Frère Georges Maillardet, malade depuis plusieurs années, meurt le 31 janvier 1705. Il est remplacé par D. Abraham Riondet.

---

(1) Le peintre Josserme, dit Lange, d'Annecy, qui acquit une certaine célébrité, était alors âgé d'environ 22 ans. On peut voir la série de ses portraits des princes de la Maison de Savoie, gravés en 1702 par G. Jasnière, dans l'*Histoire de la Maison de Savoie*, de BLANC.

Le 29 septembre suivant, le couvent reçoit la visite de l'abbé de Tamié, D. François Cornuty, qui préside à la prise d'habit de Jacqueline-Péronne de Sales. Cette novice fit profession le 28 octobre 1706.

Le 11 juin 1708, les deux célèbres bénédictins de Saint-Maur, D. Martin et D. Durand, commencèrent un voyage de recherches dans les abbayes et monastères. Ils rédigèrent une espèce de journal qu'ils appelèrent *Voyage littéraire de deux religieux bénédictins*; leur livre, achevé en 1715, fut imprimé en 1717.

Cette dernière date a trompé quelques écrivains (1), qui ont demandé comment les deux religieux avaient pu être reçus à Sainte-Catherine par l'abbesse de Saint-Thomas, en 1717, alors qu'elle était morte en 1714; mais rien de plus naturel, puisqu'ils s'arrêtèrent à Sainte-Catherine en 1708.

Après avoir visité l'évêque de Genève à Annecy,
« .... L'après-midi nous fûmes aux abbayes de
« Bonlieu et de Sainte-Catherine, toutes deux de
« l'Ordre de Cîteaux. Celle-ci est à une petite
« demi-lieue d'Annecy, sur une haute montagne
« d'où l'on découvre toute la ville. Lorsque nous
« y arrivâmes les religieuses qui ne gardent point
« la clôture étaient à la promenade et ne revinrent
« que le soir; mais Madame de Saint-Thomas qui
« en est l'abbesse nous y reçut et nous donna toute

(1) MERCIER. *Souvenirs hist. d'Annecy*, p. 104, note.

« la satisfaction que nous pouvions désirer; elle
« nous fit voir un ancien martyrologe (1) dans le-
« quel ses religieuses lisent tous les jours au cha-
« pitre lorsqu'elles annoncent la fête des saints
« du jour suivant, car elle ne veut pas qu'elles
« lisent dans un martyrologe imprimé. Elle nous
« mena à l'église où l'on voit sous le portique un
« tombeau élevé avec cette inscription (V. p. 14) :
« Il y a aussi le tombeau d'un bienheureux Gui-
« gues, parent de la fondatrice, à qui les peuples
« ont une grande dévotion. Je ne doute point que
« ce ne soit le tombeau de Guigo, ou Guy de Ge-
« nève, évêque de Langres, enterré à Sainte-
« Catherine, dont il est fait mention dans le mar-
« tyrologe de cette abbaye, l'onzième des Calen-
« des de décembre (*19 novembre*). Avant que de
« sortir de Sainte-Catherine, Madame l'abbesse
« nous donna à soupé avec un des petits neveux
« de saint François de Sales et voulut nous rete-
« nir à coucher, mais comme nous avions affaire
« à Annecy, elle nous donna des chevaux pour
« nous en retourner. »

Le 28 octobre 1708, prise d'habit de Prospère de Renex de Montfort (de Rumilly). La date de sa profession n'est pas indiquée.

Le 8 novembre suivant, prise d'habit d'Anne

(1) Il serait bien intéressant de retrouver ce vieux manuscrit, œuvre sans doute de l'un des premiers chapelains de l'abbaye.

Le Seurre, de Besançon, professe le 10 novembre 1709.

En 1709. l'aumônier Frère Riondet a pour successeur Frère *Gaspard Masson* qui, le 9 avril, fait la sépulture de sœur Marie-Charlotte de Rochette de la Croix, ensevelie au chapitre.

Le 22 avril 1710, les deux sœurs Louise-Amédée et Marie-Françoise de Gruel de Villars prennent l'habit. Louise-Amédée, la plus jeune, ne fit profession que le 11 juillet 1712; quant à Françoise, qui n'avait qu'un souffle de vie, elle prononça ses vœux solennels le 31 mai 1711. Elle mourut le 19 juin suivant, à l'âge de 17 ou 18 ans, en odeur de sainteté, écrit l'aumônier, et après avoir demandé à Dieu, lors de sa profession, de lui accorder une santé parfaite pour faire son devoir comme les autres ou de la retirer.

Elle fut ensevelie au *bas des pierres au pied du lutrin à l'entrée du chapitre.*

Le 4 janvier 1711, prise d'habit de Jacqueline-Charlotte Excoffon de Champrovent; elle fait profession le 10 janvier 1712.

Le 20 avril 1711, mort d'Isabeau Marcot, qui s'était *donnée* à l'abbaye six jours auparavant, en lui léguant tous ses biens. L'abbesse de Saint-Thomas l'avait reçue *oblate*, et l'aumônier l'appelle *sœur*. Elle fut ensevelie le 21 avril, sous le parvis de l'église à *côté de la tombe du Bienheureux Guy.*

En août et octobre 1711, D. Masson est absent de Sainte-Catherine; il est de retour en janvier

1712 pour recevoir, en qualité de délégué de l'abbé général, les vœux de Jacqueline Excoffon.

Son séjour à l'abbaye ne fut plus de longue durée. Après une visite à Sainte-Catherine par l'abbé de Tamié, D. Arsène de Jouglas, l'aumônier fut reconduit à son couvent d'Hautecombe.

Voici une lettre du prince de Piémont au premier Président du Sénat, qui démontre que ce fut bien là une mesure de correction :

« Turin, 30 janvier 1714.
« *Le Prince de Piémont, lieutenant-général de S. M.*
« *(pendant son voyage en Sicile), au premier* **Président**
« *Gaud.*

« Très cher bien amé et féal conseiller d'Etat,

« Nous avons vû fort volontiers par votre lettre
« du 23 de ce mois que D. de Jouglas abbé de
« Tamié ait fait sa visite à Ste Catherine, et que
« vous ayes donné les ordres nécessaires pour
« faire recevoir a l'abbaye d'Hautecombe D. Perez.
« Nous avons aussi appris avec plaisir que vous y
« ayïes fait conduire D. Masson, vous assurant
« vous ne scauries faire une chose qui nous soit
« plus agréable que de contenir les religieux dans
« l'obéissance et la soumission qu'ils doivent à leurs
« supérieurs et d'empêcher qu'ils ne se relachent
« de la discipline régulière ; et vous confirmant
« les assurances de notre particulière protection,
« etc. « V. AMÉDÉ.
« Contresigné OPERTI. » (1).

(1) Archives du Sénat de Savoie.

C'est sans doute à cet acte de rigueur qu'a fait allusion M. Burnier (1) lorsqu'il dit : « A cette
« époque, de graves désordres régnaient à Sainte-
« Catherine. Des lettres de la Cour vinrent mettre
« un terme à ces troubles. Le confesseur de Sainte-
« Catherine qui les avait fomentés fut saisi, con-
« signé jusqu'à nouvel ordre au prieur d'Haute-
« combe, puis renvoyé à Clairvaux. S'il n'eût tenu
« qu'au Sénat, le coupable eût été jeté dans les
« prisons de Chambéry, mais on voulut éviter un
« éclat et le ménager jusqu'à ce qu'il eût posé ses
« comptes. M. de Jouglas se rendit à Sainte-
« Catherine, apaisa les discussions qui divisaient
« l'abbesse et ses religieuses et leur donna pour
« confesseur D. Riondet, religieux d'une vie édi-
« fiante qui desservait le prieuré de Saint-Innocent
« sur le lac du Bourget. » La lettre du prince de Piémont prouve que M. Burnier s'est trompé ; D. Riondet a été le prédécesseur et non le successeur de D. G. Masson (2).

Voilà, en dix-sept ans, huit à neuf professions. Pour un couvent qui ne comptait que douze religieuses de chœur, ce nombre assurait un recrutement suffisant.

Outre les dots que les novices apportaient, le monastère recevait encore la fortune plus ou moins

(1) *Histoire de l'abbaye de Tamié,* p. 151, 152, 160.
(2) Voir plus haut p. 119 et 122. D. Masson avait été sous-prieur et procureur de l'abbaye d'Hautecombe, en 1706, sous l'occupation française.

grande des *données* ou *rendues* (1), et parfois de ses propres domestiques mourant au couvent.

En échange de ces dons testamentaires, les religieuses ensevelissaient les donatrices à des places privilégiées, au pied du tombeau du Bienheureux Vuillerme (Bartholomée Allard), à côté de la tombe du Bienheureux Guy (Isabeau Marcot).

Les aumôniers étaient enterrés devant l'autel de la chapelle de Saint-Jean. Cet usage indique qu'une fois nommés à Sainte-Catherine, ils ne quittaient plus l'abbaye ; mais bientôt nous allons les voir se succéder avec une rapidité singulière.

Pendant les deux années qui suivirent le départ de Dom G. Masson, le confesseur ne fut plus un cistercien, mais un cordelier, Frère Augustin Vincent.

CHAPITRE XIV.

VINGTIÈME ABBESSE. — ÉLECTION DE FRANÇOISE DE BELLEGARDE D'ENTREMONT. LE ROI CONSULTE LE SÉNAT A CE SUJET ET PRESCRIT UNE NOUVELLE ÉLECTION. — INTERVENTION DU SÉNATEUR DUCLOS D'ESERY. — ÉLECTION DE MARIE-VICTOIRE DE MENTHON. — PRISES D'HABIT ; AUMÔNIERS DIVERS ; PROCÈS EN DÉCLARATION D'ÉCHUTE.

L'abbesse de Saint-Thomas étant décédée le 14 février 1714, on procéda le 3 mars suivant à l'élection de sa remplaçante. Suivant M. Burnier, la communauté agit avec précipitation « parce qu'elle

(1) On en trouve un grand nombre dans l'*Obituaire* de l'abbaye de Bonlieu. (Voir ci-après l'Appendice.)

« redoutait une présentation faite par le Roi et
« l'abbé de Tamié, qui obligeât les religieuses à
« embrasser la réforme (1). »

Elle se composait alors des sœurs : Marie-Balthazarde de Menthon de Dingy, Angélique de Barnous, Marie-Anne et Jacqueline de Reydelet, Josèphe-Prospère de Blancheville, Antoinette Rouph, Jacqueline-Péronne de Sales, Louise-Amédée de Gruel de Villars, Jacqueline-Charlotte Excoffon, toutes professes.

L'élection est présidée par Frère D. Arsène de Jouglas, abbé de Tamié. Voici l'analyse que Jacques Replat a faite du procès-verbal de cette élection :

« La sœur portière remet au seigneur abbé les clés du couvent et certifie qu'il ne s'y trouve aucune personne étrangère. Il est donné lecture de ce qu'on lit ordinairement dans l'élection, soit postulation d'une abbesse et du chapitre de la règle de *ordinando abbate*. Après avoir adressé aux religieuses les avertissements convenables sur les graves conséquences d'un bon ou d'un mauvais choix, l'abbé fait prêter serment au notaire de rédiger fidèlement l'élection *plene et integre*, et d'en expédier des doubles *à qui il appartiendra, tant seulement*.

« La religieuse chantre procède à l'appel nominal. Chacune des dames ayant répondu en se levant de

---

(1) *Histoire de Tamié*, p, 153.

son siège, il leur est demandé s'il n'y a point quelqu'une parmi elles qui ait quelque empêchement canonique pour assister et procéder à l'élection, et si toutes celles qui ont voix d'élection sont présentes. Elles répondent qu'il n'y a aucun empêchement et qu'elles y sont toutes. Chant du *Veni Creator* ; absolution de tous empêchements occultes. Exhortation aux religieuses de ne pas donner leur suffrage à celles qu'elles sauraient avoir promis ou donné quelque chose temporelle pour se faire élire, ou travaillé directement ou indirectement pour se procurer l'élection ; — sur quoi ledit seigneur abbé a exigé d'elles le serment, qu'elles ont en effet prêté entre ses mains.

« Des trois modes d'élection, le scrutin, le compromis et l'inspiration, elles choisissent le scrutin, et désignent trois scrutatrices qui jurent de se *comporter de bonne foi, sans fraude et sans tromperie*. Les religieuses reçoivent un bout de papier ; elles écrivent l'une après l'autre un nom sur une table placée dans un coin du chapitre où l'on ne peut voir ce qu'elles font. Elles rapportent le bulletin plié, roulé, attaché avec un filet ; puis le mettent dans un vase couvert, dans lequel on s'est assuré qu'il n'y a rien et qui est placé sur une table couverte d'un tapis au milieu du chapitre.

« La votation achevée, elles se retirent dans le cloître, et les trois scrutatrices, l'une après l'autre et en secret, ayant procédé au dépouillement, il est constaté que dame Françoise de Bellegarde d'Entremont, religieuse professe de l'abbaye du Beton, réunit l'unanimité des voix.

« Les religieuses rappelées au chapitre, l'abbé leur fait connaître le nom de l'élue et leur demande si elles consentent qu'on la reconnaisse pour abbesse et que l'élection soit publiée. Sur leur réponse affirmative, le notaire, escorté de ses témoins, proclame le nom de Madame de Bellegarde à la porte de l'abbaye, à celle de l'église et à celle du chapitre ; et la communauté se rend au chœur pour chanter le *Te Deum* (1). »

Contrairement à ce qui s'était passé lors de l'élection de Madame de Saint-Thomas, pour laquelle l'abbesse Françoise de Vallon avait sollicité l'agrément préalable du Souverain, les religieuses ne demandèrent le placet du Roi qu'après l'élection. Victor-Amédée II pensa que cette manière de procéder constituait un empiètement sur ses droits et fit écrire au Sénat la lettre suivante :

« Le Roy de Sicile de Hierusalem et de
« Chypre etc.

« Très chers bien amés et féaux conseillers nous
« avons appris que les religieuses de l'abbaye de
« Sainte-Catherine d'Annessy vacante par la
« mort de la feu abbesse de St Thomas ont pro-
« cédé à l'élection d'une nouvelle abbesse en la
« personne de la sœur Françoise de Bellegarde

---

(1) JACQUES REPLAT. *Bois et Vallons*, 1864, p. 69 et s.

« d'Entremont professe dans l'abbaye du Beton,
« pour laquelle maintenant elles nous demandent
« notre agrément, et comme nous désirons d'être
« pleinement instruit du droit de nomination qui
« nous y [peut] appartenir, nous vous chargeons
« expressément de nous envoyer la dessus un
« mémoire bien circonstancié en nous informant
« si nous avons ce droit de nommer l'abbesse, ou
« si l'élection doit se faire par l'assemblée du cha-
« pitre et ensuite en demander notre placet, et
« enfin si cette élection est faite ou non dans les
« formes par rapport à nos droits, cependant vous
« devez faire suspendre l'effet de la susditte élec-
« tion, et ne laisser courir préjudice à nos dits
« droits ce que nous attendons de votre zèle et de
« votre exactitude, priant Dieu sur ce qu'il vous
« aie en sa s^{te} garde.

« Palerme ce 14 avril 1714. Signé V. Amedeo,
« et contresigné St Thomas (1). »

Afin de pouvoir répondre au roi en pleine connaissance de cause, le Sénat demanda des renseignements à l'abbé de Tamié, et commit le Juge-maje d'Annecy pour rechercher dans les archives du couvent les titres qui pourraient s'y trouver et

---

(1) Victor-Amédée II était alors à Palerme, où il s'était rendu, en octobre 1713, pour s'y faire couronner roi de Sicile. Le ministre, marquis de Saint-Thomas, ne permettait pas que l'abbesse fût nommée d'une autre façon que ne l'avait été sa tante, l'abbesse défunte.

qui établiraient le droit de nomination royale. Celui-ci fit connaître au Sénat que l'abbaye avait perdu une partie de ses titres anciens par les *incendies qui y sont arrivés deux fois*, et donna, à l'aide des documents qu'il put retrouver, les renseignements sommaires que nous avons indiqués pour la nomination des abbesses à partir de Bernarde de Menthon.

Quant à l'abbé de Tamié, voici la réponse qu'il adressa à l'Avocat-général :

« 3 juin 1714.

« Je viens de recevoir votre lettre d'hier. Quoi-
« que je ne sache pas précisément ce que veut le
« Sénat en me demandant quels sont nos statuts
« touchant les élections puisque nous n'en avons
« point de particuliers. Cependant pour obéir aux
« ordres du Sénat j'aurai l'honneur de vous dire :
« 1° En ce qui regarde la forme, que l'élection
« doit être faite par les seules religieuses professes,
« sous la présidence du Père immédiat ou de
« M. l'abbé de Cîteaux, ou, à leur défaut, de leur
« commissaire ; 2° qu'il doit y avoir un notaire pu-
« blic assisté de deux témoins pour en dresser, si-
« gner et publier l'acte ; 3° qu'on commence l'élec-
« tion par la célébration des saints mystères, aux-
« quels toute la communauté communie ; 4° que les
« électrices prêtent serment entre les mains du Pré-
« sident de choisir la plus digne sans aucun égard
« aux recommandations ni aux présents. Les trois
« voies d'élection établies par le droit, savoir de

« scrutin, de compromis et d'inspiration sont
« parmi nous en usage et que le Président à l'é-
« lection commence par demander aux religieu-
« ses par laquelle elles veulent procéder.

« Celle qui vient de se faire à Ste Catherine a
« été faite par le scrutin.

« Pour ce qui regarde la personne qui doit être
« élue :

« 1° Elle doit être professe de l'Ordre et même
« s'il se peut, depuis quelques années ; 2° selon la
« règle, elle doit avoir de la vertu, de la prudence,
« de la sagesse, de la discrétion, de la charité, du
« zèle, du support, de la condescendance, et sur-
« tout qu'elle sache bien sa règle et son état pour
« en instruire les autres et se conduire elle-même,
« et c'est pour cela ; 3° qu'elle doit être âgée de
« trente années, en sorte que l'élection faite au
« dessous de cet âge est nulle. Ce défaut pourtant
« peut être réparé par la dispense de Rome, en
« donnant à l'élection le nom de *postulation* que
« le droit permet. L'Ordre ne peut pas dispenser
« là dessus. L'élection étant faite, et acceptée de
« l'élue, le Père immédiat ou M. l'abbé de Cî-
« teaux, informé de l'âge requis, de la suffisance
« et des mœurs de l'élue, la confirme ou la rejette
« selon le jugement qu'il en fait.

« Je ne sais, Monsieur, si j'aurai bien obéi aux
« instructions du Sénat ; vous ne doutez point du
« moins ni de mon zèle, ni de mon empressement
« à rendre à cet auguste corps ce que je lui dois,

« de me flatter qu'ils me rendront tous la même
« justice que vous d'en être persuadés, et du dé-
« sir que j'aurai de trouver l'occasion de leur en
« donner des marques encore plus précises et plus
« certaines.

« J'ai l'honneur d'être avec respect, Monsieur,
« votre très humble et très obéissant serviteur.

« D. Arsène de Jouglas, abbé de Tamié (1). »

Le Sénat adressa ensuite au Roi le rapport qu'il lui avait demandé. Le sénateur Dichat, qui le rédigea, y déclare qu'il n'existe dans les archives aucun titre établissant le droit de patronage sur l'abbaye (laquelle est cependant réputée de fondation royale), si ce n'est la requête adressée à Charles-Emmanuel II, par l'abbesse de Vallon, et le placet accordé à Madame de Saint-Thomas. Il induit de là que le Roi a le droit de patronage et de nomination, *puisque S. A. R. de glorieuse mémoire l'a déclaré ainsi et qu'apparemment les titres pourront être dans l'Archive de Turin.*

« Mais quoique V. M. puisse avoir le droit de
« patronage en cette abbaye, comme nous le pré-
« sumons, cependant comme l'abbesse est régu-

---

(1) Cette longue formule de salutation est moins une marque d'obséquiosité qu'un exemple de la politesse raffinée qu'on s'appliquait à employer dans la correspondance au xviiie siècle. Nous avons vu des lettres de supérieurs, contenant de durs reproches, où ils s'efforçaient de trouver une transition ingénieuse pour se dire les plus humbles serviteurs des personnes qu'ils venaient de blâmer vertement.

« lière, ce droit ne saurait s'étendre à celui de no-
« mination, parce que les bénéfices réguliers qui
« n'ont pour abbés que des réguliers doivent,
« selon le statut de leur Ordre et les canons, être
« élus par les religieux, et en ce cas, le droit de
« patronage ne s'étend qu'à un droit d'agrément
« ou de placet, d'autant plus que toute élection
« devant être libre, elle ne peut pas être faite sur
« la nomination du patron, laquelle a son effet
« dans les bénéfices séculiers, ou dans les régu-
« liers quand ils sont en commende. »

Le Sénat cite l'exemple de ce qui s'est passé à Tamié à la mort de l'abbé de la Forêt, où le Roi ordonna au Sénateur qu'il avait commis pour notifier ses intentions aux religieux, de se retirer du chapitre après qu'ils auraient été assemblés, afin de leur laisser une pleine et entière liberté dans l'élection.

Les choses se pratiquent de même à Bonlieu et au Beton, couvents du même ordre que Sainte-Catherine ; enfin, l'usage à Sainte-Catherine est tel, et *il suffirait que cela se soit passé ainsi au sujet de la dernière abbesse*, parce qu'en matière de bénéfices le dernier acte sert de règle lorsqu'il a été passé sans opposition ni contredit.

Examinant spécialement l'élection même de Madame de Bellegarde, le Sénat déclare qu'il la croit faite canoniquement.

« Cette élection paraît d'autant plus juste et
« canonique, dit-il, qu'elle a été faite d'une reli-

« gieuse qui n'était point fille de cette abbaye,
« qui ne pouvait pas y avoir pratiqué de voix en
« sa faveur, moins encore toutes les voix, — que
« quoique nous ne puissions savoir le mérite d'une
« religieuse ni si elle a les qualités requises pour
« être abbesse, nous avons lieu de conjecturer
« que la dite sœur de Bellegarde d'Entremont les
« a, puisque les religieuses ont trop d'intérêt d'a-
« voir une abbesse qui convienne à leur maison
« et à elles en particulier, surtout quand il s'agit
« d'être soumises à une abbesse perpétuelle et qui
« n'est point amovible. D'ailleurs il n'y a pas ap-
« parence que M. l'abbé de Tamié qui est supé-
« rieur-majeur de Ste Catherine et du Beton, qui
« en cette qualité doit connaître tous les sujets
« qui sont dans ces abbayes, leurs vertus, mérite
« et qualité, eût souffert ou approuvé une sembla-
« ble élection irrévocable, s'il n'avait été con-
« vaincu par lui-même de la bonté du choix et de
« la validité de l'élection comme faite sans que
« l'intrigue y ait eu part. »

Arrivant à la question d'âge, le Sénat ajoute :

« L'abbesse doit suivant les constitutions avoir
« l'âge de trente ans, sinon l'élection est nulle à
« moins d'une dispense d'âge obtenue de Rome.
« Cependant nous remarquons que cette dispense
« d'âge se peut donner aussi par l'abbé général,
« ainsi qu'il nous paraît avoir été pratiqué à l'é-
« gard de R^{de} Bernarde de Menthon dans son
« élection de l'année 1511. C'est le défaut d'âge

« qui pourrait obster à celle qui vient d'être élue,
« mais c'est un défaut qui se répare aisément, ce
« qui dépend uniquement ou du Pape ou du Gé-
« néral de l'Ordre. Quant à l'ordre de faire suspen-
« dre l'effet de l'élection, le Procureur général a
« donné là-dessus ses ordres de la part du Sénat
« quoiqu'il n'y eût pas à craindre que cette sœur
« s'en voulût prévaloir avant d'avoir le placet de
« V. M., n'y ayant marqué aucun empressement,
« au contraire une parfaite soumission. »

Dans son *Histoire de Tamié*, M. Burnier s'est occupé de cette élection. Il nous fait connaître que Françoise de Bellegarde d'Entremont était la sœur d'un sénateur, que son élection faite sans que le pouvoir civil y eut pris aucune part émut les magistrats, qui la considérèrent comme un empiètement sur les prérogatives royales ; que le Sénat consulté répondit que l'élection était canonique et qu'il ne restait au roi qu'à accorder son placet.

Tout cela est bien inexact. Il semble, en effet, que l'attention du souverain ou plutôt du ministre Saint-Thomas, n'a été éveillée que par l'envoi de la demande d'agrément de l'élue, et nullement par les magistrats dont le rapport au roi est favorable au maintien de l'élection, bien qu'il signale la nullité résultant du défaut d'âge canonique. On voit qu'ils désiraient le maintien de la nouvelle abbesse, sœur d'un d'entre eux, mais ils ont soin de s'abstenir de conclure ; et, comme Françoise de Bellegarde d'Entremont qui avait pris l'habit le

16 juillet 1709 et avait fait profession le 20 juillet 1710, à l'âge de 16 ans environ, n'était âgée ainsi que de 20 ans, il devait leur paraître fort douteux qu'on lui permît de demander une dispense d'âge.

Quant à l'allégation de l'écrivain que, suivant les lettres d'Arsène de Jouglas, la communauté agit précipitamment parce qu'elle redoutait une présentation faite par le roi et l'abbé de Tamié qui obligeât les religieuses à embrasser la réforme, elle est évidemment le résultat d'une inadvertance.

Il y eut un intervalle de 17 jours entre la mort de Madame de St Thomas et l'élection de sa remplaçante ; ce délai ne fut pas plus court que d'habitude. D'un autre côté, on doit se demander comment les religieuses auraient cru pouvoir échapper à l'influence de l'abbé, puisque celui-ci a présidé en personne à cette élection. Pour empêcher une élection précipitée et un choix contraire à ses vues, l'abbé n'avait qu'à retarder l'élection. Pourquoi, d'ailleurs, si on les menaçait d'une réforme, ne choisirent-elles pas une abbesse parmi elles, de façon à être sûres de son opinion à ce sujet, au lieu d'une religieuse du Beton, qui leur fut vraisemblablement indiquée par D. Arsène de Jouglas.

Il est probable que la communauté se trouvait, alors déjà, divisée en deux partis presque égaux, comme elle le fut en 1733, et que c'est afin d'éviter une lutte dangereuse pour la bonne harmonie entre les religieuses, qu'à deux reprises successives, on choisit la supérieure parmi les dames du Beton.

Quoi qu'il en soit, le roi ne voulut rien entendre ; et, par une lettre du 29 décembre 1714, il ordonna au premier Président Gaud et à l'abbé de Tamié de faire procéder à une nouvelle élection, leur recommandant d'insinuer aux religieuses qu'il souhaitait la nomination de Madame de Menthon de Gruffy (1). Le sénateur Duclos d'Esery, nommé commissaire, arriva le 18 février 1716 à Sainte-Catherine, où l'abbé de Jouglas se rendit aussi.

Immédiatement le commissaire royal pénètre dans le chapitre, où il harangue les religieuses. Après leur avoir dit que *Sa Majesté ne leur fait pas l'honneur de leur notifier ses intentions comme à ceux qui demandent son agrément préalable,* il déclare que le Roi leur permet cependant d'élire une abbesse autre toutefois que celle qu'elles avaient nommée.

S'il s'était arrêté là, le choix des religieuses aurait été à peu près libre, mais il se hâte d'ajouter que S. M. est pleinement informée du mérite et de la vertu de Madame de Menthon de Gruffy et qu'il la leur propose de sa part.

« En donnant cette marque de juste et respec-
« tueuse soumission, vous réparerez, dit-il, l'oubli
« commis auparavant et vous mériterez les puis-
« sants effets de la protection royale. »

L'abbé de Jouglas prend la parole au nom des

(1) D'après une copie de M. le général **Dufour**. (**Archives de la Société savoisienne d'histoire et d'archéologie.**)

religieuses. Il affirme au commissaire qu'elles sont trop heureuses de pouvoir réparer par une entière soumission aux ordres du roi les manquements qui leur ont échappé par faiblesse et par inadvertance. Puis, se tournant vers les Dames, l'abbé les excite à ratifier par leurs suffrages le choix du Souveverain, tout en conservant la liberté de leurs votes. Il a, toutefois, quelque peine à concilier ces deux éléments. « Ce sont les lumières et l'ins-
« piration du Ciel qui doivent vous inspirer.
« Comme Sa Majesté vous insinue un sujet
« digne de votre choix et dans l'unique avantage
« de votre monastère, vous devez le ratifier : la
« prière d'un souverain est *un ordre*, mais je suis
« persuadé que S. M. ne veut pas vous ôter la
« liberté de vos suffrages et vous priver de vos
« droits à l'avenir; vous êtes trop prudentes pour
« ne pas y déférer et profiter des représentations
« que le seigneur sénateur vous a faites. »

Les pauvres religieuses répondent qu'elles se soumettent, *voyant bien que S. M. n'agissait en cela que pour le bien et la conservation de leur abbaye.*

On prépare l'élection, on nomme les scrutatrices; le notaire et les témoins sont appelés. Le Sénateur voyant que tout est prêt se retire afin, dit-il aux religieuses, de ne pas donner atteinte pour l'avenir à leurs droits, en gênant par sa présence la liberté des suffrages; mais c'est à la condition qu'avant d'ouvrir le scrutin, on le rappellera. Les sœurs lui témoignent leur reconnaissance, et il sort.

Bientôt les religieuses viennent l'avertir, et il apprend que la *dame de Menthon* avait obtenu tous les suffrages et avait été proclamée abbesse. Acte en est dressé par le notaire, et l'abbé de Tamié entonne le *Te Deum*. Quand le chant est fini, les Dames entourent le Sénateur et le prient instamment « de faire en sorte que leur soumission res-
« pectueuse puisse effacer toutes les impressions
« fâcheuses que leur imprudente conduite passée
« pourrait avoir faites sur l'esprit de Sa Majesté,
« déclarant qu'elles auraient l'honneur de lui
« écrire pour lui marquer la douleur qu'elles
« avaient de lui avoir pu déplaire et lui demander
« son agrément pour le choix qu'elles viennent
« de faire, espérant que leur nouvelle abbesse bien
« connue de Sa Majesté leur procurerait des mar-
« ques sensibles de sa royale protection. »

Le procès-verbal de l'abbé de Tamié est assez différent de celui du Sénateur. Il déclare qu'il agit en vertu de la commission que l'abbé de Clairvaux lui a donnée de procéder à l'élection de l'abbesse du monastère de Sainte-Catherine *vacant depuis le décès* de Dame Christine de Saint-Thomas, dernière abbesse *paisible* de cette abbaye, arrivé le 14 février 1714 ; l'élection de sœur Françoise de Bellegarde s'étant trouvée nulle à cause du défaut d'âge de l'élue, et celle-ci ayant d'ailleurs renoncé ensuite à son élection. Il indique la présence du notaire et des témoins qu'il a amenés d'Annecy avec lui ; il ne signale celle du Sénateur Duclos que pour dire qu'il apporte aux religieuses la permission du Roi de s'assembler pour procéder à l'élection. Celle-ci ayant été opérée, il proclame la dame Marie-Victoire de Menthon canoniquement élue, et après avoir solennellement fait publier son élection, il entonne le *Te Deum*. Pour toute personne qui n'aurait sous les yeux que le procès-verbal de l'abbé, tout se serait passé sans aucune pression (1).

Il est probable que l'abbé de Tamié profita de sa visite à Sainte-Catherine pour donner aux religieuses des instructions semblables à celles qu'il adressa cette même année aux Cisterciennes des Ayes. Il décida que les religieuses qui usaient du tabac n'en prendraient pas dans l'église et surtout pendant les offices ; il défendit de jouer aux cartes ; et, ce qui était arrivé plusieurs fois, de faire des repas dans le dortoir (2).

Comme nous l'avons déjà remarqué, la sœur Marie-Victoire de Menthon, qui venait d'être élue de la sorte, n'appartenait pas plus au monastère de Sainte-Catherine que celle dont elle prenait la place. Elle venait aussi de l'abbaye du Beton. Le 29 mars elle écrivit au roi cette lettre de remercîments :

(1) Voir les deux procès-verbaux, *Docum*. XVIII et XIX.
(2) *Notice sur l'Abbaye des Ayes* au *Bulletin* de l'Académie delphinale, 1867, p. 448.

« Sire

« Je viens d'apprendre que V. M. a eu la bonté
« d'accorder son agrément à l'élection que les re-
« ligieuses de Sainte-Catherine ont faite de moy
« pour leur abbesse. Je prends la liberté de lui de-
« mander le même agrément que d'aller prendre
« possession de cette dignité que je tiens de la
« main royale et bienfaisante de V. M. Je la sup-
« plie très humblement de vouloir m'accorder
« l'honneur de sa protection, etc. »

Le 29 mars 1716, le roi répondit :

« Révérende, très chère et dévote oratrice,

« Les sentiments que vous nous témoignés au
« sujet de votre élection faite avec notre approba-
« tion sont si conformes à votre zèle que nous ne
« pouvons qu'être convié à les agreer et que vous
« allies prendre possession de votre dignité. Nous
« voulons bien vous en assurer par ces lignes et
« de notre protection pour vous et votre commu-
« nauté en toute rencontre, etc. (1). »

La nouvelle abbesse fut installée dans ses fonctions le 16 mai 1716, par l'abbé de Jouglas, qui agit
en vertu d'une commission du 12 mars précédent,
de R^{me} Edme Perrot, abbé de Cîteaux (2). Quant
à la dame d'Entremont, elle resta au Beton ; mais,
plus tard, elle fut élue abbesse de Bonlieu, et sa

(1) Archives de Turin ; copies de M. Dufour.
(2) Voir *Document* XX.

nomination fut confirmée par l'abbé de Clairvaux le 25 septembre 1725.

Le 22 septembre 1717, l'aumônier de Sainte-Catherine est R^d François Pasquier, que le *Registre des vestures* appelle, plus loin, Frère Pasquier (1).

Le 11 janvier 1718 eut lieu la prise d'habit de Georgine de Sonnaz, qui fit profession le 8 septembre 1721, et de Françoise Madelain ou Magdelain de la Tour (2).

En mars 1718 ou 1719 (le registre n'indique ni le jour ni l'année), prise d'habit de Françoise de Barnous de Vignon, d'Allevard en Dauphiné. Cette religieuse fut reçue à profession le 23 mai 1723, par Frère Thomas Huet, profès de l'abbaye de Charlieu, prieur de l'abbaye d'Aulps.

En 1719, l'aumônier est encore Frère Pasquier. En octobre 1720, la charge a passé à Frère Jean Girod.

Le 1er février 1724, la femme du meunier du Moulin-Rouge est ensevelie *auprès du tombeau qui est à l'opposite de celui de saint Vullielme, auprès de l'église* (probablement auprès du tombeau de Guy, évêque de Langres).

(1) Il y avait alors à l'abbaye de Tamié deux religieux de ce nom, D. Jacques Pasquier qui fut élu abbé en 1727, et Frère Claude Pasquier. François est probablement un troisième frère.

(2) Voir le procès-verbal, *Document XXI*.

Le 4 juillet suivant, Dame Marie-Balthazarde de Menthon-Dingy, prieure du couvent, est ensevelie dans le chapitre.

Le 24 mars 1725, Pierre Pollien, habitant à la Bouverie, est enterré *sous le vestibule qui est à l'entrée de l'église.*

Le 29 mars 1728, a lieu la prise d'habit de Louise-Philippine de Gerbaix de Sonnaz. Elle était depuis lontemps pensionnaire à Sainte-Catherine, car, le 1er février 1712, elle y avait été marraine d'un enfant du meunier du couvent. Elle fit profession le 18 avril 1729. Nous retrouverons plus loin cette religieuse sous le nom de sœur de Sonnaz la cadette.

La maîtresse des novices à cette époque est la sœur Marie-Anne Reydellet.

Le 8 septembre 1728, prise d'habit de Marie-Françoise fille de noble Antoine Duboin et de feu dame Françoise de Coquelin; elle prononça ses vœux solennels le 26 octobre 1729 (1).

Au commencement de 1729, Louise-Amédée de Gruel de Villars quitta l'abbaye de Sainte-Catherine pour entrer à celle du Beton, où elle fut sans doute appelée par l'abbesse Marie-Françoise de Gruel, sa tante ou sa sœur. Lors de leur profession, les religieuses promettaient de ne pas sortir de leur

---

(1) Voir les lettres de noblesse de la famille Duboin au tome XXII (1884) des *Mém. et doc.* de notre Société, Bulletin des séances, p. XXIX.

couvent; cette promesse s'appelait le vœu de stabilité. Louise de Gruel dut en prononcer un nouveau au Beton, le 3 février 1729 (1).

Le 17 décembre 1731, Frère M. La Roche fait la sépulture de D. Jean Girod, confesseur de Sainte-Catherine depuis douze ans. Celui-ci fut probablement remplacé par Frère Félix Bron qui est indiqué comme confesseur à la date du 24 janvier 1734.

En 1733, l'abbaye eut un procès en déclaration d'échûte contre les consorts Barbaz-Exertier.

Le Sénat se trouva divisé sur la solution à donner au litige; et, sur la demande du Ministre, il lui en fit connaître les motifs par une lettre du 27 mars 1733.

Il résulte de cette pièce qu'en 1539 et en 1549, Pelicier Louis et Henri, l'aïeul et le père, et Jacques Pelicier s'étaient reconnus taillables de l'abbaye de Sainte-Catherine.

Le 28 juin 1624, Martin Pelicier, fils d'Henri, avait, à son tour, reconnu *l'hommage-lige censit* en faveur du monastère. Son fils Jacques Pelicier fut reçu bourgeois de la ville d'Annecy le 18 décembre 1651, après le décès de Martin. Jacques avait laissé pour héritiers Pernette et Jean Pelicier. Pernette mourut sans enfants, et les défendeurs à la déclaration étaient ses héritiers. Ils soutenaient que bien que *l'hommage-lige censit*

---

(1) *Registre des vestures* du Beton.

fût la même chose que l'hommage taillable, Jacques Pelicier avait été affranchi des conséquences de cet hommage par ses patentes de bourgeoisie et par son habitation dans la ville d'Annecy avec ses enfants durant le temps voulu. Ils invoquaient notamment cet article des franchises accordées à la ville d'Annecy, par le Duc Amédée VI, le 19 novembre 1370 : *Omnis homo qui moratur et morabitur per annum in dicta villa sine revocatione et contradictione Domini sui liber est.* Tout le monde admettait bien que le séjour du nouveau bourgeois et de sa famille pendant un an dans la ville aurait pu faire cesser sa condition de taillable et le rendre libre ; mais quelques-uns soutenaient que ce résultat n'avait pas été acquis par Jacques Pelicier parce qu'il n'avait pas fait, devant le châtelain de son ancienne résidence, la déclaration de vouloir la quitter, et, qu'en conséquence, les intéressés qui n'avaient pas été avertis n'avaient pu sauvegarder leurs droits. Par ordre du Roi, le procès fut suspendu jusqu'en 1740 (1).

En avril 1733, les religieuses de Sainte-Catherine se pourvoient également en déclaration de *commise* devant le Juge-maje du Genevois (2), à

(1) Arch. du Sénat, 6ᵉ Reg. de lettres. fᵒˢ 176 et 179.
(2) J.-Bᵗᵉ Simond ou Simon, Juge-maje d'Annecy (*Président du Tribunal*) était ce nain étrange, spirituel et aimable, dont Rousseau a fait le portrait dans les *Confessions*, partie I, livre IV. Sa pierre tumulaire, très bien conservée, se trouve dans la cour de l'hôtel de ville d'Annecy, nᵒ 60.

raison de bien situés à Saint-Jorioz. Elles exposent « que serait décédé, sans enfants, le 9 mai
« 1724, *Pierre feu Maurice Berthet, de Saint-*
« *Jorioz, caporal dans la compagnie collonelle*
« *du régiment de Savoie, homme-lige et taillable*
« *à miséricorde de l'abbaye* comme il est reconnu
« dans des actes des 23 mai 1596 et 14 mars 1636,
« pour que soit déclarée la *commise* dudit Pierre-
« Laurent dit Berthet, qu'en conséquence il plaise
« ordonner que sa sœur et ses cousins seront ap-
« pelés devant le Juge pour voir dire que la *com-*
« *mise* des effets délaissés sera déclarée en faveur
« des révérendes dames. »

Le 7 juillet suivant, Paul Nycollin, lieutenant du Juge-maje : « Attendu la réponse faite par
« chacun des parents du défunt de n'avoir et de
« ne réclamer aucun droit sur les biens dont il
« s'agissait, déclare la *commise* d'iceux purifiée en
« faveur des dites Dames. »

L'on voit par ces deux procès que le droit féodal s'exerçait encore fort activement en Savoie au milieu du dix-huitième siècle ; il tient, du reste, une assez large place dans les *Constitutions royales de 1770.*

CHAPITRE XV.

VINGT-UNIÈME ET DERNIÈRE ABBESSE. — FRANÇOISE-GASPARDE MADELAIN. — PROCÈS ENTRE LES RELIGIEUSES. — EXIL DU CONFESSEUR D. PENNET. — SITUATION DES COUVENTS DES BERNARDINES RÉFORMÉES DANS LE GENEVOIS.

Marie-Victoire de Menthon mourut le 27 février 1733. Dès le lendemain, les dames de Sainte-Catherine s'adressèrent à Charles-Emmanuel III pour obtenir la permission d'élire librement la nouvelle abbesse. Le prince, beaucoup moins autoritaire que son père, fit examiner avec soin les titres d'après lesquels Victor-Amédée avait décidé que l'abbaye était soumise au patronage royal. Ayant trouvé qu'ils n'étaient pas suffisants pour prouver l'existence de ce droit, il renonça à s'ingérer dans l'élection, tout en se réservant d'accorder ou de refuser son agrément à l'élue.

Bien qu'on ne le dise pas, l'une des pièces sur lesquelles le droit des religieuses était fondé fut certainement le procès-verbal de l'élection de Bernarde de Menthon, en 1511, dont nous avons rapporté plus haut le préambule (p. 61).

La lettre du roi de Sardaigne, contresignée par le ministre d'Ormea, à qui les religieuses avaient eu soin de se recommander, est à la date du 15 avril 1733 (1). Le 29, les religieuses se réunirent

(1) Arch. du Sénat, aux Billets royaux de 1731 à 1734. L'importance de cette pièce nous engage à la publier en entier aux *Documents* (n° XXIII), bien qu'elle soit déjà imprimée dans l'*Histoire de Tamié*, p. 293.

sous la présidence de D. Jacques Pasquier, abbé de Tamié. La lutte fut vive, car il y avait dans le sein de la communauté au moins deux partis. L'un tenait pour la sœur Madelain, l'autre pour la sœur de Sonnaz la cadette ; il y en avait peut-être un troisième pour la sœur de Sales. La première avait été recommandée au Roi par le baron de Vilette son parent ; la seconde avait été appuyée auprès du ministre par le marquis d'Apremont (1), et c'est elle que le confesseur du couvent, D. Pennet, signalait comme la plus capable dans la lettre qu'on va lire :

Sire,

Puisque j'unis mes prières à celles de cette communauté que je dirige, afin que Dieu protège et conserve Votre Majesté la Reine et toute la famille Royale, que Votre Majesté me permette aussi de porter aux pieds de son thrône mes suffrages avec les siens pour la liberté d'Election d'une Abbesse qu'elle demande si humblement, Que Dieu n'exauce-t-il nos vœux, et que Votre Majesté ne nous accorde-t-elle en recevant favorablement nos Tres humbles supplications. J'ose assûrer que cette pieuse communauté, sans sortir de chez elle, choisiroit

(1) « S. Exc. le marquis d'Ormea est prié par son très-
« humble serviteur de vouloir protéger Madame Louise
« d'Habères de Sonnaz la cadette pour être abbesse de
« Sainte-Catherine d'Annessy qui vient de vacquer par le
« décès de Madame l'abbesse.
« Turin, le 12 mars 1733.
      « Le comte d'Apremont. »
       (Archives de Turin.)

une Abbesse qui seroit agréée de Votre Majesté, qui seroit selon Dieu et selon son cœur. Tels que puissent être les desseins de Votre Majesté sur son abbaye de Ste Catherine où les exemples de la plus solide piété sont si fréquents, et où la vertu demande une supérieure d'un mérite rare et distingué, j'attends avec une humble confiance que sa charité et sa clémence m'écoutera avec bonté sur le témoignage que doit ma conscience touchée des sages exemples et édifiante conduitte de trois Religieuses de cette maison et ses sujettes, scavoir la sœur De Sales, la sœur Madelain, et la sœur *De Gerbaix de Sonnaz la cadette, dont le mérite passe encor celuy des deux autres, par l'humilité, la douceur, l'esprit et la régularité la plus exacte jointe à la charité la plus tendre qui la distingue parmi les autres* quoique toutes si occupées de l'esprit de leur état. Je supplie Votre Majesté en me jettant à ses pieds qu'elle me pardonne la liberté de ce témoignage comm' à un prêtre qui n'a d'autre occupation qu'à procurer par toutes sortes d'endroits les avantages de la grâce et les moyens de saluts aux ames que Dieu m'a confié, j'aurois crû les avoir négligé si dans cette occasion si propre à faire ecclater la vertu je m'étais refusé aux Témoignages que je luy dois........

De V. M.

Sire, le plus humble, plus obéissant serviteur, le plus respectueux et le plus soumis de ses serviteurs et sujets.

Frère François Amedée Pennet Religieux de l'abbaye d'Aulps, Bachelier de Sorbonne, Confesseur à Sainte Catherine.

De Votre Abbaye de Ste Catherine ce 10 avril 1733.

Au troisième tour de scrutin, la sœur Françoise-

Gasparde de Madelain fut élue à la majorité des voix. Elle dut même se donner son propre suffrage. Toutes les religieuses, sauf la sœur de Sales, signèrent le procès-verbal, et l'élection fut confirmée le 29 mai suivant par l'abbé de Clairvaux. Bientôt cependant une vive protestation, provoquée par la sœur de Sales, et signée en outre par les sœurs Barnoux, de Blancheville d'Héry, Rouph, de Sonnaz l'aînée et de Sonnaz la cadette, fut dirigée contre l'élection. Ces six religieuses se pourvurent en nullité devant l'abbé de Clairvaux, mais leur demande fut rejetée le 20 avril 1733.

Les dissidentes ne se tinrent pas pour battues ; elles appelèrent de la sentence devant l'abbé de Cîteaux. De part et d'autre l'on fatigua de doléances et de supplications le roi Charles-Emmanuel qui écrivit, le 3 avril 1734, à l'abbé de Cîteaux pour lui témoigner son désir de voir la paix rétablie à Sainte-Catherine.

Le 16 avril, Frère Andoche Pernot, abbé de Cîteaux, premier conseiller-né au Parlement de Dijon, commit l'abbé de Saint-Sulpice, R^d Claude Rigolley, vicaire général de l'ordre dans la province du Dauphiné, pour procéder à une enquête sur la demande des sœurs qui appelaient tant de l'élection de Madame Madelain que du jugement de l'abbé de Clairvaux. Cette commission fut enregistrée au Sénat de Savoie le 4 juin 1734 (1).

(1) **Reg.** ecclésiastique, n° 12.

Pendant ce temps-là les six autres religieuses qui, avec l'abbesse formaient la majorité de la communauté, c'est-à-dire les dames Madelain, Reydellet l'aînée et la cadette, Le Seurre, Excoffon, de Vignon et Duboin, avaient demandé reconventionnellement que la requête fût déclarée nulle, téméraire et injurieuse. Elles adressèrent en même temps au roi une supplique pour réclamer sa protection (1), et la firent appuyer par M. de Vilette de Gyez, auprès de M. d'Ormea.

L'enquête eut lieu, mais nous ne l'avons pas retrouvée. Elle fut favorable à la sœur Madelain, et le 26 avril 1734, l'abbé de Cîteaux : « Vu le « procès-verbal de l'élection signé par l'abbé de « Tamié, par toutes les religieuses, sauf la sœur « de Sales, le notaire et les témoins, vu la procé- « dure qui est régulière (il n'indique pas les griefs « cotés contre l'élection).... Après avoir consulté « les plus célèbres avocats de Paris et pris l'avis « de nos vénérables confrères D. Joseph-Hubert « Carnot et D. Richard Maillard, docteurs en « théologie de la faculté de Paris, déclarons les « appelantes non recevables en leurs oppositions à « l'élection (2).

A partir de ce moment l'autorité de l'abbesse Madelain ne put plus être contestée, mais pour autant la paix ne régna pas au monastère.

(1) Voir *Document* XXIV.
(2) Reg. ecclésiastique, n° 13, f° 45.

Le 17 février 1735, l'abbé de Clairvaux délégua D. François Claveurier, prieur de l'abbaye du mont Sainte-Marie, pour visiter les abbayes d'Aulps, Chézery, Hautecombe, Bonlieu et Sainte-Catherine, et spécialement pour informer, de *commodo et incommodo,* sur la translation de la communauté de Bonlieu, actuellement à Annecy, au *Vieil Bonlieu* (1).

Il est possible que ce soit au cours de cette visite que l'on ait constaté la convenance qu'il y avait d'éloigner de Sainte-Catherine l'aumônier D. Amédée Pennet, moine de l'abbaye d'Aulps ; car si bien par provision du 13 juillet 1736 (1) l'abbé de Clairvaux, Frère Robert Gassot, le nomme prieur de ce couvent, on le voit remplacé déjà à Sainte-Catherine, à la date du 7 novembre 1735, par D. Doyen.

D. Pennet, qui était bachelier en théologie de la Faculté de Paris, n'accepta pas volontiers cet exil, et il essaya de supplanter son successeur. Dans ce but il entretint, par l'intermédiaire du Père Vibert, jacobin d'Annecy, une correspondance avec les sœurs hostiles à l'abbesse. Il espérait sans doute que les religieuses seraient plus heureuses auprès du pouvoir civil qu'elles ne l'avaient été auprès de leurs supérieurs ecclésiasti-

---

(1) Reg. ecclésiastique, n° 13, f°s 148 et suiv. Cette commission fut enregistrée au Sénat le 15 octobre 1735.

(2) Reg. ecclésiastique, n° 14.

ques. Mais laissons ici la parole à Jaques Replat qui a raconté cet incident (1), avec sa bonne humeur et son esprit habituels :

« Le Père Vibert secondait activement ces dé-
« marches. Ce moine formait trait-d'union entre
« les opposantes et D. Pennet : il leur servait de
« boîte aux lettres. Instruit de ce petit scandale,
« Charles-Emmanuel III s'empressa de le faire
« cesser. Roi d'une monarchie tirée au cordeau, il
« était l'ennemi déclaré de tout ce qui pouvait
« blesser l'ordre ou les convenances.

« Le 8 décembre 1736, il manda à M. de Saint-
« Georges, premier Président du Sénat, de signi-
« fier au troupeau révolté sa volonté souveraine et
« son royal mécontentement. La mission fut dé-
« léguée à noble Pierre *François*, sénateur, et de
« plus, homme d'esprit. Le récit qu'on va lire a été
« copié sur le brouillon de son rapport ; il ouvre un
« demi-jour sur les petits mystères du cloître. »

En exécution des ordres de S. M., M. le sénateur se rend à Annecy le 16 décembre, et le lendemain il entre dans le couvent des Jacobins. « Là, après
« nous être fait indiquer la chambre du Père Vi-
« bert, et sans la perdre de vue nous avons fait
« demander le prieur, et à son défaut le Père Mar-
« chant, sous-prieur. Lui ayant notifié notre com-
« mission, nous sommes entré à l'instant dans la
« chambre dudit Père Vibert, et après l'avoir prié
« d'en sortir, nous avons procédé à la recherche de

(1) *Bois et Vallons*, p. 74.

« la cassette en présence du sous-prieur, qui nous
« ouvrit à cet effet les armoires de la chambre.
« Nous y avons trouvé différentes lettres qui nous
« ont paru avoir trait au fait de notre commission,
« desquelles nous nous sommes saisi, et après
« avoir jeté les yeux sur tous les endroits où la
« cassette pouvait être cachée, nous l'avons trou-
« vée avec sa clef sur une petite soupente derrière
« le lit du Père Vibert. Comme elle était remplie
« de papiers concernant les religieuses opposantes
« et pouvant servir à dévoiler leurs intrigues,
« nous nous sommes saisi de cette cassette.

« Ce que dessus s'est passé secrètement et sans
« éclat ; cependant nous avions compris que le
« Père Vibert ne tarderait pas d'en aviser lesdites
« religieuses. »

Le sénateur rentre à son hôtel afin d'y examiner les papiers saisis et « d'en tirer les connais-
« sances pouvant l'aider à exécuter les intentions
« de S. M. »

Le 18, il se rend à Sainte-Catherine.

« Ayant fait assembler la communauté, nous
« avons exhorté (1) l'abbesse et les religieuses à
« vivre en paix ; nous avons invité la première à
« la douceur et à la charité envers toutes, invité
« celles-ci à lui rendre le respect et l'obéissance
« **sous peine de l'indignation du Roi**. Dans ce but

(1) *Exhorter,* **dans le style du Sénat, signifie** *ordonner*.

« nous avons employé les termes les plus propres
« à faire impression sur leurs esprits. Le couvent
« étant situé sur une hauteur dont les approches
« sont difficiles dans la saison présente, nous y
« sommes resté jusqu'au 20. Pendant notre sé-
« jour nous avons fait à Madame l'abbesse les
« représentations les plus convenables pour l'in-
« viter à rétablir et maintenir une bonne union.
« Elle a une grande douceur et paraît ne pas
« manquer d'esprit pour le gouvernement de cette
« maison. Les religieuses (aux opposantes près)
« s'en louent beaucoup.

« Le nombre des opposantes se réduit à la dame
« de N. (*de Sales*) et aux deux sœurs de X (*de
« Sonnaz*). Nous leur avons parlé en particulier
« pour écouter leurs griefs. Elles nous ont repré-
« senté les larmes aux yeux les inquiétudes et les
« chagrins qu'elles avaient eus depuis l'élection
« de la sœur Madelain pour abbesse. Leurs griefs
« cependant se réduisent à des minuties et aux
« précautions prises par l'abbesse pour découvrir
« leurs vues et détourner leurs démarches au sujet
« de son élection. Sans la saisie de la cassette dont
« elles étaient informées, nous n'aurions pu réus-
« sir à leur persuader qu'elles devaient se soumet-
« tre à l'obéissance. Elles nous ont paru fixées sur
« ce qu'elles prétendent que l'élection n'est pas
« canonique. Elles nous témoignèrent que, du
« moins pour leur tranquillité, elles souhaitaient
« que l'on fît passer l'abbesse de Bonlieu à Sainte-

« Catherine et celle de Sainte-Catherine à Bon-
« lieu ; mais après avoir réfléchi sur ce que de
« vive voix nous leur avons dit à cet égard, elles
« ont marqué leur soumission aux ordres de S. M.
« et se sont réconciliées en notre présence avec
« l'abbesse, qui les a assurées de son amitié, avec
« protestation de part et d'autre d'oublier le passé.

« Les opposantes s'étant plaint que les reli-
« gieuses du parti de l'abbesse avaient de mau-
« vaises manières pour elles, la communauté de
« nouveau assemblée, nous leur avons représenté
« qu'elles devaient contribuer à maintenir l'union
« et la paix ; que S. M. aurait pour désagréable
« qu'aucune d'entre elles donnât lieu à de nou-
« veaux troubles et qu'elles devaient tâcher de
« mériter sa protection par leur sage conduite.

« L'abbesse et plusieurs religieuses nous ont dit
« que Dom Pennet, à présent prieur de l'abbaye
« d'Aulps, qui a été leur confesseur pendant plus
« d'une année, avait semé le trouble et la discorde
« dans leur communauté et qu'il ne cessait de la
« fomenter. Elles nous ont fait comprendre que
« s'il avait pu réussir à faire élire une des trois
« opposantes pour abbesse, ses vues étaient de
« négocier à redevenir leur aumônier.

« Parmi les papiers de la cassette, il y a entre
« autres deux lettres de ce D. Pennet écrites
« aux sœurs de X..., conçues en des termes qu'on
« ne peut concilier avec la bienséance et qui dé-
« couvrent que le cœur a eu plus de part dans ses
« démarches que la raison.

« La religieuse de N... a une grande simplicité.
« L'aînée de X (*de Sonnaz*) est d'un génie fixe dans
« ses idées. La cadette est plus docile et a beaucoup
« d'esprit, de l'aveu même des autres religieuses.

« Le confesseur nommé Doyen, Comtois de na-
« tion, âgé de 40 à 45 ans, nous a paru un homme
« sage et prudent. L'abbesse et plusieurs reli-
« gieuses nous en ont dit beaucoup de bien. Mais
« une des plus anciennes et qui est d'un âge
« fort avancé, à laquelle nous avons demandé en
« confiance quel était le caractère de ce confes-
« seur, nous en a fait une relation avantageuse, à
« cela près qu'il était trop fréquemment dans la
« chambre de Madame l'abbesse et s'entretenait
« souvent avec elle tête à tête. La cadette de X...
« nous a dit la même chose : elle a ajouté qu'il
« leur fallait pour directeur un vieux barbon, et
« qu'il valait mieux lui donner le bras pour l'aider
« à marcher que s'il était d'un âge à leur offrir le
« sien (1). Nous pensons que l'exemple de D. Pen-
« net lui a fait faire cette réflexion.

« L'abbesse est encore jeune, et le couvent
« étant sans clôture, le confesseur y a libre accès.

« Les opposantes, surtout les sœurs de X...,
« nous ont déclaré qu'elles ne pouvaient se résou-
« dre à se confesser à D. Doyen ; leur ayant de-
« mandé la raison, elles nous ont répondu que
« s'agissant d'une affaire de conscience, elles ne
« pouvaient nous la dire. Cependant elles nous

(1) Le trait est joli ; mais était-il neuf ?

« ont fait entrevoir que le confesseur étant dans
« les intérêts de l'abbesse, elles n'avaient point
« confiance en lui. Nous avons insinué à l'abbesse
« qu'il était de sa prudence de continuer à faire
« venir un confesseur extraordinaire et de consul-
« ter à ce sujet ses supérieurs.

« Quant au temporel, nous joignons l'état que
« nous en avons formé....

« Le temporel est administré depuis quelques
« temps par D. Bastian, natif de la Bonneville,
« religieux de Citeaux et procureur du dit cou-
« vent. Il est jeune. Il ne nous a pas paru avoir
« toute la prudence nécessaire pour la direction
« des affaires de cette maison, et pour suppléer
« au spirituel en cas d'absence ou de maladie du
« confesseur.

« Chambéry, le 22 décembre 1736. »

D. Doyen ne resta pas longtemps à Sainte-Catherine après le rapport du sénateur François. Il fut remplacé par D. Jean-François Bouquet, profès du monastère de Buillon en France, en vertu de patentes de l'abbé de Clairvaux, du 19 mai 1737, où il est dit « de le faire fournir de vi-
« vres et vestiaires, et entretenir honnêtement,
« compétemment et selon la décence de son état. »

Préalablement à cette nomination, l'abbé de Clairvaux avait demandé au roi de Sardaigne la faculté de placer dans les couvents de Savoie des sujets savoyards ou français, indifféremment, suivant qu'il le jugerait nécessaire. Le roi accorda cette permission le 5 juin 1737, et le Sénat enregistra la patente du confesseur le 17 du même mois (1).

D. Bouquet fut bientôt remplacé aussi. Il eut pour successeur D. Vincent Navillet, profès du couvent de Sainte-Marie, dont la commission, en date du 26 août 1739, fut approuvée par le roi le 3 octobre suivant et enregistrée le 10 au Sénat (2).

D. Navillet céda la place six ans après à D. Louis de Varax, moine d'Hautecombe, nommé par le R^{me} Frère Pierre Majeur, abbé de Clairvaux, le 25 juillet 1745. La commission fut enregistrée au Sénat le 4 septembre suivant (3).

De 1735 à 1745, le monastère perdit quatre religieuses de chœur, savoir : le 17 janvier 1735, sœur Jeanne Perrin, âgée de 74 ans, ayant 52 ans de profession ; le 17 mars 1735, sœur Josephte-Gasparde de Blancheville d'Héry, âgée de 60 ans, ayant 42 ans de profession ; le 3 avril 1736, sœur Angélique de Barnous, âgée de 75 ans, ayant 54 ans de profession ; le 5 novembre 1736, sœur Jacqueline Reydellet, âgée de 66 ans, ayant 51 ans de profession. Elles furent toutes ensevelies dans le chapitre ; la sœur de Barnous, au pied du lutrin.

Durant le même espace de temps, le couvent ne reçut qu'une novice, Claudine Donier, qui prit

---

(1) Reg. ecclésiastique. n° 15, f°s 65 et suiv.
(2) Reg. ecclésiastique, n° 16, f° 79.
(3) Reg. ecclésiastique, n° 18, f°s 333 et suiv.

l'habit le 5 novembre 1736 et fit profession le 10 janvier 1737, et une converse, Marie Vitte, qui reçut l'habit le 25 mai 1738 et fit ses vœux solennels le 14 décembre 1739. D. de Varax est encore confesseur de Sainte-Catherine le 2 novembre 1749. Le 31 mars 1752, cet emploi appartient à Frère Heurteur (1).

Le 28 novembre 1748, Thérèse-Victoire de Mouxy de Loches, âgée de 17 ans, et orpheline, fut amenée au couvent de Sainte-Catherine. Elle prit l'habit le 16 juillet 1749. A cette occasion son frère fit à l'abbaye les cadeaux *d'usage* : une pièce d'argenterie pour la communauté ; trois livres de chocolat pour Mme la supérieure (*la prieure*) ; deux livres de café pour Mme la mère abbesse ; deux boîtes de tabac pour M. l'aumônier ; soixante livres pour le dîner ; vingt-deux livres pour les cierges (2).

La novice fit profession en 1750. Le 12 octobre de cette année, par un acte Lathuile, notaire à Annecy, elle reçoit de son frère Charles feu Amédée-François de Mouxy, comte de Loches, lieutenant au régiment de Saluces, une dot de quinze cents livres et une pension viagère de cinquante livres. Les religieuses qui assistent à ce contrat

(1) *Registre des vestures.*
(2) Mlle de Loches était née à Grésy-sur-Aix, le 27 février 1731 ; elle était le 19e enfant de ses parents. Les cadeaux en denrées valaient environ sept livres chacun. (Arch. de Loches.)

sont : **Gasparde deMagdelain**, abbesse; Anne-Antoine Le Seurre, prieure; Jacqueline-Charlotte Excoffon; Françoise de Vignon; Marie-Françoise Duboin; Claudine Donier et Marie-Philippine Deléaval. Les témoins sont : Joseph-Marie de Rebut Deléaval, lieutenant au régiment de Tarentaise, demeurant à Annecy, et Joseph de Varax, seigneur de Planaz, demeurant à Grésy-sur-Aix.

A cette époque, milieu du xviiie siècle, si la situation financière de l'abbaye de Sainte-Catherine n'était pas brillante, celle des couvents de Savoie, sortis de la réforme de 1622, n'était pas meilleure.

Nous trouvons, en effet, à la date du 31 juillet 1739, une lettre du Roi Charles-Emmanuel III au Sénat par laquelle il l'invite « à charger l'avocat
« général de vérifier l'état de l'administration des
« Bernardines de Rumilly, auxquelles il accorde
« un subside de 500 livres, et qui, pendant que
« R^d Lachenal était leur aumônier, ont exigé un
« capital de plus de 30,000 livres sans qu'on sache
« ce que cette somme est devenue. »

Le roi ajoute : « qu'ayant encore un revenu de
« 4,500 à 5,000 livres, elles ont de quoi se soutenir (1). »

Une enquête épiscopale sur les couvents de Bernardines d'Annecy, de Rumilly et de la Roche, est faite en mai 1751. Elle établit que ces

_____
(1) Reg. ecclésiastique, n° 16, f° 73.

trois monastères sont chargés de dettes. Leurs dépenses dépassent de 2,000 livres leurs revenus ; ils ne subsistent qu'à l'aide de quêtes.

Les bâtiments de Rumilly et de la Roche sont en bon état et ont des cellules de reste. Le monastère d'Annecy n'a qu'une petite chapelle qui menace ruine ; une grande partie de l'enclos n'est fermée que par des haies.

La visite du couvent de Rumilly est faite le 7 mai 1751, par R^d Michel Conseil, vicaire général et official d'Annecy, et R^d Jean Puthod, procureur fiscal épiscopal. Ils constatent que la communauté de Rumilly a commencé le 7 septembre 1622, que, depuis lors, 138 religieuses y ont fait profession, et que la dernière profession est du 4 juin 1741. Il y a 22 religieuses, dont deux ont plus de 80 ans ; cinq, plus de 60 ans ; six, plus de 50 ans ; six, plus de 40 ans, et les autres environ 35 ans. Deux religieuses sont absentes ; l'une d'elles, la sœur d'Avierno, est *chez Madame sa mère*.

L'évêque, Mgr Deschamps de Chaumont, propose de verser les religieuses d'Annecy à Rumilly et à la Roche ; le Sénat approuve ce projet, et le Roi, à qui on l'a soumis, répond, le 3 mai 1752, qu'il agrée la suppression.

Les religieuses d'Annecy sont consultées : quelques-unes déclarent qu'elles ne sortiront jamais de leur couvent que par la force ; les autres consentent, quoique à regret. Le 20 janvier 1752, elles sont appelées à délibérer capitulairement sur la suppression, qui est votée à la majorité de 10 voix contre 6. Les six opposantes, parmi lesquelles est la supérieure, Anne-Colombe d'Artigny, refusent de signer.

On passa outre, et les Bernardines d'Annecy furent versées dans les couvents de Rumilly et de la Roche. Leur pauvre monastère, situé à Annecy, aux abords de la ville, à la porte du Pasquier-Mossière, fut acheté par les Cisterciennes de Bonlieu qui, nous l'avons dit plus haut, avaient quitté leur premier établissement de Bonlieu près de Sallenôve, pour venir s'établir à Annecy. Le 27 mars 1754, le Sénat écrit au Roi qu'il ne voit pas d'inconvénients à cette acquisition, au sujet de laquelle l'abbé de Tamié avait fait une enquête le 8 mai 1752. L'abbé de Clairvaux donne aussi son autorisation (1).

Le 2 janvier 1757, le couvent de Sainte-Catherine reçoit à profession Mlle Françoise de Gondé, d'Annecy. Le 31 mai 1762, nous le trouvons composé des dames de Magdelain, abbesse, Duboin, prieure, Excoffon, de Vignon, Donier, de Loches, Marie-Philippine Rebut-Deléaval, Claudine de Regard, Marie-Anne Gentil, et de Gondé (2).

Le 7 août 1763, Mlle Marie-Julie Olieger Duplesson, d'origine anglaise, reçoit le voile. Sa dot est

(1) Reg. ecclésiastique, 20, f°s 284, 338, 529.
(2) Archives de la maison de Loches.

de 1,500 livres ; c'est la dernière professe de Sainte-Catherine (1).

Suivant le *Registre des vestures*, il semble qu'en septembre 1760, l'aumônier était D. Georges Bulion, religieux d'Hautecombe ; cependant Fr. Heurteur signe encore en cette qualité les 22 janvier et 14 août 1763.

Le 7 août 1765, paraît le nom de l'aumônier Fr. Blanc l'aîné. Le dernier acte du *Registre des vestures*, à la date du 14 octobre 1771, est signé par ce religieux.

L'abbesse de Madelain, dont l'élection avait été si vivement contestée, s'était occupée à des travaux de restauration et d'agrandissement. Il est probable qu'elle alla plus vite que les ressources du couvent ne le permettaient. Elle mourut le 16 décembre 1770, après 37 ans de supériorité.

CHAPITRE XVI.

UNION DU MONASTÈRE DE SAINTE-CATHERINE A CELUI DE BONLIEU. — LA PRIEURE DUBOIN. — Mgr BIORD. — REVENUS ET CHARGES DES DEUX ABBAYES.

A la mort de l'abbesse de Madelain, l'abbaye ne comptait plus que huit religieuses de chœur ; il y avait sept ans que l'on n'avait pas fait de nouvelle recrue. Les ressources avaient diminué, soit par

(1) *Procès-verbaux de l'union de Sainte-Catherine et de Bonlieu.*

l'effet du rachat des droits féodaux, soit par suite d'une administration imprévoyante. Toutefois, la communauté aurait encore pu vivre indépendante dans le vallon de Sainte-Catherine, si la sœur Duboin n'avait pas, à l'insu de ses compagnes, poussé un cri de détresse et donné raison à ceux qui, depuis longtemps, demandaient l'union des monastères de Sainte-Catherine et de Bonlieu.

En même temps qu'elle adressait au Roi, le 17 décembre 1770, une supplique signée par elle et par les sept autres religieuses pour lui demander la permission de procéder à l'élection d'une nouvelle abbesse (1), elle envoyait au Ministre une lettre dans laquelle, tout en se disant *très flattée de l'intention que ses compagnes manifestaient de faire tomber sur elle le poids de l'élection*, elle concluait nettement à ce que Sainte-Catherine fût réunie à Bonlieu.

Les motifs qu'elle indique, *sous le sceau du secret, afin de ne pas se brouiller avec ses sœurs religieuses*, sont les mêmes que ceux dont l'évêque d'Annecy se prévaudra lorsque la lettre de la sœur Duboin, dont il fut peut-être l'inspirateur, aura porté ses fruits.

Voici la lettre de la prieure :

Monsieur,

J'ai l'honneur de vous addresser la lettre que nous avons celuy d'ecrire à S. M. pour luy faire part de la

(1) *Document* XXVI.

perte que nous venons de faire de M⁰ nôtre digne abbesse a fin quelle veuille bien nous permettre de procéder au plutôt à une nouvelle Election, suivant la liberté quelle a daigné nous en laisser, comme il en conste par la lettre que feu M. le comte de St George nous en écrivit par son ordre en 1733; telle est l'intention de nôtre pettite communauté qui désire de faire vne élection.

Mais pour moy Monsieur, qui me trouve actuellement chargée par la place que j'occupe du gouvernement spirituel aussy bien que du temporel de ce monastère, je croirois manquer au devoir de ma charge, si je n'informoit par votre ministère, S. M. de l'état présent de cette communauté, la piété et probité qui caractérise si publiquement vôtre Excell^{ce} dans le poste qu'elle occupe si dignement m'inspire de luy parler avec confiance, et de sacrifier à ma conscience, mon intérèst particulier, et mon ambition si j'avois la témérité d'en avoir qui se trouueroit très flatté à présent par l'intention ou sont nos Religieuses de faire tomber sur moy le poid de nôtre Election.

J'ay donc l'honneur de représenter à V. E. que nous ne sommes plus que huit Religieuses, dont une est ors d'état depuis plusieurs années d'assister à l'office, quelques autres n'y peuuent pas non plus y être toujours assidue par leur peu de santé en sorte que la pluspart du tems nous ne sommes que quatre ou cinq pour réciter l'office, et quelquefois que deux, ce qui me fait gémir de voir l'impossibilité ou nous sommes, de ne pouvoir nous acquitter du service divin avec la sollennité et la dignité qu'exige un devoir qui est l'un des plus essentiel de nôtre état, et nous n'avons pas même espérance de recevoir des sujets, la montagne ou nous sommes situé les rebute, et d'ailleurs nous ne sommes point logée selon les decrest

du Concile de Trente parce que l'emplacement incommode de cette ancienne abbaye n'at jamais permis de
nous clauturer n'y griller, et quoy que nous ayons été
obligée il y a une quinzaine d'anné de rebastir une partie
de nôtre maison qui tomboit en ruine par son extrême
vetustété, il nous a été impossible de le faire régulier
n'ayant point d'autre emplacement que de le reconstruire
sur les vieilles ruines, le quel bastiment n'est pas encor
finis dans le dedans nous étant contentée d'achever
les chambres nécessaire pour nous loger, la communauté
étant alors encor nombreuse, nous avions un pettit mur
qui servoit d'enclos autour de notre maison le quel depuis
ces dernieres années s'est antièrement détruict par les
fréquentes innondations des eaux de la montagne, qui
ont éboulé le terrin qui soutenoit le d^t mur, le quel il
seroit impossible de réparer sans des dépences excessives
que nous ne sommes pas en état de faire, et laquelle réparation ne dureroit pas long tems par la même raison
des éboulements, le terrin étant très mouuent; en sorte
que nous ne sommes point en sûreté et que lon entre de
de tous costé dans nôtre maison, et que tandis que nous
sommes aux offices les étrangers ont la facilité d'entrer
dans les lieux réguliers tel que sont nôtre réfectoir et
dorctoir, et par consequant ces personnes sont dans le
cas d'encourir les censures de leglise, ce n'est pas sans
peine que je vois ces incidants qui peuvent occasionner
des abus et donner des sujets de critiques au public, quoy
que cette communauté se comporte avec beaucoup de
réserve, cependant les langues médisantes et portés à mal
juger trouve toujours des sujets de critiquer, la ou même
il n'y en a point, voilà Monsieur tout ce que ma conscience
m'oblige à nous informer pour en jnstruire si vous le
jugé à propos S. M. qui pourroit se servir de la conjonc-

ture présente pour nous réunir à l'abbaye de Bonlieu à Annecy, ainsy que l'on nous assure depuis long tems que c'est son intention parce que nous ne sommes pas cloitré, je me soumettroit toujours avec un respectueux devouement aux ordres de S. M. quoy que je ne voudrois pas que ce j'ay l'honneur de marquer à V. E. transpirat dans cette communauté, parce que quelques une ne seroit pas disposée à la réunion, et je ne voudrois pas que le désir que j'ay d'estre dans une situation plus convenable à nôtre état me broüillât avec mes sœurs Religieuses.

J'ay l'honneur d'être avec un très profond respect
  Monsieur

Votre très humble et très obeiste. servte.
     Sr Du Boin
  Prieure et celeriere de l'abbaye de
   Ste Catherine pres dannecy
Ste Catherine ce 17 décembre 1770 (1).

L'évêque, Mgr Biord, était un prélat actif et énergique qui voulait avoir les couvents sous sa main et cherchait à rendre purement nominative la suprématie de leurs supérieurs réguliers. Il pensait que si les religieuses de Sainte-Catherine étaient réunies à celles de Bonlieu, le pouvoir exercé par l'abbé de Tamié à de rares intervalles, lui appartiendrait en réalité.

Profitant des attaques dont les moines en général étaient l'objet, des fautes sans nombre qu'ils commettaient, il commença, contre le gré des religieuses (sauf la sœur Duboin), de l'abbé de

(1) Copie de M. A. Dufour.

Tamié, des abbés de Clairvaux et de Cîteaux, et même contre l'avis des autorités judiciaires d'Annecy, une campagne dans laquelle il remporta la victoire.

Il réussit d'abord à empêcher l'élection d'une nouvelle abbesse, et un mois ne s'était pas écoulé depuis la mort de Madame de Madelain, que le ministre, chevalier de Mouroux (di Morozzo), écrivait au prélat que le Roi appréciant la valeur des motifs donnés à l'appui du projet d'union de Sainte-Catherine au couvent de Bonlieu, le chargeait de dresser un procès-verbal de *l'état de l'abbaye à supprimer*, en se concertant avec l'abbé de Tamié :

Turin, le 12 janvier 1771. (A Mgr Biord.)

Monseigneur,

Comme l'on a représenté au Roy que l'abbaye de Ste Catherine était dans le cas d'être unie à Bonlieu, non seulement suivant les dispositions du Concile de Trente, pour être située dans la campagne mais encore par rapport au petit nombre des religieuses, la plupart infirmes, ce qui ne permet pas d'y faire l'office et le service divin avec la décence convenable, au peu d'espérance de recevoir de nouveaux sujets pour accroître le nombre et à l'impossibilité de former une clôture à cause des éboulemens auxquels le local est sujet, et que l'union proposée doit être précédée d'un procès-verbal pour constater l'état de l'abbaye à supprimer, le nombre des religieuses qui y sont, leur âge, la qualité de leurs infirmités, la quantité de leurs biens et revenus et les charges, enfin toutes les causes qu'on peut avoir pour faire cette translation ; comme encore si l'abbaye de Bonlieu est en état de recevoir les dites religieuses par une union de leurs biens. Sa Majesté par les raisons sus énoncées a approuvé le projet, et en conséquence elle m'a chargé de vous écrire, Monsieur, que vous vous concertiez à cet égard avec M. l'abbé de Tamié, supérieur immédiat du dit monastère, en quatité de vicaire-général-né de l'Ordre de Cîteaux en Savoye, pour être ensuite le tout, en cas que rien n'y obste, autorisé par le Roy, avant que d'y donner exécution (1).

A la réception de cette lettre, l'évêque se met en rapport avec l'abbé de Tamié Frère Joseph Rogès. Le 5 avril 1771, celui-ci se rend à Sainte-Catherine, assemble les religieuses au chapitre et les fait délibérer sur le projet d'union.

Les religieuses voient clairement que le Roi veut la suppression de leur monastère ; elles déclarent se résigner et se soumettre, mais sous diverses conditions. Le procès-verbal contient encore les regrets des abbés de Tamié et de Clairvaux, qui n'obéissent que parce qu'ils ont compris que toute résistance est inutile.

La délibération est ainsi conçue :

« Nous *Frère Joseph Rogès,* abbé de Tamié de l'Etroite Observance de l'Ordre de Cîteaux au diocèse de Tarentaise, savoir faisons que nous étant transporté, le 5 avril 1771, dans l'abbaye de

(1) *Procès-verbaux d'union.* (Arch. de la Société florimontane, et Arch. de Turin.)

Ste Catherine du même ordre, de la filiation de Clairvaux, au diocèse de Genève, Nous aurions fait assembler capitulairement les R^{des} Dames et Religieuses de l'abbaye, savoir :

« Dame Marie-Françoise *Duboin, prieure*, Claudine *Donyer*, Thérèse-Victoire *Deloche*, Philippine *Deléaval*, Claudine *de Regard*, Marie-Anne *Gentil*, Françoise *de Gondé*, Marie-Julie *Devlieger*, auxquelles religieuses composant la communauté nous aurions déclaré qu'en suite des représentations faites au Roy d'unir l'abbaye de Ste Catherine à celle de Bonlieu, S. M. aurait approuvé ce projet, et sur ce nous leur aurions fait part des motifs allégués à S. M. pour l'autoriser à faire la dite union, lesquels sont :

« 1° Que suivant le Saint Concile de Trente les monastères de filles situés dans la campagne devraient être transférés dans les villes autant que faire se pouvait;

« 2° Que conformément aux canons de l'Eglise et aux constitutions de leur Ordre elles étaient obligées de garder la clôture, qui n'est pas entière à cause de la situation, de leur maison et qu'il serait un peu dispendieux pour la continuer du côté du vent, la communauté s'étant déjà épuisée par les frais des bâtiments qu'elle s'est vue obligée de faire;

« 3° Que les deux abbayes de Ste Catherine et de Bonlieu étant séparées ne pouvaient pas, faute de revenus suffisans, entretenir le nombre de religieuses nécessaire pour pratiquer exactement tous les exercices religieux et pour faire l'office avec toute la décence convenable (quoiqu'elles se soient maintenues jusqu'ici indépendantes l'une de l'autre), au lieu qu'étant unies elles auraient assez de revenus pour entretenir le même nombre de religieuses qu'il y avait dans les deux monastères ;

« 4° Que la nécessité de l'union établie par ces motifs il fallait qu'elle se fît par la translation de Ste Catherine à Bonlieu, soit parce que l'éloignement de Ste Catherine et sa situation occasionnent, pour le transport des denrées, pour les visites des médecins et chirurgiens et par la réception des étrangers, des frais plus considérables qu'à Bonlieu.

« Le R^d abbé de Tamié aurait demandé aux R^{des} Dames assemblées quel serait leurs sentimens sur ces motifs ; lesquelles ayant fait leurs réflexions et délibéré sur iceux auraient répondu et déclaré
« qu'il leur était bien sensible et douloureux d'a-
« bandonner et de voir détruire une abbaye royale
« qui subsiste avec tant d'honneur depuis tant de
« siècles, de voir périr des bâtiments qui ont tant
« coûté, et que leur zèle pour la régularité avait
« fait construire depuis seulement environ vingt
« ans, enfin de quitter une maison qui leur a été
« si chère, qu'elles ont choisie préférablement à
« toute autre pour s'y consacrer entièrement au
« Seigneur, et qu'ainsi il n'y aurait jamais que le

« respect et la soumission qu'elles auront toujours
« aux intentions de S. M. qui les fassent consentir
« à l'union de leur abbaye à celle de Bonlieu. »

« Les dites religieuses ayant encore demandé à l'abbé de Tamié si en conséquence des lettres qu'il avait écrites au Très R^d abbé de Clairvaux, leur père et supérieur immédiat, celui-ci avait donné son consentement, absolument nécessaire dans cette circonstance, le dit abbé de Tamié leur répondit que l'abbé de Clairvaux lui avait marqué, ainsi qu'il le leur a fait voir, que puisqu'il avait été consulté sur cette affaire, il le priait de faire en sorte que l'exécution du projet n'eût pas lieu, que lui-même en conscience ne pouvait donner les mains à ce qui peut nuire aux maisons de l'Ordre, et que s'il n'était pas possible de s'opposer à la dite union par la déférence et le respect qu'il doit à S. M., il laissait à l'abbé de Tamié pleine et entière liberté de se conformer aux intentions du Roy et lui donne tous ses pouvoirs, entendant et prétendant que sous quel prétexte que ce soit on ne vende ou aliène aucun des biens de l'abbaye.

« Les susdites dames religieuses déclarent à l'abbé de Tamié que si l'union avait jamais lieu, ce ne serait que sous les réserves et conditions suivantes :

« 1° Qu'elles veulent être reçues chez leurs très honorées sœurs les Dames de Bonlieu avec la même charité, bonté, manière et condescendance que si elles étaient vraiment professes de leur maison; qu'elles y auraient et prendraient le rang, la préséance suivant l'ordre de leur profession comme si elles l'avaient faite à Bonlieu; qu'elles y jouiraient de tous les droits, privilèges, honneurs, charges, exemptions et prérogatives dont jouissent les Dames de Bonlieu; qu'elles y auraient voix active et passive pour tous les emplois et dignités, auxquels elles pourraient parvenir comme les autres, et seraient traitées en tout et partout comme Dames de la dite abbaye;

« 2° Que non seulement elles seront logées et nourries, mais que dans un cas de maladie la maison de Bonlieu leur fournira à ses frais tous les médicamens et remèdes nécessaires, de même que les visites, et secours convenables des médecins, chirurgiens, apothicaires, et autres secours temporels suivant l'exigence des cas;

« 3° Qu'outre leur pension stipulée par leur contrat d'entrée en religion ou occasion d'icelle dont chacune continuera de jouir comme ci-devant, la communauté de Bonlieu donnera annuellement à chacune des Dames de Ste Catherine trente livres pendant leur vie pour les dédommager des frais qu'elles ont faits dans leur maison qu'on les oblige de quitter, laquelle réserve n'aura pas lieu pour Madame Devlieger qui se contente de sa pension se montant à 150 livres par an;

« 4° De préparer un chauffoir commun où il leur sera loisible d'aller se chauffer jusque leurs chambres soient achevées, et que dans chacune de celles-ci il y ait une cheminée;

« 5° Que ces conditions s'étendront à leurs sœurs converses : les sœurs Marie Vite, Agathe Berard et Marie Chapelle, aux trois sœurs oblates Jeanne-Marie Collomb, Marguerite Boît et Etiennette Gay, et à un vieux frère oblat infirme, Antoine Favre.

« Les susdites religieuses de Ste Catherine supplient S. M. qu'en cas de translation elle veuille bien, par un effet de ses royales bontés, les maintenir dans les mêmes privilèges et droits qui leur ont été accordés par ses augustes prédécesseurs, tels que l'exemption de *leyde* et de *péage*, le privilège de ne payer aucun laod et tribut des fiefs qui relèvent de S. M.; de les maintenir dans la perception du franc salé qui leur a été accordé par Henri de Savoye (1), le 26 février 1601, en échange de la leyde du sel qu'elles percevaient par donation du B. Villerme comte de Genevois (2) leur fondateur, et que Charles-Emmanuel de glorieuse mémoire a réduit à la quantité de six émines, qu'elles ont toujours perçues et qu'elles perçoivent encore.

« Les dites Dames transférées à Bonlieu ne seront plus à portée de veiller à la conservation de leur forêt, elles supplient encore S. M. que défense soit faite à tout le voisinage d'y couper du

---

(1) Henri Ier de Savoie, Duc de Genevois et de Nemours.

(2) C'est une erreur; cette donation provenait, on l'a vu, du comte Guillaume II, fils du Bienh. Guillaume.

bois sous les peines qu'elle jugerait à propos de porter contre les délinquants. Elles constituent enfin le sr Bessonis pour leur procureur dans les formalités à remplir. »

Le lendemain, l'abbé de Tamié se rend au couvent de Bonlieu; il y fait assembler le chapitre composé de Mmes Louise-Claire de *Planchamp de Châteaublanc*, abbesse, Angélique *Decluses*, Jeanne de *Châtillon*, Madeleine *Ospitalier*, Thérèse *Dunoyer*, Marguerite de *Saint-Réal*, Louise de la *Fléchère*, Madeleine de *Bonnière*, Marie-Anne de la *Fléchère de Beauregard*, Bernardine *Dethiollaz*, Marie *Famel*.

Il donne connaissance des conditions mises par les Dames de Sainte-Catherine à leur consentement à l'union des deux monastères, et les religieuses de Bonlieu déclarent les accepter. Elles désignent Me François-Nicolas Decoux, Me Bessonis et Me Tissot pour leurs procureurs.

Le sr Bessonis adresse alors à l'évêque de Genève une requête pour qu'il soit procédé aux formalités qui doivent précéder l'union; cette requête est montrée à l'abbé de Tamié qui, le 18 avril 1771, met au bas son consentement sous la réserve qu'un tel acte ne préjudiciera en rien à *l'exemption de toute juridiction des Ordinaires*, dont jouissent les monastères de l'Ordre de Cîteaux.

Le tout est montré au Procureur fiscal épiscopal Rd Puthod, qui conclut à ce qu'une enquête soit faite par Sa Grandeur Mgr Biord, vu l'importance du cas, *sur le commode et l'incommode* de l'union, et sur l'état et la valeur des fonds, revenus et charges des deux abbayes, protestant à son tour que l'exemption dont les religieuses et le R^{me} abbé de Tamié ont protesté ne puisse nuire ni apporter aucun obstacle à l'exercice de la *juridiction ordinaire* en tous les cas portés par le droit.

Le 23 avril, Mgr Biord, évêque et prince de Genève et abbé de Chésery, fixe l'enquête au 26, et ce jour-là il se rend au monastère.

Le premier témoin entendu est M. Jean-Philibert Veizi, âgé de 37 ans, natif de Samoëns, commissaire d'extentes à Annecy ; il dépose en ces termes :

Je connais parfaitement la royale abbaye de Sainte-Catherine, en ayant été procureur général pendand cinq ans et étant encore actuellement son commissaire. Cette abbaye est fondée au mont Semnoz à la distance d'environ une heure de la ville d'Annecy, par Béatrix de Savoye fille du Bienheureux Villerme comte de Genevois en mille deux cent vingt-huit (1), le corps dudit bienheureux comte repose dans un tombeau proche l'église de Sainte-Catherine, de même que ceux de trois de ses enfants.

Les abords de l'abbaye sont difficiles ; il faut tout y transporter à dos de chevaux. L'air y est fort bon et peut

(1) Nous avons vu, au Chapitre II, que le sieur Veizi s'était trompé en fixant à l'année 1228 la fondation de Sainte-Catherine.

être meilleur qu'à Annecy, suivant la qualité des tempéraments. Il y a huit religieuses de chœur, six sœurs converses ou oblates et un vieux Frère oblat. Deux des religieuses de chœur sont plus que sexagénaires. Elles n'ont depuis 1754 reçu qu'une novice Madame d'Olieger, il y a sept à huit ans.

L'abbaye de Bonlieu est certainement dans un plus bel emplacement que Sainte-Catherine, à la porte d'une ville et dans un endroit où l'air n'est pas aussi vif. Dans chacune des deux abbayes, il y a un aumônier qui est un religieux de l'Ordre de Cîteaux.

Il n'y a à Sainte-Catherine aucune clôture régulière, mais seulement un dortoir où couchent les religieuses et où les externes ne peuvent entrer que par la permission de la supérieure. L'on reçoit les étrangers dans l'appartement de Madame l'abbesse, ou dans la salle à côté. Les appartements de l'aumônier et des domestiques ne sont séparés des autres par aucune clôture, et les domestiques et ouvriers viennent se chauffer à la cuisine de l'abbatiale et mangent dans une salle contiguë. Les Dames ont le droit de se promener sur leur terrain, et vont quelquefois en été jusqu'aux Puisots (1) avec la permission de leur supérieure.

Il est presque impossible de construire une clôture en règle à cause de l'irrégularité de l'emplacement ; et comme pour le faire en règle il faudrait remuer une bonne partie des bâtiments notamment l'église et l'appartement des étrangers pour les rendre indépendants, la dépense nécessaire ruinerait la communauté, et l'on n'y recevrait presque plus de religieuses, et ce qui donne lieu de le

(1) **Ferme à une demi-lieue E. de l'abbaye et séparée de celle-ci par un petit col.**

croire, c'est que celles qui y sont actuellement n'ont choisi cette maison que parce qu'on n'y était pas gené par une clôture, ainsi qu'elles me l'ont souvent déclaré.

Quant à Bonlieu il serait nécessaire de faire en murs la partie de la clôture qui n'est encore qu'en haies. J'ai toujours été édifié de l'exactitude avec laquelle les Dames de Sainte-Catherine font leurs offices.

Les bâtiments sont assez en bon état, sauf qu'il y aurait des réparations à faire au couvert de l'abbatiale. Le dortoir qu'occupent les religieuses est presque tout neuf, n'ayant été bâti que depuis une vingtaine d'années. Le second appartement de ce dortoir n'est pas encore logeable, mais avec des réparations peu considérables on pourrait loger au moins quatorze religieuses.

Je pense qu'avec une grande économie on pourrait entretenir quelques religieuses de plus, et au moyen des dots qu'elles en recevraient, payer à la longue leurs dettes ; mais à juger de l'avenir par le passé et vu la difficulté que les religieuses puissent veiller soigneusement à leurs affaires, il n'y a pas lieu de présumer que cette économie puisse s'établir ; il est difficile d'ailleurs qu'elles puissent épargner sur leurs revenus qui, évalués en argent au prix commun des denrées, ne peuvent pas s'élever au delà de 5,000 livres, distraction faite de l'entretien des bâtiments, du salaire des domestiques et honoraires de l'aumônier.

Je sais que Mme l'abbesse est entretenue de tout aux frais de la communauté ; mais les autres dames religieuses n'ont que la nourriture et la nappe et sont obligées de se fournir, au moyen de leur pension ou autrement (1), tous leurs habillements, linges de table et de lit, et de

(1) Produit de quelques ouvrages ou dons de leurs parents.

payer les médecins, chirurgiens, apothicaires et tous les remèdes dont elles ont besoin ; cependant si quelques religieuses n'avaient pas de quoi fournir à ces dépenses, la communauté leur fournirait le nécessaire.

Sur l'utilité de l'union :

Elle serait utile aux deux abbayes... elle aurait pour résultat de faire établir une clôture complète... Il en résulterait encore l'avantage pour le bien public que l'abbaye jouissant d'un revenu suffisant par lui-même pour l'entretien d'un nombre assez considérable de religieuses pourrait recevoir à moins de frais des filles de bonne famille qui n'ont pas d'ailleurs des facultés suffisantes pour payer une dot un peu considérable et pour fournir à leur entretien pendant le restant de leur vie ; ce qui me paraît encore pour l'utilité de cette union, c'est qu'une communauté de religieuses située à la campagne, dans un endroit isolé et au milieu des bois, peut être exposée à bien des inconvéniens et des accidens fâcheux dont elles seraient à l'abri auprès d'une ville.

DEUXIÈME TÉMOIN.

Me Jean-Michel Gallay, 60 ans, commissaire d'extentes à Annecy. Il fait une déposition semblable à la précédente et ajoute :

L'hiver est long et très rude à Sainte-Catherine, tant parce que les montagnes qui l'environnent au levant, au midi et au couchant, sont cause que le soleil n'y donne que la moindre partie du jour ; les religieuses sont obligées de se procurer, au moyen de leur pension ou du produit de leurs ouvrages, les ressources pour leur entretien en dehors de la nourriture et de la nappe. L'union aurait entre autres cette utilité spéciale que l'abbaye de

Bonlieu pourrait alors recevoir ou gratis ou à peu de frais bien des filles de condition et autres de bonnes maisons qui, souvent, pour n'être pas riches, sont obligées de languir dans le siècle et qui seraient dans le cloître de parfaites religieuses, ce qui serait un véritable avantage pour l'Etat.

TROISIÈME TÉMOIN.

Noble François Centaure de Regard, fils de feu François, marquis de Disonche et de Ballon, natif et bourgeois d'Annecy, âgé de 74 ans, ayant une nièce religieuse à Bonlieu, et parent de quelques religieuses de l'une et l'autre abbaye. Il déclare :

Je suis allé plusieurs fois à Sainte-Catherine du temps que Mesdames de Saint-Thomas et de Gruffy en étaient abbesses; aucune voiture ni charriot ne peut y arriver; les religieuses n'ont point de pensionnaires depuis longtemps.

Je connais aussi l'abbaye royale de Bonlieu qui existait autrefois à Sallenove, et qui après l'incendie du monastère a été transférée à Annecy dans une maison du faubourg de Bœuf, à présent au Pâquier-Mossière, dans le monastère qu'occupaient autrefois les religieuses Bernardines réformées; l'aumônier est D. Pel, de l'Ordre de Cîteaux.

L'union aurait cette utilité.... de supprimer les frais pour faire les politesses convenables aux étrangers qui vont à Sainte-Catherine; il paraît plus convenable qu'une communauté de filles se trouve dans une ville que dans une montagne auprès des bois, où elles peuvent être exposées à bien des inconvénients, et sans secours en cas de désastres.

QUATRIÈME TÉMOIN.

Noble François-Henry de Gondé, capitaine entretenu au service de S. M., natif d'Annecy:

.... a une sœur religieuse à Sainte-Catherine; l'air y est assez bon, mais très-vif. Lorsqu'il y a des étrangers, ils sont reçus dans la chambre de Madame l'abbesse, où les dames religieuses se trouvent et mangent même avec eux suivant les occasions. Les domestiques et autres personnes vont dans la cuisine qui sert aussi pour les religieuses.

Il serait très-difficile de faire une clôture de l'abbaye à cause de sa position dans une pente de montagne et sur des *crases* qui se trouvent de deux côtés tout près des bâtiments; et comme il faut passer par la cour intérieure pour aller à l'église dont l'accès doit être toujours libre aux personnes séculières et de dehors, et que les appartements de l'aumônier et des domestiques, de même que celui où l'on reçoit les externes ont aussi leur passage par la même cour, on ne pourrait y faire une clôture sans ajouter d'autres bâtiments et transporter ailleurs une partie de ceux qui existent, ce qui entraînerait des dépenses que l'abbaye ne serait pas en état de supporter.

CINQUIÈME TÉMOIN. — 10 Mai.

Spectable Pierre Dunand, 40 ans, avocat à Annecy:

J'ai vu les religieuses de Sainte-Catherine se promener dans la cour qui sert de passage à tous ceux qui vont à l'abbaye .... et dans une allée dite vers la Croix, ou aux Puisots où elles ont une grange ....

Le 4 avril 1771, Mgr Biord visite Bonlieu, et le 13 il se rend de nouveau à Sainte-Catherine, où il trouve l'abbé de Tamié qui l'assiste dans sa visite de l'abbaye. Voici sa description :

Nous serions entré par la porte cochère située au couchant, et avons d'abord trouvé une grande cour toute en pente à l'entrée de laquelle et sur la gauche se trouve l'appartement appelé *l'abbatiale*, où nous avons d'abord trouvé à l'entrée *la cuisine* qui sert pour l'usage tant des Dames que des domestiques, et derrière la cuisine une *grande chambre* où l'on donne à manger aux domestiques et où sont différents réduits servant de retirages pour les provisions. De là nous serions descendu par un petit degré (escalier) et nous avons trouvé le *réfectoire* qui nous a paru fort humide et pouvoir contenir aisément vingt personnes ; après se trouve une chambre servant de *chauffoir* ; ensuite le *noviciat* consistant en une chambre et un cabinet ; ensuite une chambre servant *d'infirmerie*, et douze *chambres* à l'usage des Dames et sœurs.

Au bout du dortoir et dans l'aile qui est au levant nous avons trouvé la *sacristie*, où sont plusieurs ornements de différentes couleurs avec les vases sacrés nécessaires et les linges en quantité suffisante.

Etant descendu de là par un petit degré nous sommes entrés dans le *chœur*, qui est aussi fort humide et où il y a des *stalles de noyer* pour seize dames religieuses, outre les quatre qui sont destinées pour les supérieurs et supérieures.

Du dit chœur nous sommes passés dans *l'église* formée en croix dont le dit chœur fait une manche ; au fond nous avons vu le maître autel, où il y a un retable assez propre et décent; dans un des fonds de la croisée est un confessionnal et dans l'autre branche de la dite croisée il y a une petite table servant à placer les ornements pour les prêtres qui doivent célébrer, et dans la même partie de la croisée une porte par où les domestiques et personnes externes entrent dans l'église.

Le second étage du dortoir n'est pas achevé, en sorte qu'il n'a guère à présent que la figure d'un galetas. Un grand et beau *grenier* avec de la farine pour deux mois; une fort belle *cave* peu fournie.

Au-dessus de la porte de la cour, l'appartement de l'aumônier, composé de quatre chambres médiocres dont une partie sert pour les étrangers; au-dessous de cet appartement est une chambre pour les domestiques, et une autre qui sert de *fromagère*. Dans la suite de ce second corps de bâtiment sont la *boulangerie*, le *four* et les *écuries*, et au delà sont prés, champs et bois, sans aucune clôture.

Revenu vers la porte d'entrée qui donne dans la cuisine, serions monté par un degré dans un appartement supérieur où se trouve d'abord la salle dans laquelle on reçoit les étrangers, et après avoir fait encore quelques marches nous avons trouvé la chambre qu'occupe Madame l'abbesse, à la suite de laquelle se trouve une autre chambre où couchent quelques-unes des sœurs converses et les servantes.

L'évêque se fait ensuite indiquer les ressources et les charges du couvent; il résulte de l'état qui lui est fourni que, depuis dix ans, il y avait chaque année un déficit.

Nous donnerons plus loin le tableau des revenus et des dépenses des deux couvents. En dehors de ce qui y est rapporté, Mgr Biord constata l'existence à Sainte-Catherine de quatre ou cinq fondations d'anniversaires peu importantes, dont le revenu se partageait entre les religieuses et l'aumônier, à l'exclusion de l'abbesse (1).

Le 17 juin, les religieuses de Sainte-Catherine adressent à l'évêque une requête pour le prier de décider sur leur sort et d'ordonner, si l'union se fait, qu'à l'avenir l'abbesse de Bonlieu porte aussi le titre d'abbesse de Sainte-Catherine ; elles protestent encore de vouloir continuer à jouir de leurs exemptions, privilèges et prérogatives.

Le procureur-fiscal épiscopal, à qui cette requête est communiquée, les fait sommer par le greffier de l'évêché de s'expliquer clairement sur le droit qu'on leur attribue et d'après lequel leurs fermiers, grangers, meuniers ou autres habitants de certaines de leurs dépendances feraient tous leurs exercices religieux dans l'église du monastère et y recevraient les sacrements de leur aumônier, à l'exclusion des églises paroissiales et de leurs curés.

Le 1er juillet, le chapitre s'assemble et répond au greffier que ce droit ne s'étend qu'aux habitants de l'abbaye et de ses dépendances, qui sont : la *Grangette*, la *Bouverie*, les *Puisots*, le *Moulin-*

---

(1) Une, notamment, de 13 livres 13 sols, provenant d'Angélique de Menthon de la Balme, épouse du seigneur de Vaugelas.

Rouge et la *Maison de chez Michaud* au-dessous du monastère ; qu'en cas d'union, elles l'abandonneraient, sauf l'assentiment de l'abbé de Tamié, mais sous la réserve que les curés auxquels l'évêque confierait l'administration de ces habitants ne pourraient prétendre à aucunes novales et dîmes sur leurs propriétés, et sous la condition encore de rentrer en possession de ce privilège si l'abbaye de Bonlieu venait à être obligée de s'établir à Sainte-Catherine.

Le 13 juillet, le greffier communique le dossier à l'abbé de Tamié, « en l'auberge du s^r Antoine « Pradier, proche le Paquier-Mossière où il s'é- « tait aperçu qu'il était descendu. » L'abbé répond qu'il ne peut donner aucun consentement ni réponse définitive avant d'avoir montré toute la procédure au Chapitre général, qui se trouve convoqué pour le 2 septembre à Cîteaux.

Le 13 juillet, les religieuses de Sainte-Catherine sont encore dans l'incertitude, et la sœur Duboin écrit au ministre pour lui signaler, d'une part, l'inconvénient qu'il y a à ce que le monastère reste si longtemps sans abbesse, et d'autre part, les dépenses que Bonlieu a faites pour les recevoir et le préjudice que ce couvent éprouve par suite du renvoi d'un certain nombre de pensionnaires, nécessité par l'obligation de faire place aux religieuses qui doivent arriver (1).

(1) *Document* XXVII.

Le 29 octobre, l'évêque écrit à l'avocat-général et le prie de hâter les formalités nécessaires pour l'union. Le 20 février 1772, l'abbé de Tamié prie à son tour ce magistrat de donner ses conclusions « pour que cette affaire puisse se terminer au plus « tôt, puisque c'est la volonté du Roi que cette « union se fasse. »

L'avocat-général ne se hâte pas et l'abbé lui adresse la lettre suivante :

Monsieur,

L'abbaye de Sainte-Catherine m'a instamment prié de me donner l'honneur de vous écrire pour vous supplier, Monsieur, de vouloir bien donner vos conclusions pour sa réunion à Bonlieu. Le motif qui l'y engage est que la charpente de son église menace tellement ruine qu'on croit avec fondement qu'elle ne pourra pas subsister cet hiver. Vous sentez bien, Monsieur, qu'il serait fâcheux pour cette communauté d'entreprendre une réparation fort dispendieuse dont elle ne jouirait pas. C'est par conséquent exercer un acte de charité à son égard que de l'en dispenser, en accélérant son union.

Soyez au reste persuadé, Monsieur, que ma façon de penser sur la suppression de cette abbaye est bien différente de celle de M. de Genève, car je n'y entre pour rien. C'est à lui que la Cour de Turin a d'abord écrit à ce sujet, et *si on lui marquait d'agir de concert avec moi, ce n'était que par cérémonie.* Aussi toutes mes représentations ont-elles été fort inutiles. Il paraît cependant que ce serait à moi seul de faire descendre les religieuses de Sainte-Catherine pour les incorporer à celles de Bonlieu, dès que le Roi aura approuvées les procédures dont M. de Genève était seulement chargé. Je le soumets à vos lumières et j'ose espérer, si la chose peut aller ainsi, que vous voudrez bien avoir la bonté de m'en donner avis.

Fr. J. Rogès, abbé de Tamié.

Le 21 septembre 1772, l'avocat-général de Bavoz conclut enfin à l'union des deux communautés dans l'abbaye de Bonlieu, et, le 30 octobre, l'abbé de Tamié fait connaître le consentement donné par les abbés de Cîteaux et de Clairvaux dans le Chapitre général du 2 septembre précédent.

Le procureur-fiscal épiscopal Puthod donne de nouvelles conclusions le 10 octobre ; il insiste pour l'union, avec l'adjonction du titre d'abbaye de Sainte-Catherine à celui d'abbaye de Bonlieu, afin *de sauver une espèce d'existence à la première et de conserver la mémoire de sa fondation.*

L'union est urgente, dit-il : « De quoi s'agit-il en effet : 1° de les retirer du danger où elles sont continuellement exposées par la situation de leur maison, le Concile de Trente le prescrit dans le Chap. V, session 25 *de Regularibus ;* 2° de leur procurer le moyen de pratiquer le vœu qu'elles ont faites, d'observer la clôture selon la règle de saint Benoît et de se conformer en ce point à la discipline universelle de l'Eglise, ainsi qu'il est ordonné par les Saints Canons, notamment par le Chapitre *periculoso de Statu monach.,* in 6° ; 3° de les mettre dans le cas de pouvoir observer les autres points de leur règle, de faire leurs offices avec la décence et la célébrité (*solennité*) convenable ; 4° d'obvier à la perte et la ruine entière d'une abbaye de fondation royale ; leur communauté, quoiqu'elle soit réduite au nombre de huit, est si obérée que, de leur aveu, elles n'ont pu subsister depuis dix ans sans faire chaque année de nouveaux emprunts. »

Le lendemain même, l'évêque, qui ainsi avait eu raison de toutes les résistances, prononce l'ordonnance d'union :

Nous Jean-Pierre Biord...., unissons, annexons et incorporons à la royale abbaye de Bonlieu.... celle de Ste Catherine avec tous ses droits, etc., sans en rien réserver ni excepter. En conséquence nous ordonnons : 1° que les religieuses de Ste Catherine, leurs sœurs converses ou oblates et autres personnes agrégées, indiquées dans leur délibération du 5 avril de l'année dernière, seront décemment transférées dans le monastère de ladite abbaye de Bonlieu ; 2° qu'y étant elles jouiront de tous les priviléges, prérogatives et avantages dont jouissent les autres religieuses de ladite abbaye de Bonlieu, y auront leur rang et préséance, suivant leur ancienneté de profession ; 3° que dans le cas de maladie la communauté de Bonlieu leur fournira tous les médicaments et remèdes nécessaires et payera les visites des médecins, etc. ; 4° qu'en conformité de la réserve portée dans la susdite délibération la communauté payera, outre leur pension ordinaire et par provision à chacune des dames religieuses de chœur, par forme de vestiaire, la somme de trente livres, et à chacune des sœurs converses et oblates celle de dix livres, laquelle annualité cessera cependant au cas où il vienne à être réglé par les Supérieurs que tout sera en commun et que la maison devra fournir à chacune tout le nécessaire tant en santé qu'en maladie ;

5° que l'union étant faite et prononcée, les deux communautés de Bonlieu et de Ste Catherine n'en feront qu'une seule régie par une seule abbesse, qui sera appelée abbesse de Bonlieu et de Ste Catherine ; 6° que les fondations faites en faveur des religieuses de Ste Catherine s'exécuteront à l'avenir dans l'église de Bonlieu ; 7° que les religieuses de Ste Catherine feront dresser un inventaire exact de tous les titres, meubles et effets leur appartenant qui devront être remis à Bonlieu.

Et comme par la visite que nous avons faite dans le monastère de Bonlieu le 3 de ce mois, il nous a consté qu'il y avait des chambres prêtes pour loger décemment lesdites religieuses de Ste Catherine, leurs sœurs converses et oblates, nous entendons que leur translation s'effectuera aussitôt que les autres circonstances pourront le permettre.

Et quant à la clôture, nous ordonnons qu'elles feront faire (les religieuses de Bonlieu), dans l'année, des murailles de dix pieds de haut environ dans les parties de cette clôture qui ne sont qu'en haies, qu'elles feront ensuite élever les murs là où ils ne sont pas assez hauts, qu'elles feront boucher la fenêtre du s^r Paravex qui donne sur leur clos et par où il est facile d'y entrer....

Ordonnons que la maison dite le Moulin-Rouge sera de la paroisse soit annexe de Loverchy, que celles de Ste Catherine, des Puisots, des Michaud et autres qui pourraient être construites dans ces territoires seront de la paroisse de St Maurice d'Annecy.

Nous nous réservons de donner dans la suite les ordres qui nous paraîtront convenables par rapport à l'église de Ste Catherine et aux tombeaux qui se trouvent tant en dedans qu'en dehors, pour empêcher les profanations qui pourraient en être faites.

Annecy, 9 octobre 1772.

Les 12 et 13 octobre, cette ordonnance est notifiée aux religieuses de Sainte-Catherine et de Bonlieu réunies en chapitre.

Ni l'ordonnance, ni les conclusions de l'avocat-général n'indiquaient par les soins de qui la translation se ferait ; mais il paraît que l'on s'accorda à penser que la cérémonie devait être dirigée par l'abbé de Tamié, car ce fut lui qui y procéda.

Voici son procès-verbal :

Nous Frère Rogès, etc., Supérieur commissaire de la royale abbaye de Bonlieu, par patentes du 7 avril 1771, à nous adressées par le T. R. Jean-François Lebey, abbé de Clairvaux, registrées au Sénat et entérinées par décrets des 10 juin et 2 juillet suivants et icelles patentes sollicitées en notre faveur par S. E. Monsieur le chevalier de Mouroux, ministre et premier secrétaire d'Etat pour les affaires internes, et ce pour qu'eu égard à l'éloignement du dit R^d seigneur abbé de Clairvaux, nous puissions en son absence ordonner tout ce qu'il ferait lui-même concernant le bon ordre et administration de l'abbaye de Bonlieu.

Ensuite du décès de R^{de} Dame Françoise Gasparde Madelain, abbesse de l'abbaye de Ste Catherine, arrivé le 16 décembre 1770, il fut représenté à Sa Majesté que cette dernière abbaye était dans le cas d'être unie à celle de Bonlieu (*il rappelle ici la procédure qui a été suivie*)... le 4 octobre dernier, nous nous sommes transporté à l'abbaye de Bonlieu, où nous avons trouvé les chambres finies et prêtes à recevoir et loger décemment les R^{des} Dames de Ste Catherine, et avons en conséquence enjoint aux R^{des} Dames abbesse et religieuses de Bonlieu de se tenir prêtes à recevoir celles de Ste Catherine. Ensuite de quoi nous nous sommes transporté à Ste Catherine, où nous avons trouvé le tout dûment arrangé et les R^{des} Dames de cette abbaye dans un entier respect pour Sa Majesté et prêtes à recevoir nos dispositions pour l'entière soumission dans laquelle elles sont pour tout ce qui peut émaner de sa part.

Nous abbé.... avons enjoint aux R^{des} Dames prieure et religieuses de Ste Marie du Mont de Ste Catherine de Semnoz, de se transporter décemment le 7 du courant dans le couvent et monastère de Bonlieu pour y vivre sous l'obéissance de la Révérende Dame abbesse perpétuelle de cette abbaye, et avons constitué R^d Dom Joseph-Alexis Pel, religieux de l'Ordre de Cîteaux, pour leur directeur, ainsi que l'était ci-devant R^d Dom Jean-François Blanc, religieux du même Ordre, sans révocation néanmoins de ce dernier.

Nous nous réservons de prendre, d'accord avec S. G. l'évêque et prince de Genève, en la qualité qu'il agit dans la procédure, les mesures nécessaires concernant les tombeaux et église de Ste Catherine (1).

A Ste Catherine le 6 novembre 1772.

Le lendemain, l'abbé rédige un second procès-verbal en ces termes :

Nous Frère Rogès, nous étant transporté de notre logis, en l'abbaye de Bonlieu où les R^{des} Dames prieure et religieuses de Ste Catherine se sont rendues ce jour-d'hui de la manière à elles prescrites par notre injonction d'hier, nous avons fait assembler capitulairement les

(1) L'abbé n'abdique pas son droit de surveillance sur l'église du couvent abandonné.

R^des Dames abbesse et religieuses qui formaient les deux communautés de Bonlieu et de Ste Catherine, savoir, (ici le nom des religieuses qui ont concouru aux délibérations rapportées plus haut) et leur avons déclaré qu'elles ne feront plus dès ce jour qu'une seule et même communauté régie par une abbesse qui portera le nom d'Abbesse de Bonlieu et de Ste Catherine (il indique les conditions sous lesquelles les religieuses de Ste Catherine ont consenti à l'union).

Le procès-verbal est signé par l'abbé de Tamié, par toutes les religieuses, dans l'ordre de leur profession, les deux communautés étant déjà confondues l'une avec l'autre :

« Sœur Louise de Châteaublanc, *abbesse de Bonlieu et Sainte-Catherine*, sœur Marie-Françoise *Duboin, prieure*, sœur Angélique Decluse, sœur Jeanne de Châtillon, sœur Marie-Madeleine Hospitalier, sœur *Donyer*, sœur *Deloche*, sœur *Déléaval*, sœur *de Regard*, sœur Thérèse Dunoyer, sœur *Gentil*, sœur Marguerite de Saint-Réal, sœur Louise de la Fléchère de Beauregard, sœur Madeleine de Bonnière, sœur Marie-Anne de la Fléchère de Beauregard, sœur *d'Olieger*, sœur Déthiollaz, sœur Marie Famel (1). »

Acte du tout est dressé le 8 novembre 1772, à huit heures du matin, dans le parloir de Bonlieu, par le notaire Marc Périssod, en présence des témoins Gallay et Veizi.

(1) Nous avons indiqué en lettres italiques les noms des religieuses de Sainte-Catherine ; celui de Françoise de Gondé n'y est pas.

CHAPITRE XVII.

ÉTAT DES REVENUS ET DES DÉPENSES DES ABBAYES DE SAINTE-CATHERINE ET DE BONLIEU EN AVRIL 1771.

I. — Sainte-Catherine.

L'on porte le revenu des *Puisots* et de la *Haute-Montagne,* où l'on tient en été 70 vaches.. 350 L. s.
    La *Bouverie,* louée.................... 60 » »
    Le *Moulin-Rouge,* loué.............. 220 » »
    La maison, soit moulin situé en la ville d'Annecy....................... 80 » »
    Les champs d'Annecy-le-Vieux......... 48 » »
    La grangerie de Bublens, à Allonzier, louée. 405 » »
    La dîme de Groisi, dix pairs (1), louée... 50 » »
    Un pré à Vieugy..................... 36 » »
    Un pré à Seynod..................... 8 » »
    Un petit pré à Quintal................. 2 » 8

L'abbaye avec les prés-vergers qui l'environnent et les bois, outre tout le jardinage nécessaire et le bois pour le chauffage et pour la réparation des bâtiments, produit encore 5 chariots de foin...... 5 » »
La *Grangette* est aussi ascensée 15 coupes de froment et 2 de fèves......... 15 » »
    outre les voitures nécessaires pour le chauffage....................... 2 » »
Vovrai produit 15 chariots du foin bâtard. 15 » »
Deux coupes de froment et 2 d'orge...... 4 » »
La grangerie de Vraizi, 38 coupes de from[t]. 38 » »

(1) Un *pair* : une coupe de froment et une coupe d'avoine.

une coupe de fèves	1 »	»
une coupe d'orge	1 »	»
ensuite la pâturage nécessaire pour l'hivernage de 30 génisses pendant trois mois avec leur berger.		
La grangerie de Vinjod, 15 coupes de from^t.	15 »	»
et 6 coupes d'avoine	6 »	»
La ferme de Vallière, argent	100 L.	
froment, 1 coupe	1 »	»
avoine, 2 coupes, y compris la part de la dîme de Vimier	2 »	»
Les terres et moulins de Cran, froment, 36 coupes	36 »	»
Les vignes d'Annecy-le-Vieux et de Veyri, avec la part de la grande dîme en vin d'Annecy-le-Vieux, dépenses distraites, 60 charges ou sommées	60 »	»

L'abbaye perçoit annuellement 4 balles et 100 livres de sel en place de la leyde qu'elle retirait chaque année sur le sel d'Annecy, ce qui lui avait été concédé par ses augustes souverains d'heureuse mémoire, bienfaiteurs de l'abbaye (1).

L'abbaye perçoit encore 50 livres 8 sols 6 deniers 8 douzains pour les personats qui lui sont dus pour les bénéfices des cures de Marcellaz, la Muraz, Saint-Donat d'Alby, Thônes (2), Marigny en Faucigny, Vulbin, Dingy, Chevrier au Vuache et Jonzier. Un tiers est cédé au commissaire chargé de les renover et d'en faire les exactions. Pour une partie, l'on est en instance au Sénat.

(1) Ce droit fut supprimé en 1773.
(2) C'est le personnat donné par le bref de Clément VII.

Elle possède une rente feudale, soit fief, s'étendant rière les paroisses de Saint-Maurice d'Annecy, Seynod, Vieugy, Quintal, Balmont, Vieux-la-Chiesa, Gruffy, Chapéry, Montagny, Chavanod, Marcellaz, Morney, Choisy, Allonzier, Saint-Martin, les Ollières, Annecy-le-Vieux, Metz, Pringy, Veyry (Veyrier), Saint-Jorioz et Marlens ; une autre rente appelée de Valpergue, qui s'étend rière Faverge, Saint-Ferréol et Giez, et une autre fief provenant des nobles Suchet à Chapeyri, Montagni, Chavanod et Marcellaz, lesquels, suivant la rénovation faite du temps de la délégation générale de 1730, produisent 76 coupes de froment, 53 d'avoine, 30 livres argent, 38 poules, plusieurs corvées d'hommes et bêtes tirant à la charrue, 3 barils et 73 quarterons de vin, soit môde (1), mesures d'Annecy, de Menthon et de Faverges ; mais les rénovations ont été mal faites et le revenu devrait être plus élevé. (Déposition Veizi.) L'abbaye reçoit, en outre, 5 cochons, 12 paires de chapons, autant de poulets, dix livres de cire neuve, des œufs, douze livres de poissons. Elle doit environ 1,900 livres, dont 1,000 à l'abbé de Tamié, qui ne demande pas d'intérêts.

La dépense annuelle du couvent se compose des articles suivants :

En blés : Cent vingt-deux coupes de froment et quinze coupes de menues graines ; — toute l'avoine qu'elles retirent de leurs fonds, laquelle même parfois ne suffit pas ; — les fèves et les légumes produits par leurs fonds ; — tout le vin de leurs vignes ;

Pour la boucherie, environ...... 500 L. » »

(1) *Modaz*, vin nouveau, non encore soutiré.

Pour l'épicerie	60 L.	»	»
Pour les viandes de carême (poissons secs)	30 »	»	»
Autres fournitures de la cuisine..	59 »	»	»
Pour l'huile, le suif, la cire	80 »	»	»
Pour l'honoraire de M. l'aumônier.	120 »	»	»
Pour le salaire des domestiques et frais de leurs maladies	300 »	»	»
Pour le maréchal et le bâtier	80 »	»	»
Pour fumier nécessaire aux vignes.	56 »	»	»
Pour la paille nécessaire à l'hivernage des bestiaux	60 »	»	»
Pour le paiement des ouvriers et ouvrières	40 »	»	»
Pour les intérêts que doit la communauté	607 »	11 sols	
Pour l'entretien des bâtiments	300 »	»	»
Pour la pension de Mme Duplisson de Olieger	150 L.	»	»

2.493 L. 11 sols

outre plusieurs articles qu'on ne peut fixer en particulier.

La sœur Duboin, prieure et célérière, déclare que depuis dix ans ces revenus ont été insuffisants, qu'il a fallu dépenser les 1,500 livres de dot de Mme Duplisson et emprunter 2,400 livres outre les 1,900 livres indiquées déjà.

Il est dû encore aux fournisseurs quelques notes dont le montant peut se compenser avec les redevances non encore acquittées.

II. — Bonlieu.

L'abbesse déclare que la communauté ne donne aux religieuses que la nourriture et la nappe, et que chacune d'elles est obligée de se fournir tous les habillements, le linge de table, et autres choses nécessaires à son usage, et de payer les frais de maladie et de médicaments, sauf les honoraires des médecins ; que le couvent, outre les denrées qu'il retire de ses biens, dépense par an au moins 2,809 livres en argent. Ses revenus sont les suivants :

1° Le domaine du vieux Bonlieu, sous Sallenôve, où était la première résidence, est affermé pour le revenu annuel de 25 coupes de froment, 8 coupes de blé mêlé, soit blé de moulin, 2 quarts d'orge battu, 2 quarts de millet pilé et 150 livres en argent

2° La ferme de Bluzy, à Minzier, avec la dîme qui en dépend, est affermée 150 livres.

3° La ferme de Chamarande, à Mésigni, est affermée pour 150 coupes de froment, 16 coupes de seigle, 2 coupes de fèves, une coupe de lentilles, 2 quarts de pois verts et 220 livres en argent.

4° La ferme de Longeray, à Cernex, produit 15 coupes de froment.

5° La ferme de Méry, à Cercier, produit 14 coupes de froment.

6° La ferme des Reys, à Cercier, produit 14 coupes de froment, 12 coupes d'avoine et 24 livres en argent.

7° La part de la dîme que l'abbaye possède à la Balme et à la Bâthie, conjointement avec le Chapitre de

Saint-Pierre de Genève, s'élève à 6 coupes de froment, *mesure d'Annecy* (1).

La dîme de Chilly, affermée 200 livres.

La dîme de Frangy, affermée 4 coupes de froment et 4 coupes de seigle, *mesure de Chaumont*, dont il faut 5 quarts pour faire *celle d'Annecy*.

La dîme de Contamine (sous Marlioz), affermée 72 liv.

La dîme de Marlioz, affermée 80 livres.

Celle du Pont, affermée 60 livres ; celle de Sergens, affermée 66 livres ; celle de Seyssel, affermée 21 liv.

La dîme des Vignettes et des Rippes, affermée pour 4 coupes et demie de froment, *mesure de Chaumont* (qui reviennent à trois coupes un quart, le tiers-quart et 70 douzains d'autre quart, *mesure d'Annecy*).

8° Le clos de l'abbaye qu'elle fait cultiver à ses frais et qui peut rendre environ 10 coupes de froment, 3 coupes de seigle et 3 coupes de légumes, sur quoi il faut prélever la moitié pour le droit colonique.

9° La rente feudale, et les dîmes de Vers, de la Chévrerie, Bléry et d'Aiguenoire, affermées 520 liv.

10° Environ 16 sommées de vin, par année moyenne.

11° 224 livres pour intérêts de la vente de la maison qu'elle avait au faubourg de Bœuf, à Annecy.

12° Quatre balles de sel pour le *franc salé*.

RÉCAPITULATION DES REVENUS.

		livres.	s.	d.
Argent.		1.823	»	»
Froment. Coupes. . . . . . 138.2.4.9 à 9 l. la coupe.		821	3	9
Seigle. — . . . . . . 20.2.9.7 à 6 l. »		124	2	6

(1) Comme toutes les coupes déjà indiquées.

			livres.	s.	d.
Avoine. —	12.	à 2 l. 8 s.	28	16	»
Légumes. —	5.	à 9 l.	45	»	»
Blé de moulin	8.	à 5 l.	40	»	»
Gruau d'orge et millet.	1.	à 8 l.	8	»	»
Vin, sommées.......	16.	à 10 l.	160	»	»
Sel, balles	4.	à 35 l. (1).	140	»	»
			3.190 l.	2	3

DETTES DE L'ABBAYE.

Elle doit 4,700 livres au 4 %; 1,900 livres au 5 %; 2,250 livres sans intérêts.

Elle est chargée de la somme de 447 livres pour vestiaire, pensions et gages.

La communauté se compose de douze religieuses, un aumônier, quatre sœurs converses ou oblates, trois servantes et un domestique.

CHAPITRE XVIII.

VIE EN COMMUN DE SAINTE-CATHERINE ET DE BONLIEU. — INCENDIE DE BONLIEU. — LA RÉVOLUTION FRANÇAISE. — RENVOI DES RELIGIEUSES DANS LEURS FAMILLES. — DÉMOLITION DE SAINTE-CATHERINE. — VENTE DE BONLIEU.

A partir de ce moment la vie et le sort des deux couvents devinrent communs. Bientôt les religieuses adressèrent au Roi une requête pour lui demander de consacrer leur union par des Lettres

(1) Le prix de toutes les denrées a augmenté *nominativement;* seul, celui du sel a diminué d'une façon très considérable.

Patentes formelles, et de renouveler la sauvegarde que Victor-Emmanuel II leur avait accordée, afin qu'elle fût pour elles une protection contre les dégâts que l'on commettait à Sainte-Catherine, dans leurs terres et surtout dans les bois.

La requête est communiquée au procureur-général de Bavoz pour avoir son avis. Le 31 juillet 1773, après avoir examiné la façon dont l'enquête avait été faite, les raisons qui militaient en faveur de l'union et dirigé quelques légères critiques contre *Monsieur* l'évêque, il conclut à ce que les patentes d'union soient délivrées. Quant à la protection des biens contre les dégâts qui se commettent à Sainte-Catherine, il répond que les lois ordinaires sont suffisantes pour défendre les propriétés de l'abbaye contre les délits particuliers.

Le 22 février 1775, le Roi Victor-Amédée III approuve enfin *l'union et l'incorporation faites par décret de l'évêque de Genève du 9 octobre 1772, des personnes, biens et revenus de l'abbaye de Sainte-Catherine à celle de Bonlieu* (1).

Le 4 mai suivant, les religieuses de Sainte-Catherine et de Bonlieu recourent au Roi afin d'obtenir la continuation de leur privilège du *franc salé*, c'est-à-dire de la fourniture gratuite du sel nécessaire chaque année aux deux maisons réunies. Après avoir rappelé que Sainte-Catherine, qui percevait d'abord la leyde du sel à Annecy et

(1) *Document* XVIII.

deux sols censuels chaque mardi (1), recevait annuellement six émines de sel, égalant quatre balles et cent livres, en vertu de patentes de Charles-Emmanuel II, du 3 mai 1626, entérinées à la Chambre des comptes de Chambéry le 22 janvier 1627 et confirmées par Victor-Amédée II le 20 juin 1632, elles disent que depuis l'union elles n'ont plus reçu qu'un semestre de deux balles et cinquante livres de sel, en décembre 1772, en sus de celui accordé à Bonlieu. Elles concluent à ce que tout le sel accordé à chacun des deux monastères avant l'union, continue à être fourni intégralement aux couvents réunis. Cette supplique est communiquée le 16 mai au Bureau général des finances à Turin, et dans un avis du 24 du même mois, le rapporteur conclut au rejet de la demande. Il explique « que les deux monastères réunis étant composés de 25 religieuses de chœur, 6 oblates et 6 servantes, jouissent de 18 livres et demie de sel par personne, tandis qu'en Piémont l'aumône du sel aux maisons religieuses n'était que d'un tiers de *rup* par tête ; que si l'on accordait encore les 31 rups 11 (2) qu'on passait à Sainte-Catherine, chacune des religieuses actuelles aurait 40 livres de sel annuellement ; que cette quantité excédant de beaucoup la consommation normale, il *s'en suivrait un commerce de sel, ce qui n'est pas permis.* »

(1) En vertu de la charte du 3 des Ides de juin 1227. (*Document* II.)

(2) Mesure piémontaise.

Ensuite de cet avis, signé Botton de Castellamonte, et le même jour, la demande fut rejetée (1).

L'acte de réunion des deux couvents n'avait pas déplu cependant aux seules religieuses de Sainte-Catherine et à l'abbé de Tamié. Beaucoup de personnes à Annecy le désapprouvaient ; l'avocat-fiscal (2) Richard, entre autres. Le 23 août 1771, ce magistrat rendait compte à ses supérieurs de l'existence d'une chanson satyrique qui se chantait la nuit dans les rues d'Annecy, et qui était dirigée contre l'évêque et trois chanoines. On les attaquait à propos de la suppression qu'ils demandaient des Cordeliers d'Annecy, des Bénédictins de Talloires et de l'union de Sainte-Catherine à Bonlieu.

« J'ai tout lieu de penser, dit l'avocat-fiscal, que
« l'auteur de cette satyre dont le style est malin
« et délicat n'est pas de cette ville, je n'y connais
« aucun bon rimeur : M. *de Voltaire* qui n'est
« pas éloigné d'ici pourrait bien y avoir quelque
« part. »

M. Eloi Serand, qui a retrouvé ce rapport, rappelle que Voltaire venait souvent alors de sa résidence de Ferney au château de Proméry, près d'Annecy, pour rendre visite à une dame de ses amies intimes (3).

---

(1) **Archives du Royaume, à Turin.**
(2) *Procureur du Roi.*
(3) *Revue savoisienne,* 1875, p. 23.

La réalisation du projet d'union ne fit pas changer d'avis à l'avocat-fiscal; car un incendie ayant éclaté à Bonlieu dans la nuit du 14 au 15 octobre 1780, et ayant détruit l'église, il profita de l'occasion pour proposer de faire conduire à Sainte-Catherine non seulement les religieuses qui en étaient sorties, mais encore toutes celles de Bonlieu.

Il adresse à ce sujet au procureur-général près le Sénat de Savoie le rapport qui suit :

« Pendant la nuit du 14 au 15 du courant, un incendie a consumé icy l'église, la grande cave et autres bâtiments des religieuses de Sainte-Catherine et Bonlieu, le tout situé au Pâquier, proche l'auberge de la Ville de Genève. Cette perte ne laisse pas que d'être considérable quoique ces Dames fussent dans le dessein de rétablir leur église; elles perdent toujours les matériaux et les thuiles.

« Le public verroit avec plaisir qu'elles ne fussent pas en estat de rebâtir, qu'on les obligeât à remonter à Sainte-Catherine où il y a une église solide fondée en 1179, par Béatrix fille de Wulielme Ier comte de Genève (1), avec une maison bâtie à neuf depuis peu. Cependant les Dames de Sainte-Catherine ont été obligées d'abandonner tous ces avantages et autres et ont été unies il y a quelques années aux Dames de Bonlieu aussi du

(1) L'avocat-fiscal suit ici les indications de Besson.

même ordre de Cîteaux. Les dames de Bonlieu furent fondées en 1160 par les anciens comtes de Novery ou ceux de Sallenôve. Leur premier établissement fut à Chamarande proche le torrent des Husses paroisse de Chilly. Ce torrent ayant causé des dommages irréparables à leurs maisons et possessions, elles furent transportées à Sallenôve près du susdit torrent lieu dit à Bonlieu. Le même torrent, les incendies, l'irruption des Bernois en 1536, et en 1589 ayant ravagé et détruit une partie des fonds, l'on fut obligé soit pour loger ces religieuses, soit pour rétablir la régularité parmi elles de les transférer à Annecy en 1648 au fauxbourg de Bœuf, et en 1775 aiant acquis le couvent des Bernardines réformées situé au Pâquier, elles s'y rendirent, et auxquelles on a uni la maison des Dames de Sainte-Catherine.

« Il paraissoit que puisque la maison de Sainte-Catherine était de fondation des Princes, qu'elle auroit dû subsister et qu'on devait faire monter les Dames de Bonlieu à Sainte-Catherine dans l'église de laquelle il y a plusieurs comtes de Genève enterrés et plusieurs évêques de la même famille.

« Je fus chargé par M. de Bavoz avocat-fiscal général, lors de cette union de lui donner un mémoire *supra commodum et incommodum* de ce changement ; j'y satisfis en démontrant l'avantage que cette union produiroit en faisant monter les Dames de Bonlieu à Sainte-Catherine surtout par la vente que l'on feroit des fonds du Pâquier ; mais l'on ne voulut prendre en considération aucunes des raisons que l'on avoit proposé : on vouloit la clôture des religieuses. Ce motif prévalut parce qu'on eut soin de représenter qu'on ne pouvoit les cloîtrer à Sainte-Catherine, ce qui n'est pas. Et quoique ces Dames de Sainte-Catherine ne fussent pas absolument cloîtrées, étant logées au milieu de deux montagnes à une heure d'Annecy, l'on ne *s'est jamais aperçu, ni par tradition, ni autrement, qu'il y soit arrivé aucun désordre.* Les Dames étoient dans une solitude éloignée de toute compagnie, l'on y alloit rarement ; ce n'étoient que les parens des Dames que l'on y voïoit. Leur retraite aujourd'hui au Pâquier est plus exposée étant située en vue de la promenade publique ; le parloir plus fréquenté sans parler d'une infinité d'autres inconvéniens qui ne peuvent que troubler et déranger cette vie comtemplative qu'elles observoient si régulièrement étant récluses à Sainte-Catherine. Il seroit à souhaiter qu'on pût les y faire remonter (1). »

L'on ne donna pas suite à la proposition de l'avocat-fiscal. L'église de Bonlieu fut rebâtie et Mgr Biord en fit la bénédiction le 3 octobre 1783.

A la Révolution (2) le monastère de Bonlieu

(1) Archives de la Société florimontane.
(2) L'armée française occupa la Savoie à la fin de septembre 1792.

comptait quinze religieuses et sept *oblates* ou *sœurs données*, un aumônier, M. François Michaud, de Saint-Innocent, âgé de 39 ans, et un directeur temporel, M. Jean-Nicolas Junod, d'Avise, duché d'Aoste, âgé de 48 ans.

Sept religieuses de chœur et une oblate avaient quitté la communauté, lorsque le 6 juin 1793, l'abbesse et M. Junod fournirent à la municipalité d'Annecy l'état suivant :

ÉTAT des ci-devants Religieux et Religieuses de la commune d'Annecy, que la Municipalité transmet au Directoire de District, en exécution de l'arrêté du Directoire du Département, du 18 may 1793 (1).

Religieuses de Bonlieu.

Louise de Planchamp, abbesse, 59 ans de profession, née à Bonneville, âgée de 78 ans.

Françoise Duboin, prieure, 63 ans de profession, née à Vezonne, âgée de 84 ans.

Thérèse de Loche, 43 ans de profession, née à **Grésy**, âgée de 62 ans; absente.

Thérèse Favier, 40 ans de profession, née à Saint-Pierre-d'Albigny, âgée de 56 ans.

Marie Gentil, 37 de profession, née à Annecy, âgée de 57 ans; absente.

Marguerite Vichard, 36 ans de profession, née à Saint-Jean-de-la-Porte, âgée de 52 ans.

---

(1) Archives municipales d'Annecy. Les noms en italiques, sont ceux des religieuses venues de Sainte-Catherine.

Madelaine Bonière, 34 ans de profession, née à Pringy, âgée de 52 ans; absente.

Marie Laflechère, 33 ans de profession, née à Saint-Jeoire, âgée de 55 ans; absente.

Claudine Regard, 41 ans de profession, née à Annecy, âgée de 59 ans; absente.

Julie Duplisson, 29 ans de profession, née à Cevin, âgée de 54 ans.

Bernardine De Tiollas, 22 ans de profession, née en Bresse, âgée de 42 ans; absente.

Marie Famel, 22 ans de profession, née à Annecy, âgée de 48 ans.

Victorine de Vars, 21 ans de profession, née à Chambéry, âgée de 42 ans.

Marie de Moiron, 20 ans de profession, né à Villaz, âgée de 50 ans.

Thérèse Buttet, 15 ans de profession, née à Tresserve, âgée de 39 ans; absente.

Aumôniers de Bonlieu.

Michaud François, 22 de profession, né à Saint-Innocent, âgé de 39 ans; absent.

Junod Jean-Nicolas, directeur temporel, 20 ans de profession, né à Avise (duché d'Aoste), âgé de 48 ans.

Sœurs données de Bonlieu.

Marguerite Bella, 38 ans de profession, née à Hétone, âgée de 78 ans.

Michelle Falconet, 25 ans de profession, née à Annecy, âgée de 58 ans.

Etiennette Gay, 20 ans de profession, née à Villy-Bouveret, âgée de 45 ans.

Marie Lionnay, 18 ans de profession, née à la Roche, âgée de 50 ans ; absente.

Marie Piotta, 9 ans de profession, née à Abondance, âgée de 28 ans.

Jeanne Durand, 10 ans de profession, née à Annecy, âgée de 28 ans.

Louise Balmont, 8 ans de profession, née à Faverges, âgée de 25 ans.

Annecy, ce 6 juin 1793.

A la réquisition des officiers municipaux.

Signé : le citoyen Junod. Planchamp, abbesse.

Les religieuses *absentes* étaient sans doute rentrées dans leurs familles (1) ; les lettres suivantes l'établissent en ce qui concerne la sœur de Loche :

A Monsieur le compte de Loche, à Loche.

(Grésy-sur-Aix).

Monsieur,

Dans le triste evènement que nous éprouvons de sortir de notre maison madame labbesse etant incomodée ma chargé de vous en donner avis par apport à madame votre sœur comme nous navons autre ressource que de nous retirer chez nos parents, nous ne doutons point de la bontez de votre [cœur], que vous ne donniez aussy un azile dans votre maison a cette chère sœur, il est bon de vous dire quelle nest point incomode elle reste tout le jour dans sa chambre dont elle ne sort quelque fois pour se promener au jardin et ne parle presque point aussy personne ne peut se plaindre delle nous ne scavons pas positivement le jour que l'on nous ferat sortir il y a apa-

(1) Quelques-unes, peut-être, avaient déjà émigré.

rance que ce sera dans peu ils ont desja pri notre eglise qui est plaine de foin vous jugerez par la comme ils vont rapidement dans leurs excutions.

J'ay l'honneur d'estre avec un parfait Respect, Monsieur votre tres humble et très obeissante servante.

S^r Du Boin, prieure.

Ce 30 mars 1793.

Monsieur,

Ayant eut l'honneur de vous ecrire il y a quelque tems que nous étions condamné à sortir de notre maison par la municipalité nous avons eut l'ordre aujourd'hui défectuer ce maleureux projet demain et de nous retirer chez nos parens faute d'azile. Madame labbesse qui est toujours tres incomodé [me charge] de supléer a son défaut pour vous informer quelle est obligée malgré elle de vous envoyer madame votre sœur, elle paye les frais du voyage vous n'aurez qu'à recevoir le voiturier elle la fait accompagner d'une de nos domestiques, vous trouverez cy joint le mémoire des effets quelle emporte; si vous souhaitez la garniture de la chambre vous pourrez les envoyer prendre qui consiste a son lict un garderobe et chaise, nous sommes toutes dans une affliction sensible de nous séparer. Mme labbesse vous fait bien ses honneurs et moy j'ay celui d'estre etc.

Sœur Du Boin, prieure.

De Bonlieu, ce 19 avril 1793.

Madame labbesse remet a la fille qui accompagne Madame votre sœur deux louis neufs pour luy faire une robbe.

C'était dans des familles persécutées et que la révolution avait privées d'une grande partie de

leurs ressources, que les pauvres religieuses étaient renvoyées. Sans la pension de 700 francs en assignats que le gouvernement leur donna, elles n'auraient pas pu subsister. Pour en obtenir le paiement elles devaient, *après avoir promis de persévérer dans leur obéissance aux loix et en leur attachement aux principes et aux intérêts de la république françoise une indivisible et démocratique*, fournir un certificat de vie et un certificat de présence dans la commune de leur domicile. La sœur de Loche obtint celui-ci de la municipalité de Grésy :

Égalité, Liberté, Fraternité ou la mort.

Du septieme fructidor seconde année républicaine nous Maire et officiers municipaux de la Commune, l'agent national oui, certifions sur l'assertion des citoyens Jean et François Bogey de cette commune et du citoyen Etienne Longeray instituteur né à Commune affranchie (1) que la Victoire Mouxy de loche, ci-devant religieuse au monastère de Bonlieu, réside en cette commune chez defunt Charles de loche, son frère. (Signalement, etc.).

Signé : Victoire Mouxi de Loche, Jean Bogey, Etienne Longeray, Allioud maire, Claude Pugeat, agean nasional, C. Pollingue, oficie municipal, Lacroix.

Une dernière lettre de la sœur Duboin, du 17 septembre 1793, nous apprend que la municipalité lui a fait ainsi qu'à l'abbesse, « comme une grâce

(1) La ville de Lyon.

« de nous laisser dans notre maison (de Bonlieu)
« à raison de notre âge et de nos infirmités; nous
« en payons cependant le loyer à la nation qui
« s'est emparée de nos biens. Toutes nos Dames
« sont chez leurs parents où elles vivent de leurs
« traitements. Pour la Tennette (1) elle va chez
« ses parents qui la viennent prendre pour rester
« avec eux. »

Dans une lettre du 13 novembre suivant, le Dr Despine, d'Annecy, écrit au *citoyen* Charles de Loche qu'il est urgent d'envoyer prendre à Bonlieu les effets laissés par sa sœur, car le couvent va être converti en caserne (2). Il est vraisemblable qu'à ce moment les deux vieilles supérieures, l'abbesse de Planchamp et la prieure Duboin, durent à leur tour quitter le monastère.

Le couvent de Sainte-Catherine fut démoli et les matériaux en furent vendus à la ville d'Annecy pour la somme de 250 francs. L'abbaye de Bonlieu fut aliénée comme bien national; elle a été convertie plus tard en une fabrique de tissus de coton. On avait, avant la vente, dressé un inventaire des titres de ses archives (3). Voici ceux qui

---

(1) Etiennette Gay, sœur donnée de Sainte-Catherine, venue à Bonlieu avec la sœur de Loche, en 1772.

(2) Archives de Loche. Les documents que nous venons de citer nous ont été gracieusement communiqués par M. le comte de Loche, membre de la Société d'histoire et d'archéologie et de l'Académie de Savoie.

(3) Archives de la Société florimontane.

paraissent se rapporter à Sainte-Catherine : N° 52, Titres et papiers relatifs aux droits de l'abbaye de Sainte-Catherine à Gruffy. N° 66, Titres honorifiques. N° 67, Sauvegardes. N° 69, Forêt de Semnoz. N° 73, Réceptions et élections. N°s 76 et 77, Papiers et parchemins abandonnés. N° 83, Mappe de Sainte-Catherine.

Ces titres, malheureusement, ont disparu, et il est douteux qu'on les retrouve jamais. Ceux que nous avons analysés ou rapportés dans ces annales sont suffisants, du reste, pour donner une connaissance à peu près complète de la vie du monastère de Sainte-Catherine et de tous les couvents du même genre. La ferveur religieuse n'y a jamais été grande, mais au moins l'on n'a pas à lui reprocher de gros scandales, tels que ceux qui se sont produits plusieurs fois au Beton ; l'on y a vécu comme on vivait alors et selon le temps.

Durant les deux derniers siècles de son existence, le couvent a reçu de jeunes pensionnaires. Elles ont pu y être élevées convenablement au point de vue de la conduite à tenir dans le monde ; mais leur instruction n'a été certainement que rudimentaire, car les lettres d'abbesses et de prieures, que nous avons publiées, prouvent que la science de leurs maîtresses n'était pas grande. Toutefois, si les institutions de cette espèce ont très peu contribué à la prospérité générale, on ne peut contester qu'elles n'aient été fort utiles au plus grand nombre des personnes qui y ont vécu, en leur assurant un asile et une protection que, souvent, elles n'auraient pas trouvés dans leurs familles.

ADDITIONS.

Chapitre III. Pages 23 et 24.

Parmi les chartes qui mentionnent Béatrix de Genève, il en est une très peu connue, qui a été découverte par Léon Ménabréa et qu'il a publiée aux preuves de son travail sur la Chartreuse de Vallon (1). On y lit ces lignes : Anno *dominice incarnationis* MCCXIX (1219) ultimo die martis, dedit et concessit domina B. comitissa Sabaudie domui de Valon... pro redentione anime sue voluntate et consensu *filii sui* Thome comitis Sabaudie et marchionis ytalie et filiorum ipsius, Amedei et Humberti.... Actum apud Conflent in domo hospitalis de Jerusalem. Ego Dionisius notarius Thome comitis Sabaudie hanc cartam scripsi.

Si l'initiale B est exacte, il en résulte que Béatrix ne serait morte qu'en 1219 et que très probablement elle aurait été remplacée par Marguerite, en 1219 ou 1220.

On remarquera qu'au lieu des mots *filii sui*, il faut *viri*, ou *domini sui*, et qu'à la place *d'ipsius* il y avait probablement *ipsorum* en abrégé.

Chapitre VII. Page 59.

La vente d'une terre à Taillefer est du 1er octo-

(1) *Notice sur la Chartreuse de Vallon en Chablais*, p. 41, et Académie de Savoie ; 2e série, t. II, p. 28.

bre 1439. Elle est suivie de la *laude*, soit ratification par l'abbesse, qui déclare avoir reçu pour laod et vende le droit de quatre florins d'or petit poids. Cette indication, qui se rencontre rarement, est précieuse ; il en résulte que le prix de l'immeuble étant de 28 florins d'or p. p., le droit perçu par l'abbesse était du sept pour cent (1). Aujourd'hui le droit de mutation par vente est de 6 88 0/0. Ces actes de vente et de ratification sont dressés par Pierre de Fontaine-Vive (de Fonte Vivo), d'Annecy, clerc, notaire de par l'autorité du Duc de Savoie.

Chapitre viii. Page 65.

En 1543, Bernarde de Menthon fit faire une construction assez importante ; peut-être une sacristie, peut-être une porte d'entrée aux appartements de l'abbesse. Nous induisons ce fait de l'existence au Musée lapidaire d'Annecy (2) d'un linteau de porte, à accolade, en belle pierre jaunâtre, où on lit cette inscription en lettres gothiques :

bernarde d' mnthon
1543

surmontée de ses armes avec la crosse abbatiale.

(1) Dans l'acte de vente : *et nomine pretii vigenti octo flor. auri p. p.* — Dans l'acte d'approbation : *confitens nos habuisse et recepisse a dict. empt. pro dict. laud. et vendis, videl. quatuor flor. auri p. p.* (D'après l'original.)

(2) Portique du rez-de-chaussée de l'hôtel de ville d'Annecy, côté droit, n° 59.

Il y a sur un pilier de la nef droite de l'église de Notre-Dame à Annecy, un écusson qui, d'après M. Serand, proviendrait des démolitions de Sainte-Catherine et porterait les armes de la famille Faisson.

Page 71, ligne 12. Au lieu de 1573, lire 1560. Claudine de Chevron avait ainsi 40 à 42 ans lorsqu'elle fut élue abbesse en 1586. Si donc elle se trouve déjà remplacée en 1587 par Jérômine de Maillard, il faut l'attribuer non à ce qu'elle n'aurait pas eu l'âge canonique lors de son élection, mais à ce qu'elle mourut prématurément.

Chapitre x.

A propos des sœurs de Ballon et de Ponçonnas et de la mission qu'elles s'attribuèrent, il faut se souvenir que sainte Thérèse, la réformatrice des Carmélites, morte en 1582, fut canonisée en 1621.

Chapitres xii, xiii et xiv.

L'aumônier Fr. G. Meillardet ou Maillardet, avait aussi rempli cette charge à l'abbaye du Beton, de novembre 1687 à avril 1688 et de septembre 1692 à février 1694.

Il en fut de même pour Fr. M. La Roche; il ne vint à Sainte-Catherine qu'après avoir été confesseur au Beton en 1724 et 1725. (*Registre des vestures* du Beton.)

ABBESSES DE SAINTE-CATHERINE.

(*Prieures*)	1179 à 1250
1 Agathe de Genevois	1251 à 1279
2 Béatrix de Compeys	1279 à 1307
3 Marguerite de Miolans	1307 à 1340
4 Guigonne Alamand	1340 à 1360
5 Péronne de Crescherel	1360 à 1410
6 Jacquemete de Menthon	1410 à 1425
7 Aynarde de Saint-Jeoire	1425 à 1474
8 Catherine Blanc (*Alba*)	1474 à 1492
9 Anne de Saint-Jeoire	1492 à 1510
10 Bernarde de Menthon	1511 à 1561
11 Françoise de Beaufort	1560-61 à 1570
12 Pernette de Bellegarde	1576 à 1586
13 Claudine de Chevron-Vilette	1586 à 1587
14 Jeanne de Maillard-Tournon	1587 à 1600
15 Claudine de Menthon-la-Balme	1600 à 1610?
16 Pernette de Cerizier, coadjutrice depuis 1605	1610 à 1633?
17 Françoise de Regard-Chanay, coadjutrice depuis 1632	1633 à 1640
18 Charlotte-Françoise de Vallon	1640 à 1672
19 Christine Carron de Saint-Thomas, coadjutrice depuis 1671	1672 à 1714
Françoise-Balthazarde de Bellegarde-d'Entremont. (Son élection ne fut pas agréée par le Roi.)	
20 Marie-Victoire de Menthon	1716 à 1733
21 Françoise-Gasparde de Madelain-la-Tour	1733 à 1770
Marie-Françoise Duboin, prieure	1770 à 1793

APPENDICE

L'ABBAYE DE BONLIEU

XIe, XIIe ET XIIIe SIÈCLES.

L'histoire de Bonlieu est fréquemment liée à celle du monastère de Sainte-Catherine ; c'est pourquoi nous croyons utile de donner, comme complément à notre travail, une notice chronologique sur cette abbaye d'où Sainte-Catherine est sortie et dans laquelle elle est revenue s'éteindre.

L'un des principaux documents que nous avons utilisés dans cette seconde étude est l'Obituaire de Bonlieu. Cette pièce, conservée aux archives de la Société florimontane à Annecy, contient de nombreux renseignements ; malheureusement, ce n'est qu'une copie de l'Obituaire primitif, faite vers 1712. Les inscriptions qui y ont été mises de 1700 ou 1720 environ, sont de la même main que les précédentes ; mais, pas plus que celles-ci, elles ne sont *écrites*. Elles ont été *imprimées* à l'aide de ces caractères plats (*vignettes*) dont on se sert encore pour placer les inscriptions sur le bois, le plâtre, etc. ; le copiste a, évidemment, défiguré plusieurs noms (1). A partir de 1730, l'on emploie l'écriture courante ordinaire.

Dans les premiers temps, les religieuses ne sont indiquées que par leur prénom :

Obiit Ancilla, monialis; obiit Guilleta, Ema monacha, Juliana, novicia; Beatrissia sanctimonialis, etc.; obiit Joannes, conversus; Lœtitia, conversa; Joannes rendutus; frater Julianus, etc., etc. Plus tard, on écrit les noms patronymiques des décédés; enfin, vers la fin du XVIe siècle, on commence à mettre la date de la mort. Nous donnerons dans le corps et à la fin de cet appendice la plupart de css dates.

Besson rapporte (page 143) que l'abbaye de Bonlieu a été fondée vers 1160. Nous avons vu (p. 205) qu'en 1780 l'avocat-fiscal d'Annecy adoptait cette date. D'après des renseignements qui ne nous sont pas parvenus, ce magistrat écrivait qu'elle avait été bâtie dans la commune de Chilly, au lieu appelé *Chamarande*, et il en attribuait la fondation aux comtes de Noveiry ou de Sallenôve (2). L'é-

(1) Un examen attentif le démontre. L'on en trouve d'ailleurs une preuve évidente à la page 34, où l'on voit un V à la place de l'A du mot Anniversarium ; l'annaliste avait placé ce V pour un A.

(2) Chilly, commune de l'arrondissement de Saint-Julien, canton de Frangy : Sallenôve, commune du canton nord d'Annecy. La seigneurie de Noveiry était sur Chilly. Ce n'est que bien plus tard que les seigneurs de Noveiry et de Sallenôve furent barons et comtes.

glise et une portion des terres auraient été emportées par le torrent des *Usses*, et l'on aurait reconstruit le couvent à Sallenôve, dans une fertile prairie appelée *Bonlieu*. « Il était, a dit Jacques « Replat (*Bois et Vallons*), caché comme un « nid de cailles dans les sainfoins en fleurs. » Ce premier transfèrement du couvent doit se placer dans les premiers temps de l'existence du monastère.

Suivant une indication de l'Obituaire, la maison de Bonlieu aurait été construite par une religieuse nommée Algarde (1).

Un érudit du siècle passé, dont nous avons déjà parlé, le chanoine David, d'Annecy, a écrit dans ses notes manuscrites (2). « L'abbaye de Bonlieu a été dans son origine de Bénédictines, fondée dans le xie siècle par une reine de Bourgogne (Hermengarde, après qu'elle eut fondé Talloires), au bas de la paroisse de Salenôve, sur le bord des Usses, à une lieue de Frangy. On ne peut préciser l'année de sa fondation, mais on voit l'ancienneté

---

(1) 14 aoust : Obiit Algarda monialis q̄ fundavit domum boni loci. Une *Eldegardis comitissa*, en 911 d'après Ménabréa (*Des Origines féodales*, p. 272), en 1007 suivant Guichenon (*Bibliot. sebus.* C. I, n° 32) aurait fondé un petit monastère à Satigny, au pays équestre. Ce fait a peut-être donné naissance à la mention de l'Obituaire. D'un autre côté, cette mention a pu faire supposer au chanoine David qu'il s'agissait de la reine Hermengarde.

(2) Archives de la Société florimontane.

de cette maison par des monuments qui existent encore dans l'église du vieux Bonlieu. Il y a un mausolée où sont plusieurs inscriptions dont on connaît encore les années de quelques-unes, 1004, 1047, ce qui prouve qu'elle est plus ancienne que l'Ordre de Cîteaux auquel elle s'agrégea du temps de saint Bernard, ayant suivi l'exemple de plusieurs autres maisons. »

Nous ne savons pas à quoi se rapporte la date de 1004, dont parle le chanoine David. Quant à celle de 1047, elle se lisait sur le tombeau d'Hugues de Viry ; mais il faut remarquer que ce tombeau se trouvait dans l'église de Bonlieu sur Sallenôve, et qu'il a dû y être élevé assez longtemps après la mort de Hugues de Viry et de sa femme.

Les deux époux étaient couchés sur le sarcophage ; les écussons de leurs familles garnissaient la face extérieure ; au chevet on lisait cette inscription :

HIC IACET HVGO DOMINVS
A VIRIACO DIE XVIII MENSIS
MARTIS ANNO DNI MXLVII
ET DNA ANTHONIA DE GEBENNA
EIVS VXOR QVORVM AIE REQVIESCANT
IN PACE.

Suivant M. Eloi Serand, qui a examiné l'inscription il y a 30 ans, il faudrait lire : DOMINVS AVLENOVE et ANTHONIA DE BALMA.

Bien que M. Serand n'ait pas pu prendre un

estampage, sa leçon est la plus vraisemblable ; en effet, les historiens des comtes de Genève n'indiquent aucune fille de ceux-ci qui porte le nom d'*Antoine* ou d'*Antonie*, et l'on ne trouve à l'Obituaire qu'un seul membre de la famille de Viry, tandis que les Sallenôve y abondent. Il y en a près de quarante. Le jour des Morts, l'on disait à Bonlieu sept fois les sept Psaumes pour cette famille, en vertu d'une fondation qu'elle y avait faite (1).

L'examen auquel nous nous sommes livré des premières chartes se rapportant à Bonlieu, nous fait penser que les religieuses auraient bien pu y succéder à un petit couvent d'hommes. On lit en effet, dans une charte de la Société florimontane, publiée par M. Ed. Mallet (2), que Guillaume de Sallenôve, pour le repos de son âme et celle de sa femme et de ses enfants, donne à *l'église (ecclesie)* de Bonlieu ce qu'il possède depuis la route jusqu'au défilé (*ad angum locum*) le serf ou taillable Giraud de Cercier, Turumbert et son

---

(1) Les Sallenôve et les Viry sont d'ailleurs de la même famille. Il est vrai que l'abbé Coyer, dans son *Voyage en Italie* (1763), lettre VI, rapporte cette inscription avec les mots *à Viriaco* et *de Gebenna ;* mais il ne paraît pas qu'il l'ait vue, et il est probable qu'il l'a reçue du comte de Viry, ambassadeur à Londres, qu'il connut dans son voyage en Angleterre.

(2) *Mémoires et Documents de la Société d'histoire de Genève*, t. XIV, nos 330 et 378.

frère. Les témoins de la donation sont : Jean Galo, prêtre chanoine; Alard, Guillaume, Dominique, Gautier, prêtres ; Jean et Gautier, clercs, de Musiège.

Guillaume de Gilo (1), écuyer, donne à la maison de Bonlieu (*domui*) ce qu'il possède depuis la route jusqu'à Chamarande et Gamalou, et la vigne des prêtres qui lui avait été engagée (*et vineam presbiterorum quam habebat in vadimonio*). Les mêmes prêtres sont présents à cette donation. Il donne encore à l'église, pour sa sœur Jourdaine, divers hommes et leurs tènements. Dalmace de Sallenôve donne aussi des terres pour sa fille ; Berlion Vidomne de Chaumont donne, pour sa mère, une vigne à la maison de Bonlieu ; Guillaume Gabarit lui vend ses biens de Cercier.

Plus tard, un procès a lieu au sujet des dîmes de Coisie, entre les religieuses de Bonlieu et Hugo de Manisie (*de Manecy*). Les religieuses (*sanctimoniales de bono loco*) obtiennent gain de cause. Hugues de Manisie leur donne ce qu'il a perdu (*quod reverà non habebat*). Les témoins ne sont plus ici une réunion de prêtres sans attributions déterminées; mais d'abord Hugo de Sallenôve (le fils de Guillaume sans doute) ; Uldric, plébain de Chilly ; Dominique, chanoine de l'abbaye d'Entremont ; Guillaume, *chapelain de Bonlieu* ; Hugues, chapelain de Sillingy, etc., et *Béatrix de Jaz*.

(1) 5 Juin . Obiit Dña Alays de Gilo.

Ne devons-nous pas induire de cette diversité d'indications *l'église, la maison, la vigne des prêtres qu'il tenait en gage*, qu'il y avait à Bonlieu, lors des premières chartes, un couvent de chanoines augustins qui, faute de ressources, s'était fondu peut-être dans celui d'Entremont et avait cédé son église et ses propriétés aux Bénédictines qui vinrent les remplacer à Bonlieu et qu'on appela depuis lors : *sanctimoniales boni loci*. Ad. Mallet pense que ces chartes ont été écrites vers 1160, date donnée par Besson à la fondation de l'abbaye ; il est probable que les premières sont un peu plus anciennes ; la dernière serait un peu plus récente, si notre hypothèse est fondée.

Après ces chartes, la première en date serait une bulle de Lucius III, accordée aux dames *prieure* et *religieuses* de Bonlieu le 11 des Calendes de décembre 1184, et relative à leurs biens de Sallenôve (1).

Jusqu'en 1242, au moins, le monastère fut dirigé par des *prieures* et *Béatrix de Jaz*, ou *Jay* (plus tard *Gex*) fut peut-être l'une d'elles. *Claudia de Lurier* et *Alexie de la Balme* que l'Obituaire mentionne ainsi : 18 Augusti obiit Dna Alessia

(1) D'après une note des Archives départementales de la Haute-Savoie : *Déclaratoires sur les biens de l'ancien patrimoine de l'Eglise;* Genevois, t. II, art. 40.—V. une bulle du même pape dans les preuves de la *Chartreuse de Vallon*, par Léon Ménabréa. Elles ne se trouvent ni l'une ni l'autre dans le grand Recueil des Bulles.

de Bama, priorissa; 17 Decembris, obiit Dn͞a Claudia de Luriaco, priorissa, sont probablement des prieures de cette époque.

Le couvent prit sans doute le titre d'abbaye vers 1250, en même temps que Sainte-Catherine (1).

Nous savons que Sainte-Catherine était *fille* du couvent de Bonlieu; M. Melville Glover dit que Bonlieu était à son tour la fille du couvent du Beton, mais nous n'avons pu découvrir la preuve de cette énonciation (2).

Suivant les énonciations des actes d'un procès qui s'agita plus tard entre Guigon, seigneur de Sallenôve, de Lornay, etc., les religieuses auraient reçu, en 1188, de Pierre de Sallenôve un demi-muid annuel d'avoine; en 1300, de Henri de Sallenôve, chevalier, un veissel de blé affecté sur les moulins de Massieux; en 1313, de Béatrix de Sallenôve, et de Jean son fils, deux veissels de blé annuels; en 1382, 20 sols annuels pour une messe à célébrer chaque année pour le repos de l'âme d'Aymon de Sallenôve et de ses ancêtres; la même année encore, de Béatrix de Montgelaz, 24 sous annuels (*les deux donations n'en font probablement qu'une*); un veissel de blé par Aymon de Sallenôve; 100 florins par Marguerite,

---

(1) V. ci-devant, p. 38 et *Document* III.

(2) *L'abbaye du Beton en Maurienne*, dans les *Mémoires de l'Académie de Savoie*, t. III de la 2e série, p. 324. M. Glover parle aussi, à propos du Beton, d'une bulle de Lucius III, mais il ne la publie pas.

première femme de Guigue de Sallenôve, 40 florins par...... de Viry. Le 18 décembre 1239, Guillaume, prêtre de Bonlieu, est témoin à un acte à Viry; en 1262, Etienne est chapelain de Bonlieu (1).

Le 12 décembre 1288, Jean Cuchet, d'Alby, métral de Guy Vuagnard, damoiseau, agissant au nom de ce dernier, assigne au couvent de Bonlieu (domui et conventui, et non *domui et canonicis*) pour Agnès fille dudit Guy Vagnard, dix sous genevois annuels sur les tènements de Girod, de Sersens (et non de *sursum*).

Le 31 octobre 1289, Guy Vuagnard confirme cette assignation qui constituait la dot de sa fille (2). On trouve dans l'Obituaire, au 18 avril : *Obiit Aymoneta* (pour *Agneta?*) *de Monte Vuagnardo*. Il y a d'ailleurs identité entre la famille Vuagnard et celle des Montvuagnard.

XIVᵉ SIÈCLE.

En 1317, et pour la première fois, nous rencontrons à côté d'une date précise le nom d'une ab-

(1) *Régeste genevois,* nᵒˢ 119 et 939.
(2) *Mém. et Doc. Soc. d'hist. de Genève,* t. XIV, nᵒˢ 361 et 365. La première de ces deux chartes contient plusieurs fautes de lecture. Il y a près de Bonlieu un hameau *des Vuagnard*. Sur les Vuagnard, les Viry, Ternier, etc., etc. Voir Léon Ménabréa, *Des Origines féodales dans les Alpes occidentales,* Livre II. Chap. 1, 2 et 3.

besse. *Jacquette de Ternier* (humilis abbatissa monasterii boni loci) loue à moitié fruit à Aymonet de Sersier, dit Bellossier, une pièce de terre et une *plantée* de vigne situées sous le bois de *Ravorée* (1). Jacquette de Ternier mourut un 1ᵉʳ janvier (Ob.). On trouve encore au 5 décembre : Obiit Jaq̄ta abb̄a.

Outre cette seconde Jacquette, l'Obituaire indique les abbesses suivantes qui, d'après l'ordre de leur inscription sur ce registre, nous paraissent appartenir aux premières époques du couvent : 26 Juillet, obīit *Reuma* abb. boni loci. (Peut-être y avait-il sur le premier Obituaire *Reūna* pour *Reuerenda ?*); 14 Août, *Anglesie* d'Hauteville; 28 Septembre, *Acélie* de Castillon, ou Châtillon; un 26 Février *Marguerite de* (le prénom est resté en blanc).

Vers 1370, *Péronnete de Sallenôve* est nommée abbesse.

En 1396, Nicolette Ruphi, *aliàs* de la Bâtie, femme de Jean Vidomne de Chaumont, fait son testament ; elle élit sa sépulture dans la chapelle

---

(1) *Mém. et Doc. Soc. d'hist. de Genève*, t. XIV, n° 400. M. Mallet date ainsi cette charte : 1310 ? Juin. Nous l'avons sous les yeux ; il y a très lisiblement : *Anno ab incarnacione Dni millmo tercentesimo decimo septimo* (1317). En revanche nous n'avons pas retrouvé le mot *Junii*. Il s'y agit d'Aymonet de *Sersens,* (Cercier ?) à une lieue de Bonlieu, et non de *Cessens* qui en est à 10 lieues. Le lieu de Sersens se trouve plusieurs fois dans l'Obituaire.

de Saint-Jean-Baptiste que son mari a fait construire à Bonlieu, fixe à 4 sols les honoraires des chapelains qui iront prendre son corps à Chaumont et l'accompagneront à Bonlieu, donne 6 sols genevois pour les lampes à allumer et fonde son anniversaire au prix de 10 livres genevoises qui formeront un revenu annuel de 10 sols genevois (1).

L'Obituaire indique cet anniversaire au 7 février : *Obiit Nycoleta filia quondam Ruphi de Bastia uxor Joannis Vicedogni.*

XVe SIÈCLE.

Le 12 juin 1410, Péronnette de Sallenôve meurt après avoir été abbesse durant quarante ans. *Obiit D̄na Peroneta de Aulanova abb. que stetit XL annos abbatissa.*

Jeannette ou *Jeanne de Châtillon*, de la branche cadette des Châtillon de Michaille (2), lui succéda très-probablement.

Cette abbesse eut avec Guigue de Sallenôve un procès qui fut transigé par l'entremise de Jacques de Moyria, abbé d'Hautecombe de 1425 à 1437. C'est, par conséquent, dans cette période de temps qu'il faut placer l'affaire. Le Seigneur de

---

(1) Voir cette charte, *Document* XXIX. Vicedognus, *Vidomne*, n'était peut-être encore alors que le nom d'une fonction ; plus tard, il devint le nom patronymique des Vidomne de Chaumont, de Novéry, etc.

(2) Rive droite du Rhône.

Sallenôve reprochait à l'abbesse d'avoir fait construire un battoir, un foulon et une scierie mus par de l'eau dérivée des Usses sans sa permission préalable, et d'avoir violé un accord intervenu le le 3 décembre 1366. Il soutient aussi avoir payé tous les legs énumérés ci-devant et que l'abbesse lui réclamait reconventionnellement.

Les parties s'en remirent à la décision de Jacques de Moyria. Le Chapitre du couvent, convoqué à cette occasion, se composait de l'abbesse Jeanne de Châtillon et d'Alès de Saint-Ypres, prieure; Marie de Clermont; Pernette d'Arlod, sacristaine; Alès de la Balme; Aymée de Menthon; Péronnette Ranguize; Catherine de Montfalcon (1) et Claudine d'Arlod (2).

L'abbesse mourut un 16 avril. *Obiit D̄na Joheta de Castillone, abbatissa boni loci.*

Jacques de Moyria fut le dernier abbé régulier d'Hautecombe; à partir de son décès, vers 1437, il n'y eut plus à cette abbaye que des abbés commendataires (3).

L'abbaye de Tamié ayant au contraire continué à être régie par des abbés réguliers, ceux-ci devinrent les Pères immédiats de Sainte-Catherine et de Bonlieu à la place de ceux d'Hautecombe.

(1) Elle devint abbesse du Beton; son anniversaire à Bonlieu était au 21 avril.
(2) **Archives de Turin.**
(3) BLANCHARD. *Histoire de l'Abbaye d'Hautecombe*, pages **262** et suiv.

A Jeannette de Châtillon succédèrent deux des sœurs qui composaient le Chapitre d'avant 1437 : *Marie de Clermont,* si c'est elle que l'Obituaire indique ainsi au 1ᵉʳ mars : obiit D̄na *Jana de Claromonte Abb̄am,* et *Aymée de Monthoux,* qui mourut un 26 février.

Claudine d'Arlod est la dernière nommée à cette même assemblée. Nous la retrouvons abbesse en 1470. Cette année, le 1ᵉʳ février, elle prête à Jacques et Pierre Garronet 46 florins d'or pour une rente annuelle de 15 sols et 8 deniers genevois (1).

Il y a enfin, le 28 août, à l'Obituaire une abbesse appelée *Jeanne de Sallenôve* ; obiit D̄na Joanna Aulenove Abbatissa boni loci. Elle nous paraît devoir être placée à la fin du xvᵉ siècle.

XVIᵉ SIÈCLE.

Besson (page 143) rapporte qu'en 1513 l'abbesse était *Gabrielle de Chaffardon.* Il semble, d'après l'Obituaire, qu'elle mourut le 16 juin 1529.

Elle fut remplacée par *Madeleine de Montfalcon.* Ce fut de son temps, au commencement de septembre 1535, que les *Clarisses* de Genève,

---

(1) Charte de la Société florimontane. Arlod, château et village sur la rive droite du Rhône près de Bellegarde. Une Isabelle d'Arlod fut prieure à Bonlieu, et mourut un 26 septembre (Ob.). Monthoux; il s'agit des Monthoux du *Barrioz.*

dans leur retraite de cette ville à Annecy, couchèrent à l'abbaye de Bonlieu (1).

Le 19 octobre 1552, mourut Blanche de Baillant, sacristaine.

Vers 1552, vient l'abbesse *Claude-Philippe Oddinet*. A cette époque quelques désordres se produisirent à Bonlieu. Il semble résulter de divers arrêts du Parlement de Chambéry, que deux gentilshommes du pays, Nicolas de Chavannes et Antoine de Montgaillard, avaient signalé une intrigue entre le prieur des Dominicains d'Annecy, Fr. *Nicodi* et les dames Philippe et Anthoine de Dortain et Jeanne de Crescherel. L'abbesse Oddinet, à laquelle se joignit le Procureur-général, prit à partie les sieurs de Chavannes et de Montgaillard. Ils furent arrêtés ainsi que les trois religieuses. Le 5 mai 1553, la Cour ordonna une confrontation des inculpés avec les témoins et prescrivit au seigneur de Mouxy, sous la garde de qui avaient été placées les trois religieuses, de les remettre en leur couvent de Bonlieu, où le conseiller Celse Morin (2) irait leur adresser telles remontrances que de raison.

Celse Morin reçut en outre le mandat de *faire*

---

(1) *Le Levain du Calvinisme*, par sœur Jeanne de Jussie.

(2) Ce conseiller était prêtre, et pour ce motif la Cour le chargeait d'habitude des commissions concernant les religieux. La confiance du Parlement se trouva fort mal placée. V. BURNIER. *Histoire du Sénat de Savoie*, t. I, p. 368 et suiv.

due visitation et inquisition de ladite abbaye et religieuses d'icelle.

Le 20 mai, après la confrontation, la Cour mit en liberté provisoire, moyennant une caution de 200 livres tournois, les deux gentilshommes, mais en leur enjoignant de ne parler ni de faire parler des matières du procès.

Dans ces deux arrêts il n'est pas question du Dominicain, son nom n'est rapporté que dans des arrêts de 1554. Il est probable que les inculpés prouvèrent qu'ils n'avaient pas calomnié les religieuses, car, au vu des réponses du Frère Nicodi par-devant la Commission nommée *le 5 mai précédent*, le Parlement renvoya Jacques Nicodi, prieur du couvent de Saint-Dominique d'Annecy, prisonnier en la Conciergerie, par-devant son supérieur qui est exhorté de lui faire et parfaire dans le mois son procès pour ce délit commun (1). Il exhorte en outre l'abbé de Cîteaux à vaquer diligemment à la réformation du monastère de Bonlieu et à procéder à la correction et punition des trois sœurs inculpées, le tout dans trois mois et sous peine de réduction du temporel de l'abbaye sous la main du Roy (2).

(1) Le procès est fait pour *excès et scandale*, dénomination ordinaire des procès, et par conséquent tout à fait vague. V. les trois arrêts, *Document* XXX, et Burnier, *Histoire du Sénat de Savoie*, t. I, p. 189.

(2) La première occupation de la Savoie par la France dura de février 1536 à août 1559. L'une des inculpées, Philippe de Dorlain, mourut le 4 mai de cette même année 1554. (Obit.). Il est probable que les deux autres changèrent de couvent.

Enfin, le 5 juin 1554, « la Cour, vu les informations, les lettres et réponses de Frère Jacques Nicodi, et les enquêtes faites par-devant Frère Jehan Frosins, vicaire de l'inquisition, la sentence dudit du 29 mai, la requête dudit Nicodi, tendant à son élargissement, etc..., pour réparation des cas privilégiés et scandale résultant dudit procès, bannit ledit Nicodi de tout le pays de Genevois durant cinq ans, lui interdisant de se trouver dans ledit pays sous grande peine arbitraire à la discrétion d'icelle. »

Le peu d'importance de la peine prononcée indique que les faits imputés n'avaient pas une gravité réelle. Le prieur avait même obtenu le 16 juillet 1554 un délai de quinze jours pour se rendre à Annecy, afin d'y poser ses comptes et d'assister à l'élection de son successeur (1).

Le 26 décembre 1573, le duc Emmanuel-Philibert ordonne à M⁰ François Davignon, son trésorier et receveur-général dans les baillages de Chablais, Gex et Ternier, de donner en aumosne à dame Claude-Philippe Oddinet, abbesse de Bonlieu, la pension annuelle de 44 florins, 5 coppes de froment et 8 coppes d'avoyne que souloit percevoir en son vivant *dame Madelaine de Montfalcon.*

Le trésorier paya cette pension durant quel-

(1) Archives du Sénat; arrêts criminels de 1553 et 1554, fº 142 vº; — de 1554 à 1556, fᵒˢ 18 et 20.

ques années ; mais bientôt il refusa de l'acquitter « obstant les suspensions faites par le Duc de telles « pensions. » Emmanuel-Philibert faisant droit à la supplique de l'abbesse en ordonna le payement à Chambéry, le 23 septembre 1579. Ses lettres, à ce sujet, furent entérinées au Bureau des Comptes le 27 janvier 1580 (1).

Le 15 décembre 1575, l'abbesse était malade et l'on briguait sa succession. Emmanuel-Philibert l'accorda, en cas de vacance, à la demoiselle de Loissey (plus tard, on dit Lucey). « Par ces présentes nous avons accordé au sieur de Loissey nostre maistre d'hostel que venant à décéder l'abesse de Bon Lieu, détenue de malladie, damoyselle (prénom en blanc) fille de nostre dit maistre d'hostel religieuse en la dite abbaye puisse succéder en la dite place et luy en ferons fere les despesches en temps et lieu. »

L'original de ces lettres est resté aux Archives de Cour à Turin (paquet 3, n° 2). Elles n'ont pas été expédiées parce que l'abbesse guérit et vécut encore neuf ans.

21 octobre 1582, mort de Marguerite de Chalant, prieure (Ob.).

15 mars 1584, mort de l'abbesse Claude-Philippe Oddinet (Ob.).

A Claude-Philippe Oddinet succéda *Claudine*

(1) Turin, Archives de la Chambre des comptes. Patentes de Savoye, vol. 13, p. 104.

de Valence. Charles-Emmanuel lui accorda à Chambéry, le 10 août 1585, « la pention que feu dame Claudine Oddinette abbesse soloit prendre et percepvoir annuellement sur l'abbaye du *Lieu* près Tonon, a scavoir trois charrotées de vin d'environ 12 sommées moitié blanc et roge, 17 pairs (1) de blé que font environ 12 charges, et 40 florins argent. »

Il ne semble pas que les abbesses de Sainte-Catherine aient jamais reçu aucune pension des princes de la Maison de Savoie. Les revenus ordinaires de leurs biens ont sans doute été jugés suffisants pour les besoins du monastère. Bonlieu se trouvait au contraire, par suite des irrruptions des Bernois et des dépenses occasionnées par le transférement à Annecy, dans une situation de fortune moins avantageuse. Il est probable que ses dotations primitives ne furent pas bien importantes. C'est, du reste, ce que dit M. Glover, à la page de sa Notice sur le Beton que nous avons indiquée plus haut.

Claudine de Valence ne resta plus bien longtemps abbesse, car *Charlotte de Mareste* (de Lucey) qui la remplaça, décéda le 29 juin 1594. « Le pénultième jour de juin 1594, Dame Charlotte de Mareste, abesse est décédé. » (Ob.). C'était vraisemblablement celle pour qui l'on avait brigué la succession de l'abbesse Oddinet.

(1) Le pair consistait en un sac de froment et un sac d'avoine.

Le samedi 8 avril 1593, entre dix et onze heures du matin, l'abbaye de Bonlieu et l'église brûlèrent entièrement, sauf les greniers qui se trouvèrent couverts de tuiles (Ob.). On perdit alors divers titres et terriers, comme cela est rapporté dans une *carte de visite* d'un abbé de *Sainte-Marie* que les Supérieurs de l'Ordre avaient envoyé à Bonlieu pour en dresser un état. Sur quoi il fut décidé que la communauté quitterait cette habitation pour en chercher une où elle fut plus à portée des secours en pareil accident. (Notes du chanoine David). Ce projet ne put être réalisé qu'en 1644.

XVIIᵉ SIÈCLE.

Il ne paraît pas qu'il y ait eu d'abbesse intermédiaire entre Charlotte de Mareste et *Marguerite de Mareste* qui mourut le 16 septembre 1639 (1). L'abbaye semble être devenue alors un véritable fief de la famille de Mareste de Lucey.

Nous trouvons vers cette époque, à l'Obituaire, les décès de Gabrielle de Beauvoir, prieure, le 11 janvier 1617; de Pierre Ode, religieux et confesseur, le 17 décembre 1617; de Benoîte de Rubod, chantre, le 9 janvier 1619, et de Catherine de Choisy, prieure, le 7 juillet 1637.

Après Marguerite de Mareste, ou Marette, vient *Eléonore de Marette de Lucey*.

(1) OBITUAIRE. Le 16 septembre, dame Marguerite de Marette, abbesse, rendit l'âme à Dieu.

« Le 23 octobre 1644, la chapelle du couvent d'Annecy fut bénite par M. de Rides, abbé de Tamié, et le 19 avril 1648, jour de saint Robert, abbé de leur Ordre, elles commencèrent de dire leur office dans cette chapelle. Le 13 juin suivant elles prirent la clôture dans cette maison d'Annecy (1). »

Eléonore de Mareste mourut le 18 février 1652, « quatre ans après nous avoir réduit (amenées) de Bonlieu en cette ville d'Annecy. » (Ob.).

Elle établit dans son couvent diverses dévotions, notamment celle de dire tous les samedis à l'élévation *Maria mater* pour être préservé des eaux ; — tous les jours entre vêpres et complies l'antienne : *tu domine universorum* et une messe à saints Abdon et Sené pour être préservé de la tempête.

Saint Pierre aux liens, 1er avril, était imploré aussi contre la tempête *qui gâta tout ce jour là par deux diverses fois.*

Sainte Agnès, 21 janvier, était invoquée contre le feu. Une année il prit ce jour-là à l'abbaye d'Annecy. Saint Sébastien et saint Roch, enfin, étaient priés contre la peste. (Ob., p. 66).

Pour assurer sa charge à une personne de sa maison, Eléonore de Mareste résigna ses fonctions en 1651. Le Duc de Savoie agréa sa présenta-

---

(1) Obit., p. 67 et dernière. Il s'agit ici de la maison du faubourg de Bœuf, appelée plus tard le Vieux-Bonlieu.

tion; et le 7 janvier 1652, acceptant la résignation que l'abbesse Eléonore de Mareste, *chargée d'années et d'infirmités*, fait de ses fonctions en faveur de sa nièce *Jeanne-Thérèse de Mareste de Lucey*, religieuse bernardine du couvent de Cavaillon, il nomme celle-ci abbesse de Bonlieu, exhortant à cet effet l'Ordinaire ou les Supérieurs à lui accorder les provisions nécessaires et à la mettre en possession.

La vieille abbesse mourut le 18 février, et le 1ᵉʳ mars suivant, Charles-Emmanuel II accorda un nouveau placet à la nièce, *sur la vacance du bénéfice par mort*.

Le 13 mars, les religieuses approuvent la résignation faite par Eléonore de Mareste, et, sans faire allusion aux deux placets du Duc, elles confirment l'effet de la résignation par l'élection qu'elles font de la jeune bernardine en présence de l'abbé de Tamié; mais c'est aux conditions suivantes : la nouvelle abbesse sera libérée de la juridiction des évêques; elle renoncera à leur direction; elle fera une nouvelle profession dans l'Ordre de Cîteaux, *après la probation dûment faite au noviciat au monastère de Bonlieu, avec promesse de n'y rien innover* (c'est-à-dire de ne pas essayer d'y introduire la réforme).

Par patentes de 6 novembre 1652, Louis de Fortia, évêque de Cavaillon, autorise la dame de Mareste à quitter le couvent de cette ville, et, le 19 février 1653, « d'autant que l'abbaye de Bon-

« lieu est de l'Ordre de Cîteaux, pour ôter toute
« sorte de scrupules à la dite sœur et pour le repos
« de sa conscience de nouveau nous lui donnons
« pouvoir de se soumettre irrévocablement à l'o-
« béissance des Supérieurs de Cîteaux pour obser-
« ver leurs régles et constitutions, et pour ce nous
« lui donnons congé absolu et en tant qu'il nous
« touche nous la relevons complètement de notre
« juridiction, nous départant de tout le pouvoir
« que nous avions sur elle sans nous rien réserver
« et le tout à la plus grande gloire de Dieu (1). »

En 1652 le couvent se composait de Béatrix de Livron de Savigny, prieure; Claudine de Lacroix; Jeanne Deley de Crusilieu; Louise de Livron de Savigny; Jeanne et Françoise de la Balme; Claudine de Corcelles; Anne Ducrest; Isabeau de Rossillon; Anne-Philiberte de Chapelle, et Magdelaine Carron, professes.

Le 12 septembre 1652, Dame Marin meurt au couvent de Bonlieu-Sallenôve où elle était restée. Le 5 octobre 1659, mort de Madame de Savigny, prieure; 5 novembre 1670, de M. Vautier, confesseur du couvent; 22 septembre 1674, de Louise de Savigny, prieure; elle avait succédé à sa sœur dans cette charge. (Ob.).

Le 30 juillet 1675, décès de M. Charles, marquis de Lucey; « il nous a donné le tableau qui est sur l'autel. »

(1) Ces diverses pièces furent enregistrées au Sénat le 16 mai 1653.

Janvier 1676, l'aumônier est Mre Favre, prêtre d'honneur de Notre-Dame d'Annecy.

30 Mars 1688, décès d'Anne-Philiberte de Chapelle, première religieuse reçue à Annecy, chantre. (Ob.).

Le 26 novembre 1692, est décédé M. le baron de Conieux (Conjux), qui a donné à R^de Dame Thérèse de Mareste de Lucey, sa sœur, abbesse de Bonlieu, la somme de mille florins qu'elle a laissée au couvent pour la fondation de la Bénédiction annuelle, le *De Profondis*, et oraison accoutumée le jour de la Nativité de Notre-Dame, par acte reçu Me Perréard. notaire. (Ob.).

XVIIIe SIÈCLE.

Jeanne de Mareste, devenue aveugle, était tombée en enfance (1). Vers 1714, elle reçut une coadjutrice en la personne de Madame de Châteaufort de Lucey. Cette dernière étant morte le 6 mars 1719 (Ob.), le 23 du même mois, Fr. A. Gassot, abbé de Clairvaux, adressa au Roi de Sicile, Victor-Amédée, une supplique pour être autorisé à

---

(1) Nous avons retrouvé un reçu de loyer écrit tout entier de la main de cette abbesse en 1687 : « Nous abbesse de Bonlieu soussigne et confesse dettre paier de Clode Berger de son loage tent en cordage que en argean et set jusqu'au dix-huit du moj doctobre prochain que letous sera echut compris aussj lariere boutique en foj de quoy Je me signe Anissy ce vint sis Juin mille sis cent quattre vin et sept.

« De Lucey abbesse de Bonlieu. »

faire procéder à l'élection d'une nouvelle coadjutrice en la personne de la sœur Françoise de Gruel de Villars. L'abbesse mourut le 29 mai (1), avant que la réponse du Roi fut arrivée. Le 1er juin les religieuses lui demandèrent directement la permission d'élire une abbesse « qui puisse réparer « l'extrême pauvreté à laquelle le malheur des « temps a réduit le couvent. »

Elles sont au nombre de dix ; ce sont les Dames de Cressieux, de Montaigre, de Salomon, de Fort, Dubuz, deux de Varambon, de Gruel, de Bournaissant et d'Artigny.

Par des lettres datées de Rivoli, le 12 juillet 1719, Victor-Amédée II fait l'élection lui-même : « En vertu du droit de patronage et de nomina« tion qui nous appartient avons fait choix de la « personne de notre chère et dévote oratrice « *Françoise de Gruel de Villars*, religieuse pro« fesse de cette abbaye de Bonlieu ; l'avons nom« mée et nommons.... requérant et exortant les « supérieurs de l'ordre de Citeaux de la mettre « en possession.... »

La nouvelle abbesse écrivit au Roi le 11 août suivant cette lettre de remerciements :

SIRE,

Je ne sereit dire à Votre Maiesté de quoi ie me sans moin digne ou de lhonneur, de recevoir une crosse de ses mains, ou de celui de la porter, tout etant egalement

---

(1) Elle fut abbesse pendant 67 ans.

au dessus de moy, ce sont ses reflection, Sire, qui on retenu, iusqu'a cest heure, les mouvement de ma respectueuse reconnaissance, ayant esté toute étourdie, dun choix du quel ie ne me santeit pas digne et qui ne peut estre, quune reconpance, de mon iuste atachement pour un superieur, que vostre Maiesté iuge digne de son estime, c'est donc sous ses auspices, que iose aproche auiourdui du trône de votre Maiesté pour demander la continuation de sa royalle protection sur moy et sur la meson quelle vien de me confié, esperan par ce cecour de remplir, la pieté de ses vües, et de ses intanssions quelle a bien voulu me faire marqué, ie la suplie an mesme tans dagreer les assurances de la respectueuse et profondes soumissions avec la quelle jay lhonneur destre

   Sire de Vostre Maiesté

 La tres humble et tres obeisante et tres obligé suiette et servante

      s^r francoise de gruel.

De labbaye de Bonlieu ce 11 aout 1719 (1).

Le même jour elle demanda la confirmation de sa nomination à l'abbé de Clairvaux. Cette abbaye étant alors vacante par le retardement des bulles du R^{me} Elu ; ce fut le prieur Fr. Ponce Geuriet qui répondit. Le 28 août 1719 il confirme la sœur de Gruel comme véritable et légitime abbesse de Bonlieu. Ses lettres ne visent que la nomination faite par le Roi en vertu du droit de patronage qui lui appartient et ne font aucune allusion au procès-verbal d'élection.

(1) Archives de Turin; copie de M. Dufour.

Il faut en conclure que l'abbé de Clairvaux reconnaissait le droit de nomination que Victor-Amédée s'était attribué, et que cette fois l'on se passa complètement d'élection par les religieuses.

En 1725, la sœur de Gruel de Villars fut nommée par le Roi, et de la même manière semble-t-il, abbesse du Beton. Elle écrivit alors au souverain et au ministre des lettres de remercîments d'un style et d'une orthographe semblables à ceux de la lettre de 1719 (1).

Le 10 août 1726, le Roi la remplaça à Bonlieu par la sœur *Françoise-Balthazarde de Bellegarde d'Entremont*, religieuse du Beton. C'était, on s'en souvient, cette dame dont l'élection, comme abbesse de Sainte-Catherine, avait soulevé tant de difficultés en 1714.

Le 7 mai 1726, décès d'Hélène de Cressieu, prieure. (Ob.).

Le 28 mai 1733, Charles-Emmanuel III relève l'abbaye de la déchéance qu'elle avait encourue pour n'avoir pas fait expédier, dans le délai légal, des patentes du 3 août 1732 ; il l'exempte de la leyde dans tous les marchés et lui permet de faire couper du bois pour son affouage dans la montagne de Mandalaz (*entre Annecy et Sallenôve*) (2).

En 1735, enquête sur le projet d'acquisition du

---

(1) **Archives du Royaume**; lettres de particuliers G. R. O. G. R. U.

(2) **Archives de la Société florimontane**.

monastère des Bernardines réformées d'Annecy, situé sur la promenade du Pâquier et qu'on appela plus tard le nouveau Bonlieu.

D. Joseph Alexis Pel est nommé aumônier de Bonlieu le 24 mai 1741.

Le 1ᵉʳ novembre 1742, l'une des sœurs de Sales, religieuse de Sainte-Catherine, meurt au couvent de Bonlieu.

Le 12 septembre 1745, mort de l'abbesse de Bellegarde d'Entrement.

Le 6 octobre, l'abbé de Clairvaux autorise D. Maniglier, abbé de Tamié, à procéder à l'élection d'une nouvelle abbesse. *Louise de Planchamp de Châteaublanc*, religieuse de Bonlieu, est élue. Elle demande à l'abbé de Clairvaux de la confirmer dans cette dignité et de lui accorder une dispense d'âge de six mois, n'étant âgée que de 29 ans et demi. Sa dispense est accordée le 24 décembre, et le 26 janvier 1746 le Sénat, ensuite de l'agrément du Roi, approuve la nomination, sans observations au sujet de la dispense d'âge (1).

Nous avons vu dans *l'Histoire de l'abbaye de Sainte-Catherine* que les couvents, dans le but d'augmenter leurs revenus, prenaient des pensionnaires. Elles étaient de diverses sortes ; les unes étaient des enfants ou de jeunes filles auxquelles on donnait l'instruction et l'éducation ; d'autres étaient les *données*, *rendues* ou *oblates*, qui parti-

(1) Reg. eccl. du Sénat, vol. 18, p. 351 et 353.

cipaient plus ou moins à la vie monastique. Une troisième catégorie comprenait les personnes du monde, d'une fortune médiocre, ou sans famille, qui venaient y chercher une société ou un appui. C'est parmi celles-ci qu'il faut ranger, semble-t-il, Mlle de Graffenried qui mourut à Bonlieu le 27 janvier 1748 (1). Seize ans s'étaient écoulés depuis la promenade à Thônes avec Mlle Galley et la gracieuse idylle racontée par Jean-Jacques et qu'il place vers 1732 (2).

13 février 1754, lettres de l'abbé de Clairvaux autorisant les dames de Bonlieu à vendre leur maison d'Annecy avec le jardin et le clos, et à acheter ou prendre en hypothèque le couvent des Dames Bernardines de cette ville, transférées à Rumilly et à la Roche. Le Sénat permet l'exécution de ces lettres le 27 mars.

Mars 1759, décès de Louise-Philippe de Sonnaz d'Abères, religieuse. C'était l'une des antagonistes de l'abbesse de Madelain à Sainte-Catherine. Elle avait probablement obtenu la permission de changer de couvent ; il en avait sans doute été de même pour la sœur de Sales, morte à Bonlieu en 1742.

1772-1775, union des monastères de Sainte-Catherine et de Bonlieu. (Voir ci-devant à l'Histoire de Sainte-Catherine.)

---

(1) **27 janvier 1748** est décédée Mlle de Grafferied pensionnaire. (Ob.)

(2) *Confessions,* partie I, livre IV.

1ᵉʳ février 1783, mort de D. Jean-François Blanc, religieux profès de Chézery, l'un des directeurs de l'abbaye de Bonlieu-Sainte-Catherine.

2 octobre 1783, mort de Dame Claudine Donyer, religieuse venue de Sainte-Catherine.

4 octobre 1783, mort de D. Joseph Alexis Pel, religieux profès de l'abbaye de Balerne, directeur de celle de Bonlieu depuis le 21 juin 1741.

Le 7 floréal, an II de la République française, la municipalité d'Annecy fait procéder à l'inventaire de l'argenterie de Bonlieu. On trouve les objets suivants :

	Marcs.	Onces.	1/4 d'once.
L'ostensoir	4	1	1/2
L'encensoir, sa navette et sa cuiller	5	3	0
Deux calices et leurs patènes	5	2	0
Une souscoupe et des pinces	1	1	0
La lampe	4	0	0
Une pixide	1	7	0
Trois figuettes pour les saintes huiles	0	1	1/4
Total	21	7	3/4

Par acte du 28 ventôse an IV, Marquet Antoine, fils de feu Simon, natif de Besançon, entrepreneur de la manufacture d'armes d'Annecy, devint acquéreur des édifices de l'abbaye de Bonlieu d'Annecy. Il en céda la moitié au sieur Baille, son associé, par acte du 5 vendémiaire an V (1).

(1) Archives municipales d'Annecy.

EXTRAITS DE L'OBITUAIRE.

Famille des comtes de Genève.

10 octobre : Obiit Dñus Amedeus comes Gebenum habet anniversarium XLVIII.

Quel est cet Amédée? il est difficile de le dire, car aucun des comtes de Genève portant ce nom n'est mort un 10 octobre. Serait-ce Amédée IV que le *Régeste genevois* indique comme décédé après le 6 septembre 1369 ?

17 juin [1394?] : Obiit Dña Malchidis de Bologna Gebenum contissa, anniversarium. Mathilde de Boulogne, fille de Robert, comte d'Auvergne, était veuve d'Amédée III.

3 avril : Obiit comitissula.

2 juin : Obiit Jordana filia comiti.

Obiit Petrus Gebenum frater eius.

Ce sont probablement des enfants morts en bas âge.

19 août : Obiit Rolinus de Salone, capellanus D. comitissœ Gebenum magnœ.

Rolin de *Salon* (en Provence); c'était peut-être un chapelain que le pape Clément VII (Robert de Genève), avait pris à Avignon, où il avait transporté le siége pontifical, et qu'il envoya à sa mère lorsque, après la mort de ses quatre frères Aimon III, Amédée IV, Jean et Pierre, il fut, à son tour et pendant quelques mois, comte de Genevois.

C'est bien à Mathilde de Boulogne, veuve du comte Amédée IV, mère de cinq fils sous lesquels elle gouverna, et de cinq filles fort bien mariées, que l'annaliste du couvent de Bonlieu a pu donner le nom de *grande comtesse*. C'était la mère du Pape, et il faut se souvenir que si, dans la chronologie qui a prévalu, Clément VII a été appelé antipape, il n'en fut pas ainsi durant sa vie. Il a été pour notre pays et pour la plus grande partie de l'Europe le véritable souverain pontife (1).

DIVERS.

1082, 30 juin : Anno currente MLXXII, obiit dognus Steps (Stephanus) de Marlio (2), suum anniversarium emit et debet fieri quolibet anno die obitus sui.

1299, 7 avril : Obiit Dña Maria de Monthouz (3)

---

(1) Nous pensons que l'année de la mort de Mathilde de Boulogne doit être fixée à 1394, parce que, d'une part, la charte du 12 mai 1394 (*Doc.* IX), prouve qu'elle était alors vivante ; et que, d'autre part, si elle n'eût pas été décédée déjà lorsqu'après la mort de Clément VII (16 septembre 1394), le comté de Genevois passa à Humbert de Thoire, puis à Odon (1400) et à Amédée VIII de Savoie (1401), son intervention n'aurait pas manqué de se produire et d'être signalée. (V. notamment dans Guichenon, *Histoire général.*, t. IV. p. 499, le traité du 5 août 1401.)

(2) Marlioz, village au nord de Bonlieu. Si cette date est exacte, elle se rapporte à une époque où les religieuses étaient encore à Chamarande.

(3) Monthouz, château à une lieue et demie N.-E. d'Annecy, dans la forêt du Barioz.

die ultima aprilis anno cc°. nonagesimo nono (sic).

Il y a très probablement une erreur de date dans la première de ces deux mentions.

1546, 4 janvier : Obiit potens Dn̄s Alexander Aulenove miles.

1547, 14 janvier : Obiit Margarita de Chevrone Dn̄a Aulenove.

1549, 24 juin : Obiit Dn̄a Catherina de Longua Comba, monialis (1).

1553, 6 avril : Mort de Jean-François de Sallenove, sieur de Gerglione.

1575, 31 mars : Mort de Vidomne Amblard de Novéry (2).

1586, 29 août : Obiit Dn̄a Catherina de Montferraz.

1625, 6 septembre : Mort d'Angélique de Mareste, religieuse.

1627, 31 mars : Mort de Marguerite de Rossillon, épouse de noble et seigneur M. de Novéry.

1631, 16 décembre : Mort de Dame Denise de Mouxy.

1638, 1er janvier : Mort de Marmier (3), comte de Sallenove.

(1) La famille de Longecombe s'est éteinte au siècle suivant ; ses biens ont passé à la famille de Rochette, de Rumilly.

(2) *Novéry,* château voisin de Bonlieu.

(3) Ce prénom est devenu dans la contrée, Sallenove, Frangy et lieux voisins, un nom patronymique fort répandu. L'Obituaire contient encore un grand nombre d'obits de membres des familles de Sallenove, de Novéry, Vidomne de Chaumont, de Chavannes, etc., mais sans indication de l'année du décès.

1638, 27 mai : Mort de Claudine de Gruffy, religieuse.

1660, 4 avril : Mort de noble baron Jean de Mareste de Lucey.

1675, 30 juillet : Mort de Charles marquis de Lucey.

1675, 7 août : Mort de Joseph de Mareste, prévôt de Saint-Pierre (du Chapitre de Saint-Pierre de Genève à Annecy).

1678, 4 juillet : Madame de Gemilieu est trépassée.

1683, 14 novembre : Mort de Dame Claudine de Livron.

1692, 26 novembre : Mort de M. le baron de Conieux (Conjux), frère de l'abbesse Jeanne-Thérèse de Mareste.

1707, 1er mai : Mort de Mme Françoise de Livron.

1753, 18 mai : Mort de Prospère de Montfort, religieuse.

1759, 2 mars : Mort de Mme Louise-Philippe de Sonnaz, d'Habère, religieuse.

1760, 10 novembre : Mort de Marie de Mareste de Bournaissant, religieuse.

1762, 10 juin : mort de demoiselle Péronne de Quoex, veuve de noble Pierre de Beaufort.

PRIEURES ET ABBESSES DE BONLIEU.

PRIEURES.

Béatrix de Jaz (Gex)?
Alice de la Balme?
Claudie de Lurier?

Il est possible que la deuxième et la troisième aient été *prieures* lorsqu'il y avait déjà des abbesses. La prieure eut alors le second rang dans l'abbaye.

ABBESSES.

Avant 1317 (*peut-être*). Reuma, pour Ramissa? (1).
Marguerite de...
Jacquette.......
Anglésie d'Hauteville.
Acélie de Châtillon.
1317. Jacquette de Ternier.
1370 à 1410. Péronnette de Sallenôve.
1410. Jeannette de Châtillon.
Après 1437. *Marie* de Clermont?
Avant 1470. Aymée de Monthoux.
1470. Claudine d'Arlod.
..... Jeanne de Sallenôve.
1513-1529? Gabrielle de Chaffardon.
1530 à 1552? Magdeleine de Montfalcon.
1552 à 1584. Claude-Philippe Oddinet.
1585 à 1590? Claudine de Valence.

(1) Il y a dans l'Obituaire quelques religieuses de ce nom.

Vers 1590 à 1594. Charlotte de Mareste de Lucey.
1594 à 1639? Marguerite de Mareste.
1639 à 1652. Eléonore de Mareste de Lucey.
1652 à 1719. Jeanne-Thérèse de Mareste de Lucey.
1714 à 1719. Mme de Châteaufort, coadjutrice.
1719 à 1725. Françoise de Gruel de Villars.
1726 à 1745. Françoise-Balthazarde de Bellegarde d'Entremont.
1745 à 1793. Louise de Planchamp de Châteaublanc.

Nota. Beauconp de ces dates ne sont qu'approximatives ou hypothétiques.

DOCUMENT I.

1227. — Mois d'Avril.

Concession faite par le comte Guillaume de Genève, en faveur de la maison de la Montagne près d'Annecy, du droit d'asile pour l'étendue des confins y spécifiés.

Ego Wullielmus comes gebennensis notum facio omnibus presentem (1) cartam inspecturis quod ego domui de la Montagnj cisterciensis ordinis ob reuerentiam dei et ordinis et remedium anime mee et antecessorum meorum contuli hanc libertatem perpetuo valituram quod quicumque hominum siue mulierum per qualicumque culpa vel offensa ad ipsam domum confugientes a loco qui dicitur appellions et est a parte jnferiori domus et a fonte qui est juxta grangiam que est supra domum et a summitatibus montium hinc jnde positorum per totam proclivitatem versus domum sint securi omnino et immunes ab omni dampno et pena tam in rebus quam personis salvo tamen per omnia jure alieno. Et hoc etiam excepto quod hac libertate non se possint tueri publice strate et ecclesiarum violatores traditj et manifesti comitatus impugnatores. Atque proditores si essent notorij.. Vel de proditione sibi imposita non vellent se deffendere ut

---

(1) Cette charte et la suivante ont pu être rectifiées à l'aide d'une copie de 1714, du notaire Jean-Alexis Collomb, d'Annecy, prise sur l'original, et copiée à son tour aux Archives de Turin, par M le général A. Dufour.

deberent. Insuper etiam et homicide nisi forte se deffendendo homicidium coacti perpetrarent. Hanc autem libertatem a me dicte domui collattam tactis sacrosanctis euangeliis confirmavi et ab alays vxore mea et R. filio meo et falcone de monte sancti martinj et henrico vilico et hubaudo dapifero anaciassi et domino cletarum et domino mentonis et a filiis domine extrance (1) de turri Aneciassi et a filiis dapiferi aneciassi et a filiis anricj de Insulla et Wulielmo milite de Rumiliaco per Juramentum per sancta dei evangelia feci similiter confirmare. Albertus vero de compeis qui non jurat bona fide promisit se proposse se suo hoc perpetuo seruaturum. Ad majorem autem hujus rei confirmationem presentem cartam feci sigilli mei munimine roborari. Actum est hoc vltimum scriptum anno gratie mill° cc° xx° vij° mense aprilis apud anneciacum.

DOCUMENT II.

1227. — 11 Juin.

Donation faite par Guillaume, comte de Genève, en faveur des Dames de Sainte-Catherine de la maison de la montagne d'Annecy, de l'Ordre des Citeaux, de la leyde de sel d'Annecy, d'une vigne près d'Annecy-le-Vieux, de tout ce que lui appartient dans le village de Malaz, de la dîme de Fringi, de ses droits de la montagne de Simeno, et de diverses censes annuelles y spécifiées avec l'exemption de toutes les leides, et donation par Albert de Compeys, de moulins à Annecy et de dix sols de cens pour l'entretien d'une lampe.

Anno ab Incarnatione dominj mill°. cc° xx°. vij° — iii° Idus junii (10 juin) festo Barnabe apostoli Ego Vul-

(1) Peut-être *uxoris*, la femme de Guillaume de la Tour dont il est parlé dans la charte suivante ; il y a *extranee* sur les deux copies.

liermus comes gebennarum notum facio universis presentem paginam inspecturis me dedisse domui de monte Cisterciensis ordinis ob dei et beate marie semper virginis reuerentiam et in Remedium mee et antecessorum meorum anime Laidam salis apud annessiacum et duos solidos censuales abendos Ibidem quolibet die martis. dedi preterea predicte domui quod laidas nec pedagia in tota terra nostra ubicumque sit quidquid vendat vel comparet non persoluat. Addidi etiam et concessi quod meos feudos vbicumque fuerint seu emendo seu habendo per elemosiuam nec non et alodia sibi possit acquirere dicta domus. Item dedi presdicte domui quidquid habebam vel abere debebam in villa de Mallaz. Donavi etiam vulliermum de semo et tenementum suum et totum tenementum Rodulfi calui et totum tenementum hugonis de nouellesi. Preterea norint presentes et posteri me confirmasse jam dicte domui tertiam partem vinee P. vicini site apud vetus annessiacum quam meus pater dederat mee matri que vinea etiam sibi debet excoli sine aliqua missione due vero partes predicte vinee sunt sibi per centum solidis obligate, vnum visseli frumenti apud brognies quod pater meus matri mee comitisse dederat cum predictis etiam predicte domui confirmaui. Item dedi sibi decimam frumenti quam abebam apud flagici et circum flagiei (1). Item dedi sibi duo modia vini in clauso de lapera ad celebrandam missam in altari beate marie virginis et vnum sextarium nucleorum quod debet prus tonsus (2) perpetue possidenda predictos vero nucleos dictus petrus tonsus

---

(1) Dans la rubrique on a écrit Fringi; il s'agit peut-être de **Pringi**, près d'Annecy.

(2) Pierre Tondu.

debet de terra de tengues (1). preterea pateat universis presens scriptum videntibus quod ego comes gebennarum vulliermus dedi et concessi Deo et beate marie de monte et servitoribus Ibidem Deo seruientibus tam presentibus quam futuris jn perpetuam helemosinam quidquid juris habebam jn monte de seymeno a nanto de vourey usque ad nigram... (2) in pratis in pascuis in nemoribus et in terra culta vel inculta libere et absolute sine aliqua retentione et per meam terram pascua (?). Item albertus de compeis dedit deo et beate marie de monte molendina apud aucciacum que ab aymone de magez emendo pacifice acquisiuit eodem aymone si quid Juris habebat jn predictis molendinis Eclesie de monte condonante. quod donum ut esset firmius de molendinis Ego Wul^s. comes gebennarum fidelem me promisi deffensorem. Item Alb... dedit domui de monte decem solidos annuales pro luminari unius lampadis et non ob aliud que lampas nocte dieque ardeat Incessanter. predicti x solidi jacent apud lofon super vulpilieras et xii denarii cum duobus panibus et tribus pullis super terram vulliermi de louerchu. Item sciendum est quod dicta domus de monte dedit dicto ajmoni de magicz x^{cem} libras pro concessione dictorum molendinorum. hujus autem concessionis testes sumus Ego vulliermus comes gebennarum et A... comitissa vxor mea. vulliermus falconaz clericus. Albertus de compeis. Vulliermus de Cuyne. Vulliermus de la tour.

(1) Dans la copie Collomb, il y a : *de terra de tencins.*
(2) *Rupem? lapidem?* Jusqu'à la *pierre noire* peut-être.

DOCUMENT III.

Sentence arbitrale rendue à Ambérieux par les abbés des monastères du Miroir et de Chassagne, entre les religieuses de Bonlieu et celles de Sainte-Catherine du Mont, en octobre 1242. Déclaration faite par les abbés de Saint-Sulpice et d'Hautecombe, en juin 1243.

...... Nos j. de miratorio et p. de Cassanea dicti abbates notum facimus vniversis presentes litteras inspecturis quod in causa que vertebatur inter priorissam et moniales de bono loco ex una parte et priorissam et moniales de montanea ex altera. essemus dati judices a capitulo generali. et causa ipsa tam super filiacione quam moniales de bono loco a monialibus de montanea requirebant quam rebus aliis super quibus utraque pars se invicem inpetebat coram nobis fuisset diucius agitata. tandem ambe partes in nos taliter compromiserunt quod qualitercumque sive judicio sive composicione dictam causam duxeremus terminandam ratum stabile atque firmum perpetuo permaneret. Nos igitur dictam causam pro bono pacis sic arbitrando duximus terminandam quod moniales de montanea de bonis suis dent monialibus de bono loco triginta libras Gebenensis monete. et sic rebus quas a se inviscem requirebant compensatis moniales de montanea tam a filiacione quam rebus aliis quas ab ipsis moniales de bono loco requirebant. remaneant perpetuo libere quiete penitus et immunes. Hanc autem composicionem confirmantes auctoritate capituli generalis. eadem auctoritate excommunicamus omnem personam que per se vel per alium contra venerit. vel impedimentum apposuerit. per quod dicta composicio minus pacifice conservetur. Hec etiam composicio arbitrando sic facta. fuit vallata prestito ab utraque parte ad sancta dei evangelia juramento.

et pena triginta librarum vienensis monete. et datis fidejussoribus m. abbate bonimontis ab illis de bono loco. et b. abbate sancti sulpicii ab illis de montanea. qui abbates tenentur ipsam composicionem in suo robore conservare. et a parte contraveniente incurretur perjurium et pena apposita committetur. Actum anno domini millesimo ducentissimo quadragesimo secundo. mense octobris apud ambairiacum (Ambérieu).

Quia vero dicte triginta libre Gebenensis monete monialibus de bono loco persolvende non fuerunt ibi solute. venerabilibus in Christo patribus. b. de sancto sulpicio. et R. de altacomba abbatibus. injungimus auctoritate capituli generalis ut istam composicionem sic factam et in scriptis redactam. sigillorum suorum munimine roboratam. tradant monialibus de montanea. cum ab ipsis dicte triginta libre Gebennensis monete. monialibus de bono loco fuerint persolute.

Nos vero b. de sancto sulpicio et R. de altacomba dicti abbates ad mandatum predictorum de miratorio et de Cassanea abbatum. hanc composicionem in scriptis redegimus et solutis triginta libris Gebennensis monete. eam monialibus de montanea tradidimus cum nostrorum apposicione sigillorum in testimonium *predictorum.*

Actum anno domini millesimo ducentissimo quadragesimo tercio. mense junio.

(D'après l'original sur parchemin appartenant à M. le comte de Genève de Boringe. Le sceau a disparu; on en voit encore la trace sur le parchemin. Le parchemin ayant été coupé, le commencement de la charte manque. Au dos est écrit Montagny) (1).

(1) J. Vuy. *Une Charte inédite du XIIIe siècle*, p. 27 et 28.

DOCUMENT IV.

1280. — 1ᵉʳ Avril.

Donation faite par R., évêque de Genève Sʳ. de Rumilly en Albanois et de Gruffi, pour regard de son patrimoine, en faveur des susdites dames, de ses moulins et battoirs sur l'eau de la Veneisj, situés dans la paroisse de Gruffi.

Nos R. diuina permissione Gerbennij Episcopus et dominus Rumillacj in albanesio et de Gruffi racione patrimonii nostri notum facimus uniuersis quod nos tanquam dominus dictorum locorum, religiose domine B. abbatisse de monte et conventui dicte abbacie damus donamus et donando concedimus donatione inter vivos pura et jrreuocabili et in puram et perpetuam helemosinam jn remedium anime nostre et antecessorum nostrorum molindina nostra et batatoria que habemus possidemus habere possidere vel quasi videmus In aqua de la veneysi cum toto cursu dicte aque. que sunt sita in parrochia de Gruffie et jus et actionem et requisitionem quod et quas habemus et habere videmus in eisdem nikil dominij proprietatis seu commodi possessionis penes nos retinentes. Ipsam b... nomine abbatie sue de ipsis molendinis et battatoriis per traditionem presentis littere inuestientes et in possessionem eamdem b... nomine quo supra jnducentes et ponentes nobis et predictis molendinis et battatoriis penitus deuestientes. Inhibentes ne quis de cetero in tota dicta parrochia alia molendina seu battatoria facere presumat.

Dicta enim molendina et battatoria hac libertate volumus esse munita quod nemo aliquod molendinum vel battatorium in dicta parrochia de gruffie in posterum audeat facere vel presumat. volumus etiam ut dicta molendina et battatoria a nobis colata dicte abbatie hanc prerogativam et privilegium habeant quod nemo possit construere vel facere in toto territorio de gruffie vel parrochia aliud molendinum vel battatorium. In dictis autem molendinis retinemus quamdiu vixerimus usum fructum qno finito volumus statim vel cum voluerit quod dicta B. vel sucessores ipsius sceu quilibet de conuentu dicte abbatie dicta molendina et battatoria seu possessionem apprehendat Judicis domini cujuslibet alterius licentia non quesita vel querenda. Transferentes et cedentes in eamdem B. et ipse B. nomine dicte abbatie omnia jura et actiones utiles et directas mistas et rei procecutorias et etiam Interdicta que nobis occasione predicte rei donare competunt possunt competere et videntur — promictentes bona fide coram nobis appositis evangeliis sacro sanctis pro nobis et successoribus nostris predicta omnia prout superius sunt expressa manutenere deffendere et saluare ab omnibus et contra omnes in Judicio et extra propriis sumptibus nostris et nous (sic) opponere cuilibet contravenire volenti tanquam legitimi deffensores — Reuocantes etc.

Sub virtute sancte fidei sacro sanctis euangeliis appositis coram nobis omnium Juri canonico et ciuilj per quod possemus contra predicta venire vel aliquod predictorum In solidum vel in jure et Juri dicenti donationes ultra quingentos annos factas non valere aut jrritas fieri debere et juri per quod deceptis in suis negociis majoribus et minoribus subuenitur — In cujus Rei testimonium sigillum nostrum presentibus duximus apponendum. datum anessiaci [*Rumilliaci*] subtus curnilionem (1) calendas aprilis anno domini mill° ducentessimo octuagesimo.

(1) L'erreur est évidente. Il faut Rumilly sous Cornillon; localité de laquelle sont datées, du reste, plusieurs chartes des Comtes de Genevois.

DOCUMENT V.

1308. — 27 Mars.

Lettres d'Agnès de Châlon, comtesse de Genève et Guillaume son fils, de confirmation des donations faites par ses ancêtres auxdites dames, des moulins et battoirs de Gruffy.

Nos Agnes de callone (*Cabillone*) relicta domini Amedei comitis gebennensis et ego Vulliermus comes gebennensis filius comitis corumdem notum facimus uniuersis presentem licteram inspecturis quod cum religiosa domina soror Marguerita de Menthone (1) nepotis nostra abbatissa monasterii montis super annessiaci burgum nomine suo et conventus sui nobis querendo monasterii quod prefatus dominus comes in jure .... dicto monasterio quod inter super eo videlicet quod ipse ad mandatum suum reduxit auctoritate propria quod *(un blanc)* super jmperij et decimas de champulies et molendina et batitoria sita in parrochia de gruffiaco cum eorum juribus et pertinencijs uniuersis que omnes dicta domina abbatissa nomine quo supra ad dictum monasterium pertinere asserit ex donatione facta dicto monasterio per patrem nostrum et antecessores dicti domini comitis. Nos visis instrumentis super dictis donationibus confectis et etiam inquisita veritate super predictis per aliquos testes fide dignos Inuenimus predicta omnia fore vera et res predictas cum suis pertinentiis ad dictum monasterium ex causis predictis pertinere et pertinere debere ob remedium anime dicti ejus comitis. nous (2) deliberato consi-

(1) Nous pensons qu'il faut de Miolano, ainsi que nous l'avons expliqué p. 47 et 48

(2) Encore *nous* pour *nos*. Cette façon d'écrire se rencontre assez souvent dans certaines chartes.

lio super predictis omnia predicta cum suis juribus et pertinentiis restituimus et deliberamus dicte nepoti nostre recipienti nomine suo et dicti monasterii dantes et concedentes eidem plenam.................. possessionem atque omnium rerum predictarum cum suis pertinentis per se seu per alium et ad mandatum suum reducendo mandantes et precipientes tenore presentium castellanis nostris de Rupe et de gruffi qui nunc sunt et qui pro tempore fuerint ut possessionem atque rerum predictarum cum suis pertinentiis manuteneant custodiant et deffendant monasterio superscripto et possessione successoribus suis dicta molendina et batitoria prout in licteris factis snper donatione sigillatis sigillo bone memorie et domini roberti episcopi gebennensis patrimonij sui plenius continentur. promictentes nos predicti agnes et guillermus pro nobis et nostris successoribus bona fide omnia predicta et singula cum pertinentiis dicto monasterio in perpetuum manutenere deffendere et saluare contra predicta vel aliud de predictis dicere non venire nec alicui contradicere volenti in aliquo consentire. In cujus rei testimonium nous predicti Agnes et Guillermus sigilla nostra presenti lictere duximus apponenda. datum die aprilis vj calendas in capitulo die mercurj ante festum pentecostis anno dominj mill° ccc° hoctavo. (Voir page 47, nos remarques sur cette date qui est inexacte.)

DOCUMENT VI (1).

1370. — 10 Décembre.

Reconnaissance faite par Me Rolet, de Musiège, notaire, en faveur du comte Pierre de Genève, par Jaquemetus *Bordons*

(1) Dû à l'obligeance de M. Jules Vuy, membre honoraire de la Société savois. d'hist. et d'archéol., vice-président de l'Institut genevois.

de Eyrier, filius quondam Joherii de la Very (1), pour des immeubles situés près de Chessenaz et Héry ou Hérier, en Semine, avec le passage qui suit, relatif à une petite partie de ces immeubles.

« Pro omnibus dicit quod solvit singulis annis in
« festo beati michaelis albaciæ montis prope anessier
« burgum duos solidos gebenn. vigore cujusdam aber-
« gamenti eidem confitenti facti per johannem ranaczat
« procuratorem dictæ albaciæ et per dominam peronetam
« de crochelletto albatissam dictæ albaciæ ut in instru-
« mento confecto per johannem boni hominis de syondaz
« sub anno domini M° CCC°. septuagesimo die decima
« mensis Decembris (10 décembre 1370) et in fine sigil-
« lato sigillo dictæ dominæ albatissæ. »

DOCUMENT VII.
1381. — 13 Juillet.

Lettres de Mathilde de Boulogne, comtesse de Genève, d'inhibition à tous de faire bâtir aucun moulin dans la paroisse et mandement de Gruffi, au préjudice de ceux desdites dames.

Nos malchidis de bolonia comitissa gebennensis notum facimus uniuersis per presentes quod nos supplicationem domine abbatice sancte Catherine de monte prope Anessiacum recepimus cuius tenor sequitur et est talis (2) :

(1) On trouve, dans ce terrier, qui commence à l'année 1377, plus d'un exemple d'un individu qui ne portait pas le nom de son père. Les noms de famille n'étaient pas encore absolument établis partout à cette époque. Le passage ci-dessus fournit un exemple à l'appui de cette remarque. (*Note de M. Vuy.*)

(2) Voir la requête en français, chapitre VI, p. 52.

Ad cujus supplicationis verifficationem nobis fuit exibita littera huic annexa super quibus habita deliberatione cum consilio nostro quo juste supplicationis nolentes cum patientia tollerentur quod jus ecclesiasticum dominantur neque in dicte abbatie donatione qui non solummodo in ipsius fauore………. largentur et predecessorum suorum remedium fuit donatio gratuita concessa videtur jn dictas litteras hic annexas continetur volumus et ordonnamus quod dicta molendina et battitoria de quibus in super fit mentio nouiter facta in prejudicium dicte abbatie et lesione totaliter tollantur et remoueantur nec de cetero in mandamento dicti loci gruffiaci et tota parrochia ejusdem loci aliqua molendina seu battitoria fiant, per officiales nostros sceu quamcumque aliam personam sed omnia et singula in dictis licteris annexis contenta dicte abbatie et Religiosis ejusdem perpetuo obseruentur mandamus et super tenore predicto castellano gruffiaci qui nunc est et pro tempore fuerit quathenus omnia et singula predicta pocessione jn licteris hic annexis contenta obseruent sine difficultate quacumque nec deinceps patiantur aliqua alia molendina seu battitoria fierj in dicto gruffiacj mandamento et dicto moderno gruffiaci castellano tenore presentium mandamus quod dictorum molindinorum et battitoriorum nouiter facta tolli faciant et remoueri sine mora mandantes in super receptoribus computorum pro predicto molendino et battitorio nouiter facto apponj et………. totaliter de ipsis computis tollant et remoueant. datum clarimontis die xiij mensis julii anno mill° ccc° lxxxj°   pro consilio.

DOCUMENT VIII.
1382. — 14 Septembre.

Autres lettres d'inhibition, de ladite comtesse, pour lesdits moulins de Gruffy.

Nos malchidis de bollonia comitissa gebennensis dilecto nostro castellano gruffiaci aut ejus locumtenenti salutem. tenore presentium vobis precipiendo mandamus sic omnino volentes quathenus quibuscumque oppositionibus et contradictionibus non obstantibus mandatum nostrum presentibus annexum, visis presentibus et absque mora officiali prout jacet executione de mandatis molendinum et battitorium in dicto mandamento et parrochia existentibus de quibus fit mentio in dicto mandato tolli et removeri totaliter faciendo nullo alio mandato a nobis super hoc vltra non expectato. datum greissiaci die xiiij mensis septembris anno domini mille ccclxxxij.

DOCUMENT IX.
1289. — 23 Mai.

Assignation à l'abbesse et au couvent de Sainte-Catherine d'un bénéfice sur l'église de Thônes accordé par Clément VII (Robert de Genève) (1).

Clemens episcopus servus servorum Dei ad perpetuam rei memoriam..... Cum itaque postmodum perpetuum beneficium personagium nuncupatum in perrochiali ecclesia Thoni Gebennensis dioc. per liberam resignationem dilecti filii magistri Jordani Emonis

(1) D'après une photographie de la charte communiquée par M. Eloi Serand, archiviste départemental adjoint de la Haute-Savoie.

canonici Gebennensis notarii nostri de illo quod tunc Obtinebat in manibus nostris sponte factam et per nos admissam apud dictam sedem vacaverit et vacare noscatur ad presens, nullusque preter nos hac vice de illo disponere potuerit neque possit reservatione et decreto obsistentibus in prædictis. nos volentes dilectis in christo filiabus Abbatisse et conventui monasterii sancte Catherine de monte prope annessiacum cisterciensis ordinis dicte dioc. ut onera eis incumbentia commodius supportare valeant de alicujus subventione providere gratiamque facere specialem predictum beneficium quod sine cura est sive ut prefertur sive alio quovismodo vacans dummodo ejus collatio hac vice ad nos dumtaxat pertineat cum omnibus juribus et pertinentiis suis eidem monasterio motu proprio non ad alicujus super hoc nobis oblate petitionis instantiam sed de nostra mera liberalitate et ex certa scientia auctoritate apostolica in perpetuum incorporamus annectimus et unimus ita quod liceat eisdem Abbatisse et conventui per se vel alium seu alios corporalem possessionem beneficii ac ejus pertinentiarum predictarum auctoritate propria apprehendere et etiam retinere fructusque redditus et proventus ejusdem beneficii libere recipere et in suos et dicti monasterii usus convertere. Diocesana loci et cuiuscumque alterius licentia minime requisita nonobstantibus quibuscumque constitutionibus ecclesiasticis ac statutis et consuetudinibus monasterii et ordinis predictorum contrariis iuramento confirmatione apostolica vel quacumque Brevitate alia roboratis. Aut si aliquis super provisionibus sibi faciendis huic modo aut aliis beneficiis ecclesiasticis in illis partibus special. vel general. dicte Sedis vel legatorum ejus litteras impetrarent etiam si per eos ad inhibitionem reservationem et decretum vel alio quomodolibet sit processum quamquidem litteras et processus habitos per easdem ad dictum personagium volumus non extendi sed nullam per hoc eis quoad assecnrationem beneficiorum aliorum prejudicium generari et quibuslibet privilegiis indulgentiis et litteris apostolicis generalibus vel specialibus quorumcumque tenorum constant perque presentibus non expressa vel totaliter non inserta effectus earum impedire valeat quomodolibet vel differre et de quibusquorumque totis tenoribus de verbo ad verbum habenda sit in nostris litteris mentio specialis provisioque dictum beneficium debitis obsequiis non fraudetur et solita ipsius onera debite supportentur. Nulli ergo omnino hominum liceat hanc paginam nr̄m incorporationis annecionis et unionis infringere vel et ausu temerario contradicere. Si quis autem hoc attemptare presumpserit indignationem omnipotentis dei et beatorum Petri et Pauli Apostolorum eum se noverit incursurum.

Datum Avenione V. Cal. Junii Pontificatus nostri Anno undecimo.

— Urbique de mandato d̄ni n̄ri p. p. s.
signé Perfecti.

DOCUMENT X.
1394. — 12 Mai.

Lettres de Mathilde de Boulogne, comtesse de Genève, gouernatrice dudit comté pour le pape Clément VII, d'exemption en faveur desdites Dames de tous impôts, taxes et subsides.

Nos malchidis de bollonia comitissa gebennensis Gubernatrix comitatus pro sanctissimo domino nostro papa Clemente septimo hereditario principe geb^e. notum facimus universis presentes licteras inspecturis cum pro parte religiosarum donarum abbatisse et conventus monasterii sancte Catherine de monte anessi ordinis ejusdem nobis porrecta supplicatione conveniebat quod licet eodem supplicantes et earum monasterium jn capite et manibus suis ac esse debeant per priuilegia et libertates eisdem hactenus concessas et concessa exempte libere et jmmunes ab omni contributione leva impositione subsidio et taxa leuendis seu exigendis per quosvis..... nichilominus ut subjungebat eadem supplicatione, capitanei seu gentes et officiarii deputati et eorumdem super fortifficatione reparatione et clausuris muro ville anessiacj certas et plures....... summas ad quas asserunt ipsæ supplicationes taxatas fuisse ad contribuendum in hujusmodi clausuris et fortifficatione ab eisdem.........intantum et propterea earum molendina annessi sita sepius monstraverunt et levauerunt mugnerios quod earumdem plures molestaverunt et inquietaverunt ac monstrarj bonari molestarj et inquietari per officiarium curie annessi fecerunt prout et faciunt inquietantque et molestant super quibus supplicauerunt sibi in capite et membris per nos de remedio prouiderj pro preterito presenti quam futuro temporibus attento quod earum homines quos habent in mandamento annessi ad hujusmodi signifficationibus et clausuris contribuunt et taxas sibi ad hoc factas et impositas sol verunt atque soluunt preterque dictum monasterium minus subueniunt et subuenire possunt. Nos itaque comitissa et gubernatrix prefata premissis attentis etiam quod dicte abbatie et conventus sint et simper fuerunt in possessione libertatis non contribuendi in clausuris fortificatione et reparatione Iam dictis nec minus addeo cum notoria .... laborem quod vix vallent sibi in necessarijs prouidere ..... ordinaria (1)..... considerata etiam benevolentia

(1) Cette première partie de la charte contient de très nombreuses fautes ; mais elle est conforme *à la copie de Turin*.

paternali et affectione quam sentimus jpsum clementem maximum papam et comitem erga ipsum habere monasterium in quo multa progenitorum corpora requiescunt. notifficantes etiant prout et scientes quod nostre vel bone memorie filii nostri carissimi petri comitis gebennensis quondam nunquam fuit jntentio seeu voluntas aliquid exigi seu recuperari ab ipsis abbatissa et conventu pro hujusmodi fortificatione reparatione et clausuris nec ob hoc ipsas aliqualiter molestarj in capite et membris ea propter de consensu voluntate prefati domini nostri pape et comitis plenius testificante pre ipso domino nostro papa et comite et eius in dicto comitatu successoribus jpsas abbatissam et conventum ac monasterium in capite et membris cum suis rebus et bonis ab hujusmodi que leua contributionibus taxis jmpositionibus et quibusvis alijs omnibus ab ipsis petendis vel exigendis pro fortificatione reparatione et clausuris hujusmodi vel earum occasione exemptas quietas liberas et jmmunes esse volumus et mandamus permanere et permansuras tam pro preterito presenti quam futuro temporibus ipsaque ex jnde quietamus liberamus et soluimus per presentes. mandantes harum tenore capitaneo sindicis exactoribus recuperatoribus et gentibus circa hoc deputatis et deputandis ceterisque officiariis ipsius domini nostrj dicti comitis presentibus et futuris corumque loca tenentibus ne jpsas dominam abbatissam conventum ac monasterium in capite seu membris nec etiam jpsarum fructus et bona aliqualiter ulterius inquietent turbent ocupent vel molestent premissorum occasione nec molestarj jnquietarj occupari aut aliis turbari ulla tamen presumant aut possint. Datum Balme die xij^a hoctava mensis maij anno domini mill° ccc° nonagesimo quarto sub sigillo nostro jn testimonium veritatis premissorum.

Per dominam gubernatricem presentibus dominis Repecula milite petri guillermi judice gebennecii.

DOCUMENT XI.
1413. — 12 Décembre.

Lettres d'Amé comte de Sauoje, de nomination à la chapelle du monastère de Sainte-Catherine de la montagne d'**Annecy**, fondée par le comte Amé de Genèue.

Amedeus comes Sabaudie et gebenn^i. dilecto nostro domino de moruri salutem. Illis nempe nostre liberalis gratie libenter [non] minus jmpertimur quos vice laudabilis et morum discrettiva virtus commendat cappella sceu capellania ex ordinatione bone memorie jllustris avunculi predecessoris nostri domini Amedei comitis gebennensis quondam dotata in monasterio beate Catherine de monte supra annessiacum ordinis cisterciensis gebennensis diocesis decem libris gebennen^s. annualibus percipiendis per rectorem dicte capelle seu capellanie de super exitibus leyde et denariorum de levariis solutorum annessiaci medietate in festo natiuitatis domini, alia medietate in festo beate marie madalene nuper vacante per obitum domini Johannis Ruazat canonici eclesie [s^i Petri Geben]. Rectoris ejusdem capelle cujus jure patronatus ad nos velut comitem gebennensem et dicti avunculi nostri successorem noviter pertinere..... apud nos de vita laudabili aliisque probitate et virtutum meritis fide dignorum relatu multipliciter comendato Ipsam capellam seu capellaniam ac ipsius regimen cum juribus fructibus exitibus et pertinencijs ejusdem conferimus convertimus et de ea prouidemus nostro proprio motu nostrarum presentium litterarum tenore. Ita quod vos per vos seu per aliud nomine vestro teneamini cultum domini in dicta capella seu capellania Iuxta fondatoris ipsius ordinationem Idonee et fideliter adimplere et ministrare. idcirco harum serie mandantes et expresse precipientes..... et exactori leyde et denariorum dni predictorum dicte vtlle nostre annessiacj presenti et futuro quoties [et] quamdiu viventis in hominibus vobis de assignatione facta dicte capelle satisfaciat jntegriter quacumque difficultate cessante et absque alicujus mandati expectatione. Datum tononii die duodecima mensis decembris anno domini mill⁰ quatercentesimo decimo tertio.

DOCUMENT XII.
1493. — 9 Mai.

Lettres de Blanche duchesse de Sauoye, de confirmation des priuilèges accordés par les comtes de Genève en faveur des dames de la montagne d'Annessy.

Blancha ducissa Sabaudie tutrix et tutorio nomine illustrissimi filii nostri carissimi Carolis Johannis Amedei ducis Sabaudie Chablaisii et Auguste sacri romani Imperij principis vicariique perpetui marchionis jn Italia, principis pedemontium comitis gebennensis et de villarijs et loci dicti montis baronie Vuaudj Faucigniaci Bellifortis et gay nyssieque et vercellarum ac friburgi domini. Uniuersis sit manifestum quod novo visis donationibus priuilegiis libertatibus declarationibus et confirmationibus per illustres quondam bone memorie comites et comitissas gebennenses prefacti illustrissimi filii nostri predecessores venerabilibus monialibus et monasterio sancte Catherine super annessiacum factis et concessis presentibus annexis et per secretarium benedilectum fidelem dominum consiliarium nostrum dominum deffendentem de pectinatis aduocatum fiscalem sabaudie generalem subnominatum de nostris mandatis solertè visitatis, cujus relatione audita, supplicationem itaque venerabilium monialium dicti monasterii sancte Catherine de monte super annessiacum hic nobis factam benivole annuentes ex nostra certa scientia et consiliariorum nostrorum subnominatorum deliberatione prehabita donationes ipsas nec non priuilegia libertates declarationes et confirmationes predictas hic annexas prefatis monialibus et earum monasterio prout illis hactenus use sunt laudamus ratifficamus et approbamus ac osseruarj volumus. Mandantes ea propter consiliis nobiscum et camberiaci residentibus bailivo et judici gebenni. castellano annessiaci ac ceteris uniuersis et singulis ducalibus officiariis mediatis et jmmediatis quibus presentes peruenerint seu ipsorum officiariorum locatenentibus et cuilibet eorumdem sub pena centum librarum fortium pro quolibet dictis consiliis infringere [audeat]. quatenus ipsas donationes priuilegia libertates declarationes confirmationes et has litteras nostras prefatis monialibus et earum monasterio prout illis hactenus use sunt teneant attendant et inviolabiliter obseruent ac per quorum intererit obseruari faciant illas jn ulloque contrafaciant etc., etc...

Datas Taurini die nona mensis maij mill° quatercentesimo nonagesimo tercio.

DOCUMENT XIII.
1511. — 26 Septembre.

L'abbesse Bernarde de Menthon approuve une vente de terres du fief de l'abbaye (1).

Nos Bernarda de Menthone humilis abbatissa monasterii abbatialis beate Marie sancte Catherine montis Se-

(1) D'après la charte originale appartenant à la Société florimontane.

mine super Annessiacum burgum, cisterciensis ordinis gebennensis dyocesis notam harum seriem facimus universis, quod informata de quadam venditione facta deifilio et girardo Garinij fratribus de annessiaco per georgiam uxorem glaudij marchandi et (*un blanc*) marchandi de quadam petia terre continenti circa unum jornale contentum in territorio de Meytet loco dicto in contamina juxta terram in presenti acquisitam de tribus confinibus, scilicet occidente, borea et vento, et juxta vineam Johanis et Martini des geneveys heredum glaudii de insulis et petrum de sacsis ex oriente. Item et de quadam alia petia terre continenti unam posam contentam in territorio de Meytet loco dicto in Ravatics sive in contamina juxta terram in presenti acquisitam (1) ex occidente et vento, terram petri de sacsis ex oriente et juxta terram Johanis des geneveys ex borea. Constante de ipsa venditione quodam publico instr°. per egregium amedeum boni Thomasseti not. ut asserunt recepto sub anno et indictione currentibus et die in eodem instrumento descriptis quequidem res sunt per probos homines per semel valere extimate relatione dilecti commissarii nri subsignati anthonii Conversi vendez (vendas) triginta quinque flo. p. p. Supplicationi igitur prefatorum emptorum sup hijs nobis facte benevole adnuentes, dictam venditionem........ pro nobis et nostris eisdem emptoribus laudamus ratifficamus preterea et confirmamus eosdemque emptores de ipsis rebus investimus et relinquimus pro......... usagiis oneribus et tributis inde nobis debitis solvendisque et supportaturis, consuetis alijs quoque juribus nris in actionis ratione in premissis semper suis.

(1) C'est-à-dire que cette seconde terre est contiguë à la première, comme on a dit plus haut que la première l'était à la seconde (juxta terram in *presenti acquisitam*).

Confitendo propterea nos habuisse et recepisse ab eisdem emptoribus laudes et vendas nobis spectantes et pertinentes et de quibus ipsos solvimus et quittavimus per presentes. Has in premissorum testimonia concedimus.

Datas in dicta nostra abbatia, die vigesima sexta mensis septembris anno D^i. M^o. quingentesimo undecimo sub sigillo nostro et signato manuali commissarii nostri subsignati.

P. dictam. R. Dnām abbām.

Sex gross.

Signé : Conversi notario.

Sceau pendant à une languette de parchemin.

DOCUMENT XIV.

1537. — 16 Décembre.

Autres lettres de Charlotte d'Orléans, comtesse de Genève (1), de confirmation des privilèges accordées par ses ancêtres, comtes de Genève, aux dites dames.

Charlotta de aurelianis ducissa [nemorensis] contessa douageira gebennensis et gebenn^i. baronnissa faucigniaci et bellifortis tutrix et gubernatrix dilectissimi filii nostri (2). uniuersis facimus manifestum quod nous visis donationibus priuilegiis libertatibus declarationibus et confirmationibus predictis per quondam bone memorie principes comitesque et comitissas gebennenses predecessores nostros venerabilibus monialibus et monasterio sancte Catherine super annessiacum factis et concessis que presentibus annectuntur et per consilium nostrum gebenn^e.

(1) Veuve de Philippe de Savoie, premier comte de Genevois de la 3e série, fait duc de Nemours le 22 décembre 1528; mort en novembre 1533.

(2) Jacques de Savoie,

debite visitatis cujus relationi a dictis Reuerenda domina abbatissa et venerabilibus monialibus sancte Catherine de monte super hic nobis facte beniuolle inclinata ac nostrorum fidelium consilioriorum nostrorum subnominatorum deliberatione prehabita donationes ipsas nec non priuilegia libertates declarationes et confirmationes ipsis et prefatis monialibus et earum monasterio prout illis hactenus use sunt laudamus ratifficamus confirmamus et approbamus ac harum litteris volumus sub modis formis conditionibus reseruationibus et aliis qualitatibus in eisdem comprehensis et descriptis mandantes ea propter consilio nostro presidenti et magistris camere computorum bailliuis judicibus et procuratoribus nostris fiscalibus castellano clericoque curie annessiaci et ceteris uniuersis singulis officiariis nostris mediatis et immediatis ad quos spectabit et presentes peruenerint seu ipsorum locatenentibus et cuilibet eorumdem sub pena centum librarum gebennens^m. pro quolibet dictis consiliis et camere inferiori ut has ipsas donationes priuilegia libertates etc. prefatis monialibus etc. prout illis hactenus use sunt teneant etc.

Datum Annessiaci die decima sexta mensis decembris anno mill° quingent°. trigesimo septimo.

Signé : **Charlotte d'Orléans.**

DOCUMENT XV.

1562. — 14 Avril (1).

Double des confirmations faictes par monseigneur au profit des Révérendes Dames et religieuses du couvent et abbaye Sainte-Catherine.

Jacques de Savoie duc de Nemours comte de Genève et

(1) Archives de la Chambre des comptes. Contrats et lettres d'offices, 1555-1562, vol. 13, p. 202.

Genevois, marquis de St Sorlin, baron de Foucigny et Beaufort. A tous ceux qui ces présentes verront salut. Veu en nostre conseil d'état les lettres de don priuilieges libertés immunités et exemptions octroyés par feu de bonne mémoire Vullielme comte de Genevois, anx couvent et abbaye Sainte-Catherine sus et près nostre ville d'Annessi auec plusieurs aultres lettres de confirmation et déclarations sur ce octroyés par nous jllustres prédécesseurs scauoir tant par feu dame de Marchilidie de Bolonnie comtesse de Geneuoys, Agnès de Chalon, vefue de feu Amé comte dudict Genevois et Guillaume son fils comte et aultres de dame Marchiede de Bologne comtesse, aultres de Amé comte de Savoie et Genevois aultres de dame Blanche duchesse de Sauoye tutrice de Monsieur Charles Jehan Amé duc de Sauoie son fils et aultres octroyés par feue nostre très chère et très honorée dame et mère et tutrice le tout attaché avec nos présentes de l'humble supplication et requeste de nous chières et bien amées l'abbesse et religieuses d'icelle abbaye et suivant la délibération de nostre dict conseil en tant que nous touche et concerne de nostre certaine science meure délibération et plein pouvoir jcelles donations preuilièges libertés jmmunités déclarations aux dictes abbesses religieuses et monastère avons loué ratiffié confirmé et approuvé louons ratiffions confirmons et approuvons par ces présentes pour en jouir et user comme par cy devant elles en ont bien dheuement et légitimement jouy et usé, soubz les formes conditions réservations et qualités pourtées par jcelles et sans préjudice des fermes et tributz annuels a nous d'heuz. déclairons neantmoings que par ce apprès ne sera loisible aux dictes abbesse religieuses et couvent acquerir tenir et posseder soubz lesd^{ts} priuilèges des biens se tenantz et mouuantz de nos fiefs arrière fiefs fors jusques à la somme de mil escuz solz pour une foys toutes acquisitions comprinses. ledict dimes tributz tousiours saulvé et là ou excederont jcelle somme ne pourront pour le surplus se aider et jouir dudict preuilège. Si donnons en mandement et commandons à noz très chers bien amez et feaulx conseilliers les président et aultres de notre conseil et chambre des comptes ballifs juges et procureur fiscal de Genevoys chastellain et greffier de court de notre mandement d'Annessy et aultres qu'il appartiendra et à chacun d'eux se comme leur touche a peine de cent liures gen^{ols}. pour vng cheseun. Mandons auxd^{ts} de notre conseil et chambre des comptes que lesd^{tes} abbesse religieuses et monastère Ils facent soffrent et laissent jouyr et user de nosd^{tes} presentes etc., etc.

Donné Annessy le quattorzieme jour d'apuril l'an mil cinq cens soixante deux

Ainsi signé Jacques et sur le replit par monseigneur duc et comte (1) en son conseil d'estat Louiret.

DOCUMENT XVI.
1611. — 20 Novembre.

Reception de damoyselle Charlotte Francoise de Vallon pour nouice et religieuse en l'abbaye de Saincte-Catherine (2).

Au nom de Dieu ainsi soit lan de grace courant mil six centz et unze et le vingtiesme jour du mois de novembre A tous soit notoire et manifeste comme damoyselle Charlotte Francoise fillie de Noble Seigneur Jaques De Gex

---

(1) Le comté de Genevois ne fut érigé en duché que le 31 décembre 1564.

(2) D'après une copie extraite, par M. Riondet, du minutaire de Me Naz, notaire à Samoëns.

Seigneur de Vallon Morillon Arbusigny et Graverue
Gentilhomme de la chambre de Monseigneur Ayt supplié
et requis Reuerende Dame Claudine Dementhon Abbesse
de Sainte-Catherine au Mont de Semminez sus la ville
Dannessy fondée, de l'Ordre de Cisteaulx, la vouloir accepter receuoir et retenir au nombre des nouices et consequamment des religieuses prebendees en lad^{te} abbaye
pour y demeurer et user le reste de sa vie pour son salut
et de ses parentz et amis sellon Dieu suivant ledict ordre
de Cisteaulx Et encore de present et a sa requeste ledict Seigneur de Vallon prie et requiert icelle dame
abbesse et ses deuotes soeurs religieuses en lad^{te} qui
leur plaise icelle accepter et retenir A quoy auroient librement consenty Pour ce est-il Que par deuant les tesmoins subnommez et moy notaire soub^{né} sont establyes
en leurs personnes ladicte reuerende Dame Claudine
Dementhon abbesse et de son aucthorite licence et consentement venerables dames R^{des} Hyeronime de Malliard,
Loyse de Sainctioire prieure, Janne, Francoise et Jac-
queliine de Beaufort sœurs, Loyse de Ballon, Janne de
Vallence, Claudine de Rochette, Jacquelline Ducrest,
Bernarde Devignod, Amede de Sirizier, Emanuelle De-
monthouz touttes religieuses professes, Françoise de
Beaufort et Peronne de Rochette nouices de lad^{te} abbaye
congregees en chappre a la maniere accoustumée repre-
sentantz tout le chappitre de lad^{te} abbaye Lesqles infor-
mees des sens scauoir condition bonnes mœurs et profession de ladicte damoyselle Charlotte Francoise de
Vallon pour elles et leurs successes en lad^{te} abbaye Ont
volontairement accepte et retenu acceptent et retiennent
Icelle damoyselle Charlotte Francoise de Vallon cy pnte
acceptante auec humbles remerciations En et du nombre
des nouices consequamment des religieuses prebendees

de lad^te abbaye a la propre table de lad^te dame abbesse en la sorte qualite façon et maniere des autres religieuses Et a prendre et recepuoir lhabit de ladicte abbaye et estre du nombre desd^tes religieuses Apres touttefois que lad^te dame abbesse lui auroit declaire et donne dentendre le mode de vivre reigles astrictions et subiections de lad^te abbaye et ordre de Cisteaulx Et suivant ce ladicte damoyselle Charlotte Françoise entre les mains de lad^te dame Abbesse A promis jure et voue obseruer et garder chastete religion et reigles ordonnees en icelle abbaye Auec touttes autres solemniptes en semblables cas requises et necessaires En Contemplation de quoy pour ausmone et pour mieulx supporter les charges quil conuient et conuiendra supporter pour le faict que dessus Sest establis en personne ledict Seigneur de Vallon lequel de gre et liberalement pour luy et les siens hoiers uniuerselz Donne octroye et constitue A ladicte damoyselle Charlotte Françoise sa fille pour ses biens paternelz et maternelz fraternelz et sororielz p̄ñtz et futeurs q̄conques A la prenommee dame abbesse icy prezente acceptante stipulante et recepuante pour et ses successeres en lad^te abbaye A scauoir la somme de deux centz ducattons une tasse et une cuilliere dargent le tout presentement delivre en p̄nce desd^ts tesmoins et de moyd^t nōte Tellement que ladicte dame abbesse sen tient pour bien contente et satisfaicte et en soult et quicte led^t seigneur de Vallon et les siens avec pact expres de non jamais rien luy en demander Et outre ce ledict seigneur de Vallon pour luy et les siens predictz Donne et constitue a ladicte Charlotte Françoise sa fille cinquante florins mōn Sauoye de pension annuelle payable tous les ans au terme dune chūne feste de sainct Andre apostre durant la vie naturelle de lad^te damoyselle Charlotte Françoise commençable le premier paiement de sainct André prochain en un an pc̄he venant Plus lui donne ses accoustrementz scauoir un manteau simple pour lesté, un autre manteau de bon drap forré, deux robbes, deux cottes un chappellet et une bague ensemble son lit fourny, lesquelles choses sont estees cejourd'hui deliurees de maniere que lad^te dame abbesse sen contente et quicte comme dessus led^t seigneur de Vallon et les siens predictz. leq^l seigneur a promis et promet dailleurs appres que ladicte damoyselle sa fille sera faicte professe la faire consacrer, et supporter les frais et despens qu'il conuiendra faire et supporter pour cest effect. Promet^t. pour ce lesd^tes parties scavoir lesd^tes dames abbesse et religieuses par le vocu de religion mettantz la main a lestomach a la maniere accoustumée des religieuses pour elles et leurs successeresses en lad^te abbaye et soub lexpresse obligation et ypotheque de tous et un chūns les biens dicelle Et led^t seigneur de Vallon par foy et serment aux sainctes escriptures de Dieu corporellement touches et soub lexpresse obligation et ypotheque de tous et vn chūns ses biens meubles et immeubles pn̄tz et futeurs q̄lconques Et specialement pour le paiement de la susdite pension et en deffault dicelluy oblige et ypotheque la terre reuenu et seigneurie dud^t Arbusigny avec ses dependances lesqlz biens lesd^tes parties doresnauant se constituent tenir respectivement au prouffict lune de lautre pour lentiere obseruation du contenu au pn̄t acte sans jamais y contrevenir en rien hors jngement Ains le tout perpuellement obseruer Auec aussy renonciaons a tous droitz loix coustumes libertes status priuileges ordonnances et autres escriptz et non Par le moyen desqlz ils pourroient aller faire dire ou venir au contre de ce que dessus mesme au droict disant la confession faicte hors jugement et la gn̄alle renonciation nestre vallable ne precedant la spāle Faict et prononce dans lesglise de lad^te abbaye de Sainte-Catherine en presence d'Illustre et reverendissime Seigneur Monseigneur François de Sales Euesque et prince de Geneue Reuerend Seigneur messire Jean Françoys de Sales chanoine de St Pierre Noble Seigneur Claude Vydompne Seigneur de Charmoisy Marclaz Villier et Follier et Noble Seigneur Claude de Gex Seigneur du Villar frē du dit Seigneur de Vallon tesmoins a ce requis.

(Signatures) : De Menthon de Vallon Franc^s e de Geneue J Franc^s de Sales Charmoisy Duvillar Andrier not. a ce que dessus recevoir requis (1).

DOCUMENT XVII.

1563. — 20 Mai.

Vente de la seigneurie de Ballon à Pierre Perrucard (2).

Emanuel Philibert, par la grace de Dieu duc de Savoye etc.

Scavoir faisons comme étant bien recors que par nos lettres patentes dattées a Fossan du mois de septembre dernier passé 1562 avions donné, cédé inféodé... comme par donation pure et irrévocable à notre cher et bien aymé Anthoine de Cusinens, dit d'Avanché, la terre seigneurie du mandement de Ballon avec ses appartenances et dépendances quelconques soubs toutefois la réserve de réachapt perpetuel nous et les nostres, moïennant la

(1) Michel Andrier, notaire à Vallon. Cette localité a formé une commune jusqu'en 1811, époque à laquelle elle a été réunie à Samoëns.

(2) Arch. du Sénat. Reg. civils, XII, f° 173 et suiv.

somme de 2000 escus d'or d'itallie. Despuys par aultres lettres patentes du mois de febvrier dernier passé avions confirmé avec semblable réserve les dites donation et inféodaton a demoiselles Jeanne marie loyse l'ainé, marie loyse la jeune mye et Catherine de Cusinens, filles et héritières du dit Cusinens.....

Et parce que le droit de reachapt à nous reservé sur la dite terre et seigneurie de Ballon nous est chose peu proufittable et de petit revenu et importance ainsi que bien et duement avons été informé, notre cher et feal et bien amé *Pierre Perrucard* natif de Chatillon de Michaille pays du beugey, *nostre barbier de corps, vallet de chambre*, nous auroit aujourd'hui fait entendre comme il nous auroit faict plusieurs et notables services *pour l'espace de trente ans* qu'il auroit esté continuellement a nostre service, participant de tous les hazard et calamités de guerres ou james nous sommes employes tant en ce pays d'itallie flandre, allemagne france et yspaigne, despensant non tant seullement sa personne mais aussy son bien lequel pour la suitte de nostre loyal partir durant le temps que le Roy de France nous occupoit nos estats luy seroit esté prins et reduit soubs sa main l'espace de 18 ou 20 ans qu'estoit de revenuz de deux ou trois cents florins par an. Et d'ailleurs nostre le dit Perrucard continuant à la même volonté et affection qu'il a a nostre service nous auroit puys naguière réellement presté des deniers qui pourroit avoir espargnés à nostre service la somme de deux mille escus d'or d'itallie, pour nous secourir et estre utillement employé a nostres tres urgentes affaires et conservation nécessaire de nos Estats..... Aussy en ayant esgard qu'icceluy Perrucard est encoure continuellement a nostre service, auquel ne scaurions donner assez suffisante récompense selon la bonne affection que avons.

..... Pour ces causes... suivant l'advis de nostre Conseil d'Estat... pour nous et les nostres avons vendu, cédé et transporté... au dit Pierre Perrucard et ès siens hoyrs et successeurs à perpétuité. a scavoir le dit droit de reachapt a nous retenu et réservé sur la dite terre seigneurie du mandement de Ballon, Leaz et Clausaz (1) en nostre dict pays de Beugey, ensemble nostre droit de reachapt sur le village de Grifin dépendant des dites terres, aultres fois aliéné par feu de bonne mémoyre le duc Loys nostre bisayeul a Jehan d'Avanchie en l'année 1447 pour le prix de 400 florins... avec tous droits nous appartenants sur le dict mandement, juridiction haulte moïenne et basse, mère mixte empire, exercices d'icelle, fiefs rièrefiefs, hommes, hommages, vassaux et vasselages, droits et debvoirs ordinaires et extraordinaires, obventions, biens vacants, amendes, forfaicture, confiscation et aultres semblables droits seigneuriaux et chasteaux, maisons, granges, fornages, mollins, édifices, artifices, peages, leydes, rivages, cours d'eaux, prés, terres, vignes, boys, montaignes, arpéages, champéages, forestages, communs, isles, chasses, cens, dismes, gardes, corvées, gabelles... qui nous compète, appartient et appartenoyt a feu de bonne mémoire le duc Charles nostre tres honoré seigneur et père,.... et aussy le droit sur le péage et village du Mollard et lavaiz (?)... avec aussy pleine auctorité et puissance dy faire eriger et dresser pilliers et poteaulx forches patibulaires comme ont nos aultres vassaux banneret circonvoisins, armoriés de ses armoiries si bon luy semble, et pour l'exercice de cette juri-

(1) Clusaz, dont on a fait l'*Ecluse*, où se trouve actuellement le fort de ce nom.

diction de pouvoir constituer officiers pour l'administration de la justice et toutes aultres prééminences à ce convenantes..... avec faculté de disposer tant en testament et donation qu'aultres contrats (1).

Le prix de la présente vente est de 2000 escus d'or d'itallie que le dict Perrucard nous a reellement nombrés et délivrés et par luy remis entre les mains de nostre tres cher amé et féal conseiller d'Estat neygron de Neygroz trésorier général de nos finances qui en délivrera a l'achepteur bon et souffisant acquist.

Et d'abondant, nous nos successeurs quelconques avons inféodé et inféodons au s^r Perrucard et les siens toutes la dicte terre seigneurie de Ballon, Leaz et Clausaz en fiefs nobles transmissibles touttes fois en la forme commune et coustume des fiefs de Savoye, sans rien nous y retenir et réserver que les dictes foy et hommage de fidélité telle que nous est deue par nos aultres vassaux et autres droits de dernier ressort et dernière appellation, de rière fief et souveraineté.

Sauf et réservé pour nous ou les nostres, reachapt perpétuel moiennant la restitution au dit Perrucard des 4000 escus quatre cents flourins, et aultres choses que legitimement seroient esté employés dans l'utilité et proufficl de la dite seigneurie, voulons et nous plait que la dite seigneurie soit désunie disjointe séparée et démembrée de nostre patrymoine et ancien domayne et constituons le dict Perrucard à mesmes droits que nous estions.

Si donnons en mandement a nos tres chers bien amés et feaux conseillers les gents tenant nostre Sénat et Chambre des Comptes auxquels pour ce effaict nonobstant le

---

(1) Voilà une belle énumération de droits féodaux.

serment que pourrions avoir faict de ne consentir à aucune aliénation de nostre patrymoine; ensemble au Jugemaje de Beugeys et à tous aultres justiciers, officiers.... de reconnaître le dit Perrucard comme seigneur de Ballon, Leaz et Clausaz et luy entendre et obéir ainsy que de raison.

En contreignant et faisant contraindre les dites damoyselles de Cusinens successeurs du dit Jehan d'Avancher... a passer revente des dites terres et seigneuries au proufict du dit Perrucard et des siens moiennant la restitution des sommes portées aux dites lettres donation et inféodation sus déclairées.... et nous plait estre par icelles damoyselles de Cusinens faictes et passées les dites reventes sans attendre plus ample déclaration, nonobstant tous statuts ou ordonnances, arrêts, prohibitions, règles de chambre, et specialement l'édit de nos allieux (*aïeux*) de tres heureuse memoyre feu Loys duc de Savoye nostre bissayeul du 22 Apvril 1445 et aultres ensuivis. Et avons signé de nostre main et y faict apposer nostre grand scel en présence de nostre grand chancelier Consciller d'estat soubsigné.

Donné à Turin le 20º jour de moys de may 1563.

Signé E. Philibert. — Vº. Provana, — de Pingon, et scellé en lac de soye pendant en soye or blue et incarnat.

DOCUMENT XVIII.
1716. — 18 Février.

Verbal fait par le Seigneur Sénateur Desery sur l'élection faitte d'une abbesse en l'abbaye de Sainte-Catherine du Mont de Semine par les Religieuses d'icelle abbaye.

Nous Francois Hiacinthe Duclos Defreney, comte de Bonne et Desery, baron de Lambert, seigneur de Lorsier, de Vouvray, de la Bastie, Dardel et autres places, Conseiller du Roy, sénateur au Sénat de Savoye, à tous qu'il appartiendra, scavoir fesons qu'ensuitte des ordres de S. M^té addressés à S. E^ce Monsr le premier Président et commandant Gaud en datte du vingtneufvième décembre mil sept cent quatorze et aultres subséquens ayant été par elle commis pour l'exécution d'iceux nous nous sommes transporté de Chambéry avec un valet à l'abbaye de Sainte-Catherine, où étant arrivé le 18e février 1716 nous aurions donné avis de notre commission à Madame Rouph sous prieure de la ditte abbaye, luy notifiant que nous portions aux dames qui composent le dit monastère la permission de s'assembler capitulairement pour être instruittes des intentions de sa ditte Majesté sur l'élection *d'une abbesse à la place de Mad^e de St Thomas décédée dès quelq' années,* ce que nous aurions fait pour qu'elle préparat tout ce qui était nécessaire et prescrit par leur règle pour procéder à la ditte élection.

De quoy la ditte supérieure après nous avoir asseuré au nom des dittes Dames de leur parfaitte soumission aux ordres qui leurs seraient intimés, les aurait informé.

Ensuitte le lendemain dix neuvième jour du dit février après que les dittes Dames eurent chanté la messe solennelle du Saint-Esprit, célébrée par le s^r Delacroix chanoine de St Pierre de Genève, leur confesseur, elles se seraient assemblées dans le lieu où se tient leur chapitre, dans lequel nous serions aussy entré et étant *assis à la droite du R^d abbé de Tamié* les dittes Dames placées selon l'ordre de leur réception, nous les aurions plus particulièrement instruit du suiet de notre commission, qui étoit après leurs avoir fait lecture à haute et intelligible voix des endroits de laditte lettre qui les concernoient de nous trouver présent et assister à leur chapitre, après quoy nous leurs aurions parlé en ces termes :

« Mesdames pour les manquemens intervenus dans la première élection et pour n'avoir *demandé à Sa Majesté la permission d'y procéder;* nous devons vous faire remarquer qu'elle ne vous fait pas l'honneur de vous notifier ses intentions par une lettre comme elle a fait à ceux qui se sont acquittés de ce devoir, elle a néant moins la bonté de vous accorder par notre organe la permission de vous assembler capitulairement pour élire une abesse, *autre toutefois* que celle cy-devant esleuë, pourvëu qu'elle soit religieuse de votre Ordre et sa suiette, le tout suivant vos règles et constitutions.

« Nous devons aussy vous représenter qu'il ne vous est pas permis d'ignorer que Sa Majesté est incontestablement le Patron et le protecteur de votre abbaye, et comm' elle est pleinement informée du mérite et de la vertu de Mad[e] de Menthon de Gruffy, religieuse du Bethon, personne de qualité, exacte observatrice de sa règle et propre à maintenir le bien et la régularité dans votre monastère nous vous la proposons de sa part.

« En donnant cette marque de déférence et d'une juste et respectueuse soumission à ses légitimes et Royales intentions que nous avons l'honneur de vous expliquer vous rencontrerés sa satisfaction, et votre advantage, vous réparerés l'oubly peu respectueux, et les manquemens de la première élection, et vous mériterés en profitant de mes sincéres et affectueuses représentations les effets de sa Royale protection. »

Ensuite de quoy Monsr l'abbé de Tamié instruit des sentimens des dittes Dames auroit très-humblement à leur nom remercié Sa Majesté de la bonté qu'elle avoit de leurs accorder ladite permission et nous auroit protesté qu'elles étoient trop instruittes de la droiture de ses Royales intentions pour ne s'y pas conformer et qu'elles etoient trop heureuses de pouvoir réparer par une exacte et entière soumission à ses ordres les manquemens qui leurs étoient échappés par foiblesse et par inadvertance et en même tems auroit addressé son discours aux dittes Dames, leurs fesant connaître de quelle importance étoit le choix qu'elles devoient faire d'un suiet capable de remplir avec mérite cette dignité, l'esprit d'union qui devoit les animer à le faire en suivant les lumières et les inspirations du ciel, et que comme Sa Majesté leurs insinuoit un suiet digne de son choix, elles devoient considérer que cette insinuation n'etoit faitte que pour l'avantage de leur monastère, et que la prière du Souverain étant un ordre, quoiqu'il fut persuadé que Sa Majesté ne vouloit pas leur ôter la liberté des suffrages et les priver de leurs droits à l'advenir, il les croyait trop prudentes pour ne pas y déférer et profiter des représentations que nous leurs avions faittes. Ensuite de quoy elles auroient touttes unanimement témoigné être prêtes d'observer les protestations que M. l'abbé à leur nom et de leur consentement nous avoit précédemment faittes, attendu qu'elles voyoient bien que Sa Majesté n'agissoit en cela que pour le bien et la conservation de leur abbaye.

Après quoy les prières faittes, et ayant délibéré de faire leur élection par scrutin, elles auroient choisi trois Dames pour scrutatrices, fait lecture des constitutions de leur ordre concernant cette élection, comme aussy fait appeler un notaire pour recevoir l'acte d'élection et des témoins pour y assister, le tout suivant leurs statuts, et voyant qu'elles étoient pretes de donner leurs suffrages, nous leurs aurions déclaré que nous nous retirions pour ne pas donner atteinte à leurs droits à l'advenir en genant par notre présence la liberté des suffrages, à condition toutefois qu'avant d'ouvrir le scrutin, nous serions appelé, de quoy nous ayant témoigné leur recognoissance, nous serions sorti de la sale capitulaire.

Et le scrutin fini deux dames députées nous en étant venu donner avis, nous serions rentré dans la ditte sale et le dit scrutin auroit été ouvert en notre présence, et les trois scrutatrices nous ayant notifiés que ladite Dame Dementhon absente avoit tous les suffrages, elles l'auroient en même tem psroclamée légitime abbesse de Sainte-Catherine canoniquement esleuë; ensuite de quoy la publication du dit acte d'élection faitte en notre présence, M. l'abbé de Thamié en a dressé son verbal, et acte public duquel nous avons une expédition authentique signée par le dit R^d abbé, par les dittes Dames, par deux témoins et par Me Nanche, notaire.

Ce fait mondit sieur abbé auroit entonné le *Te Deum* en action de grâces, qui auroit été continué par les dittes Dames, lequel étant finy, les dittes Dames nous auroient instament prié de faire en sorte que leur soumission respectueuse dont nous rendrions témoignage put effacer toutes les impressions facheuses que leur imprudente conduitte passée pourroit avoir faitte sur l'esprit de Sa Majesté nous déclarant qu'elles auroient l'honneur de luy escrire à ce suiet et de luy marquer la douleur qu'elles avoient de luy avoir pü déplaire, en luy demandant l'agrément du choix qu'elles ont fait présentement, espérant que leur nouvelle abbesse bien connue et agréable à Sa Majesté leur procurera des marques sensibles de Sa Royale protection, nous demandant acte de ce que dessus pour leur servir, et valoir ainsy que de raison, et nous serions ensuite retiré à Chambéry le vingtième février suivant.

De tout quoy nous avons dressé le présent verbal par nous signé et selé du seau de nos armes, à Chambéry, ce vingt unième février mil sept cent seize, signé Duclos Defreney et selé de son seau en cire rouge.

DOCUMENT XIX.
1716. — 19 Février.

Teneur d'autre verbal de R^d Dom Arsenne de Jouglaz abbé de Thamié sur l'acte d'eslection faitte d'une abbesse en l'abbaye de Sainte-Catherine.

Nous frère Arsenne de Jouglaz, abbé de Thamié de l'ordre de Cisteaux, vicaire general du même ordre en Savoye, scavoir fesons que ce jourd'huy dix neufvième février mille sept cent seize en vertu de la commission à nous addressée par Monseigneur notre Révérend^{me} abbé général de Cisteaux dattée du vingtième du mois de janvier dernier de présider à l'élection de l'abbesse du monastère de nôtre Dame de Sainte-Catherine du dit ordre de Cisteaux au diocèze de Genève, lequel monastère seroit vacant depuis le décès de Dame Christine de Saint-Thomas dernière PAISIBLE ABBESSE d'iceleuy, arrivé le vingt quattre février mille sept cent quatorze, l'élection que les Religieuses y auroient faitte, quelq iours après le décès, de sœur Françoise de Bellegarde D'antremont, religieuse du Bethon pour remplir cette dignité, s'étant *trouvée nulle à cause du défaut d'age de l'esleuë*, laquelle d'ailleurs auroit ensuite *renoncée par acte* à la ditte élection aussy bien qu'à la confirmation qu'en auroit donnée le R^d *abbé de Clervaux*, nous nous serions rendu vers les dix heures du matin au cœur des Religieuses du dit monastère de Sainte-Catherine ou elles ont coutume de chanter l'office divin, accompagné de Me Guillaume Nanche, notaire Royal et bourgeois d'Annecy, de Dom Jean Curton notre religieux, de

Mes Claude-François Nanche et Mauris Favre, tous deux bourgeois d'Annecy, témoins requis et soubsignés, pour faire procéder à l'election de l'abbesse dudit monastère et y présider en la qualité que dessus, après avoir pour cet effet convoqué dès hier les dites Religieuses dans le dit cœur, et leurs y avoir exposé notre ditte commission et fait faire lecture d'icelle, lesquelles vénérables Religieuses voulant en effet procéder à la ditte élection suivant le droit et pouvoir qu'elles en ont et conformement aux règles et constitutions de notre Ordre, et ensuite de la permission que le Roy leurs a accordée de s'assembler pour cet effet, et qui leurs a été notiffié de sa part par Monsr le comte Desery Sénateur au Souverain Sénat de Savoye à ce député au nom de Sa Majesté par Son Excel. Monsr Gaud premier Président en son dit Sénat de Savoye et son Commandant deça les monts, ont pardevant nous Président comparues capitulairement dans ledit lieu du cœur, scavoir — sœur Antoinette Rouph souprieure, sœur Marie Balthazarde de Menthon de Dingy, Angélique de Barnoux, Marie Anne Reydelet, Jacqueline Reydelet, Josephte Prospère de Blancheville, Jacqueline Péronne de Sale, Anne Antoine Le Seurre, Louise Amédée Degruel Duvillard, Jacqueline Charlotte Excoffon, toutes Religieuses professes dudit Monastère, et vocales, ayant été assemblées au son de la cloche à la sortie de la messe couventuelle du Saint-Esprit où elles ont toutes communiées et nous aurions d'abord fait lire le chapitre de la Règle, *de ordinando abbate*, après quoy ayant fait chanter le *Veni Creator* pour demander l'assistance du Saint-Esprit, nous aurions presté le serment requis en pareil cas et nous l'aurions fait prester au notaire et aux témoins et aux scrutatrices et électrices, auxquelles nous aurions ensuitte donné l'absolution de l'ordre accoutumée, après cela les dittes Religieuses ont en la manière qu'il est ordonné fait le scrutin qui est la voye qu'elles ont d'abord choisie pour s'elire leur abesse, escrivant les unes après les autres leurs suffrages sur une table au milieu du cœur, et les mettant dans une boette, lesquels ayant été ensuitte comptés par la première scrutatrice se sont trouvés au nombre de dix qui est celui des Religieuses vocales, la même scrutatrice les a par après depliés et leu à la veuë des deux autres qui les ont réduit par écrit en présence du notaire et des témoins, et s'étant rencontré par le calceuil (sic) fait des dits suffrages qu'il y avait élection toutes les électrices ont voulu et demandé qu'ils fussent publiés, si bien que sœur Marie Victoire de Menthon de Gruffy religieuse de notre Dame du Bethon du même ordre s'est trouvée avoir tous les dits suffrages, et par ainsy a été ensuitte déclarée et reconnue par nous et par toutes les électrices pour canoniquement eleuë abbesse du dit monastère de Sainte-Catherine ; et après avoir solennellement fait publier la ditte élection, à laquelle personne ne s'est opposée, nous avons ordonné que l'acte luy en serait envoyé pour avoir son consentement ; et avons enfin terminé la Cérémonie par le chant du *Te Deum* en action de grâce.

De tout quoy nous avons dressé et signé le présent procès verbal et fait signer aux dittes Religieuses et aux témoins, et au notaire le dit jour dix neuf février mille sept cent seize. Signé Fr. Arsenne de Jouglaz, abbé de Tamié, Marie de Menthon de Dingy, Angélique de Barnoux, Marie Anne Reydellet, sœur Jacqueline Reydellet, sœur Josephte Prospère de Blancheville d'Héry, sœur Antoine Rouph sous prieure, sœur Péronne de Sales, sœur Anne Antoine Le Seurre, sœur Louise Amédée Degruelle Duvillard, sœur Jacqueline Charlotte

Excoffon, F. J. Curton, C. F. Nanche présent, Favre présent, et par Me Guillaume Nanche, notaire Royal.

DOCUMENT XX.

Bénédiction d'une abbesse. (Tiré du *Registre des vestures*.)

Le 15e jour du mois de may 1716 venérable Dame Marie Victoire de Menthon de la Balme Gruffy abbesse de ce monastère de Sainte-Catherine a été bénie abbesse par nous soussigné frère Arsène de Jougla abbé de Tamié vicaire général de Cisteaux dans la province de Savoie, en vertu de la commission à nous donnée par Rme Edme Perrot abbé général de Cisteaux du 12e mars 1716.

Fr. Arsène de Jougla abbé de Tamié, vic. genal.

Fr. J. Curton secrétaire.

DOCUMENT XXI

Prise d'habit. (Tiré du *Registre des vestures*.)

Nous frère Arsène de Jougla abbé de Tamié, de l'ordre de Cisteaux au diocèse de Tarentaise, vicaire général du dit ordre en la province de Savoye, certifions que l'an mille sept cent dix huit et le onzième janvier (après la sainte messe par nous solennellement célébrée dans l'église du monastère de notre Dame de Sainte-Catherine du même ordre, au diocèse de Genève, dépendant de notre vicariat) avons bénit publiquement les soeurs Georgine Victoire de Gerbais de Sonnaz, d'Abères en Chablais, et Françoise Madelyn de La Tour, de la ville d'Annecy en Genevois, filles de probité, de bonnes mœurs reconnues, suffisamment âgées ; et les avons conduites processionnellement à la Rde Dame Marie Victoire de

Menthon de la Balme, abbesse du dit monastère de Sainte-Catherine, des mains de laquelle elles ont incontinent reçu, dans le chœur de ses religieuses là assemblées, l'habit de la Religion pour le dit monastère, lequel nous avions auparavant béni ; ce qui s'est fait en la manière et avec toutes les cérémonies accoutumées dans le dit Ordre en notre présence et de plusieurs autres personnes, notamment de noble Joseph de Gerbais de Sonnaz, baron d'Abères, père de la dite sœur Georgine Victoire, de noble Joseph Gaspard Madelyn de La Tour, père de la dite sœur Françoise, de noble Jean Baptiste de Menthon seigneur de la Balme, baron de Gruffy, des nobles Jean Baptiste d'Abères et Claude Charles des Forêts et de Dom Jean Curton notre religieux et secrétaire témoins soussignés avec nous.

Fr Arsène de Jougla abbé de Tamié vic. gen^{al}.
Sr De Menthon de la Balme abbesse de Ste Catherine.
Sr Georgine Victoire de Sonnaz. Sr Franç^{se} Madelain.
De Sonnaz d'Habères. — Magdelain Delatour.
D'Habères De Sonnaz. Déforest. Fr Jr Curton secr^{re}.

DOCUMENT XXII.

Procès-verbal de profession. (Tiré du *Registre des vestures*.)

Le 10e du mois de janvier de l'année mil sept cent trente sept, Je soussigné frère Claude François Doyen, confesseur de l'abbaye de Sainte-Catherine par commission expresse de M^{gt} notre révérendissime abbé de Clairvaux supérieur immédiat de cette abbaye, atteste avoir reçu à la profession religieuse sœur *Claudine Donier*, novice qui a fait publiquement profession de la règle de notre bienheureux père saint Benoît, a prononcé les vœux solennels de Religion et en a reçüe le voile pour ladite abbaye de Sointe-Catherine. Le tout s'est passé avec toutes les cérémonies accoutumées et les formalités prescrites par le Rituel de nostre Ordre ; en foy de quoy Jay signé à Sainte-Catherine les an, jour et mois susdits avec les témoins qui se sont trouvés à cette cérémonie.

Fr. C. F. Doyen confesseur. St Madelain abbesse.
Sr Reydellet, maitresse des novices.
Sr Claudine Donier professe.
J. Donier. D. Baptiste Greyfié religieux barnabite.
Loüis Berthollet. De Chaulmontet.

DOCUMENT XXIII.

Lettre de Charles-Emmanuel III au Sénat de Savoie (1).

Très chers, bien-aimés et féaux. L'abbaye de Sainte-Catherine ayant vaqué, comme vous savez, les religieuses nous représentant le droit dont elles ont joui ci-devant d'élire capitulairement leur abbesse, nous ont demandé la permission de le faire.

Nous avons réfléchi en cette occasion que l'abbé de Tamié, comme vicaire-général-né de l'ordre de Cîteaux en Savoie, a sous lui ledit monastère, et encore les deux autres de filles du Beton et de Bonlieu, et que le feu roi mon seigneur et père les ayant tous crus de patronage royal par dotation, y avait dans le temps de leur respective dernière vacance introduit la nomination et effectivement nommé l'abbé et les abbesses ; de manière que le cas présent de l'abbaye de Sainte-Catherine devant faire état par rapport aux trois autres de Tamié, Beton et Bonlieu, nous avons cru devoir chercher une règle

(1) Archives du Sénat. Registre des Billets royaux du 28 mars 1731 à la fin de 1734.

qui soit juste pour tous les quatre et qui mette par conséquent à couvert notre conscience aussi bien que notre droit, en examinant si nous devons soutenir la nomination ainsi qu'on la pratiquée dans les dernières vacances, ou bien laisser la liberté aux élections canoniques, comme l'on faisait autrefois, en nous réservant de donner le placet pour procéder à l'élection et accorder ensuite l'approbation, ou même nous contenter de donner seulement le placet après que l'élection aura été faite.

Quant à l'abbaye de Tamié, fondée en 1132 par Pierre, archevêque de Tarentaise, la famille de Chevron ayant fait donation du lieu de Tamié avec tout le territoire de la montagne, excepté quelques fiefs et autres biens, et le comte Amé de Genève ayant dans la même année offert à l'archevêque de choisir dans tout son Etat un endroit plus convenable pour fonder un monastère de Cîteaux, parce que Tamié était trop étroit, l'archevêque choisit le territoire de Bellocey, dont le comte lui fit donation, avec d'autres biens et revenus.

Plusieurs fiefs et ruraux lui furent aussi donnés par les comtes de Maurienne Humbert II et III, Thomas Ier, Edouard et autres princes leurs successeurs, aussi bien que par les comtes de Genève, auxquels notre royale maison a succédé, ainsi qu'il résulte amplement par la relation des titres que le président Raiberti tira en 1727 de cette abbaye.

Sur ces fondements, quoique les moines fussent dans la possession immémoriale d'élire l'abbé dans leur chapitre, selon les statuts de leur ordre, parce que l'on ne réserva aucune nomination dans la fondation et que les princes ne l'avaient non plus prétendue dans la donation, le duc Charles-Emmanuel Ier nomma pourtant un sujet à cette abbaye en 1584; mais la cour de Rome n'y eut point d'égard, ainsi qu'il arriva encore en 1596.

En 1659, Charles-Emmanuel II nomma à la même abbaye, mais le pape Alexandre VII y pourvut par dévolu, sans faire cas de ladite nomination, et les bulles en passèrent à votre exequatur sans contradiction.

En 1701, le roi mon père vous ordonna de rechercher et examiner les titres de patronage, nomination ou agrément soit placet par rapport à cette abbaye, sur quoi vous donnâtes votre avis où il est fait mention de plusieurs donations et concessions des princes de Savoie, sans réserve de patronage, et d'un nombre d'actes des religieux qui ont reconnu ce patronage, et l'on y fait état surtout d'une bulle du pape Nicolas V de l'année 1454 qui confirme l'élection de l'abbé faite par le chapitre, dont on voit la teneur dans le livre des preuves du manifeste de notre cour contre celle de Rome, et qui fut expédiée avec la clause de supplication de la part du duc Louis. Vous avez encore reconnu par le même avis que régulièrement l'on demandait la confirmation de l'abbé ainsi élu à l'abbé général, et particulièrement après l'année 1584, que la cour de Rome fit difficulté de confirmer celui qui avait été élu, parce que dans l'acte d'élection l'on exprimait le patronage, et vous en avez conclu que ce patronage concernant un bénéfice régulier duquel les abbés doivent être élus en chapitre, selon les statuts de l'ordre, n'opère aucun droit de nomination, mais seulement d'agrément et de placet.

Le roi mon père approuva cet avis par sa lettre du 3 février 1702 et écrivit le 8 aux religieux de Tamié qu'il leur permettait de s'assembler pour l'élection d'un abbé, selon les usages et statuts de leurs règle.

Cette lettre leur fut rendue par le sénateur Dichat dans

le temps qu'ils étaient assemblés en chapitre et il eut ordre de leur proposer encore d'élire un des deux religieux dom Garnerin ou dom Cornuty ; après quoi, étant sorti du chapitre jusqu'après l'élection, celle-ci tomba sar ledit dom Cornuty qui avait été longtemps sous-prieur, ainsi qu'il résulte du verbal dudit sénateur, où il est dit que le chapitre remercia le roi par une lettre par laquelle il demande encore qu'il agréât l'élection qui avait été faite.

L'abbaye ayant vaqué en 1727, après plusieurs recherches des titres qui prouvent qu'elle a été dotée par les princes et ducs de Savoie, le roi mon père, persuadé que le patronage lui appartenait, détermina d'établir la nomination de l'abbé et nomma le religieux dom Pasquier.

Les motifs de cette résolution, outre les titres sus-énoncés, recueillis par le président Raiberti, sont ceux dont il est fait mention dans une lettre du feu comte Mellarède au même président :

1° Que nos prédécesseurs se sont qualifiés patrons de l'abbaye et que les religieux, en recourant à eux, les ont reconnus pour tels ;

2° Parce que cette abbaye doit être comprise dans l'indult de Nicolas V étendu particulièrement depuis par Benoît XIII par la parole *monastères*, dans laquelle on comprend les abbayes régulières, soit en commende, soit en règle, lorsqu'elles sont perpétuelles, comme celle de Tamié ;

3° Parce que le roi de France, en conséquence du concordat, nomme les abbés réguliers de tout le royaume, à la réserve de ceux qui sont chefs d'ordre.

Les religieux firent plusieurs remontrances au roi pour soutenir leur droit d'élection ; mais l'on exécuta la nomination par l'institution de l'abbé, qui s'ensuivit de la part de l'abbé général de Cîteaux, avant de leur laisser la liberté d'exposer leurs raisons à votre premier président. L'abbé Pasquier même fit des représentations par une lettre qu'il écrivit audit comte Mellarède contre la réduction faite des biens de l'abbaye par le président Raiberti.

Cet abbé ayant donc été mis en possession par le prieur de Chézery, commissaire de l'abbé général, en vertu d'acte du 2 mars 1728, où il est fait état de la nomination royale, le chapitre y inséra une protestation contre ladite nomination pour préserver son droit d'élection, en déclarant d'avoir consenti à l'installation de l'abbé Pasquier par respect pour les ordres du roi, ce qui fut pareillement convalidé par le susdit commissaire dans le même acte.

Sur la remontrance de l'avocat-général, vous déclarâtes la protestation susdite nulle et de nul effet, attentatoire au droit de la nomination royale, avec défense aux religieux de s'en prévaloir en aucun temps ou de procéder à l'élection, à peine de 5,000 liv. d'amende par réduction de leur temporel.

Pour ce qui est de l'abbaye de Sainte-Catherine, qui est le cas qui se présente aujourd'hui, il conste que jusqu'à l'année 1712 l'élection des abbesses a été faite par les religieuses assemblées en chapitre en l'assistance de l'abbé de Tamié, lequel, comme vicaire-général de l'ordre de Cîteaux en Savoie et leur père spirituel, les a confirmées et instituées, nos prédécesseurs s'étant contentés de se servir des termes d'insinuation, d'agrément et de lettres de placet, ainsi qu'il est dit dans le mémoire remis par l'abbé de Tamié au premier président Gaud.

L'abbesse de Saint-Thomas étant morte en ladite année, les religieuses, sans en demander au préalable la permission de la cour, élurent pour abbesse la sœur de

Bellegarde, et y recoururent ensuite pour en avoir l'agrément et l'approbation.

L'on supposa alors au roi mon père que ce bénéfice était de sa nomination, et il vous ordonna pour cela d'en donner votre avis et de faire en attendant suspendre l'effet de l'élection.

Vous fûtes d'avis qu'il n'y avait aucun titre suffisant à établir la nomination royale à cette abbaye, quoique censée de fondation de notre maison, hormis l'énonciation d'un placet accordé par le duc Charles-Emmanuel II de l'année 1671, par lequel, en permettant à l'abbesse de se choisir une coadjutrice et informée de l'élection faite capitulairement de la sœur de Saint-Thomas, il dit qu'il accorde son placet en vertu de son patronage et nomination.

D'ailleurs, sur le motif que s'agissant d'abbesses régulières, quand même l'on eût pu supposer le patronage, celui-ci n'opère pas le droit de nomination mais tout au plus celui d'agrément et d'approbation du sujet élu capitulairement, vous alléguâtes plusieurs raisons pour faire voir que ces religieuses avaient le droit d'élection et particulièrement par les exemples des monastères de Tamié, de Bonlieu et du Beton, qui, étant de la même nature, avaient dn tout temps pratiqué librement l'élection de leurs supérieurs. Et vous conclûtes par soutenir la validité de l'élection de ladite sœur de Bellegarde, comme ayant été faite en conformité des canons et des statuts de la règle et avec l'assistance de l'abbé de Tamié, selon l'usage.

Nonobstant cet avis, le roi mon père écrivit le 29 décembre 1714 au premier président Gaud de prendre de plus amples éclaircissements, et en attendant il permit gracieusement aux religieuses de procéder à une nouvelle élection d'abbesse, parce que celle de la sœur de

Bellegarde avait été faite sans en avoir demandé la permission de la cour et sans l'assistance d'un ministre de sa part. Il ordonna en même temps audit président d'envoyer au monastère un sénateur pour donner l'exclusion à ladite sœur de Bellegarde, parce qu'elle était trop jeune et qu'elle avait manqué de respect, et proposer en outre la sœur de Menthon de Gruffi du monastère du Beton pour être élue abbesse de Sainte-Catherine. La commission en fut donnée au sénateur Descry, lequel assista au chapitre avec l'abbé de Tamié, y notifia les ordres du roi et proposa la personne qui devait être élue, après quoi il déclara qu'il se retirait pour ne pas empêcher la liberté des suffrages, mais à condition qu'il serait rentré avant qu'on ouvrît le scrutin, qui ne fut effectivement ouvert qu'en sa présence, et il en résulta l'élection de la personne qu'il avait proposée, ainsi qu'on le voit par son verbal.

L'abbesse ainsi élue demanda ensuite l'agrément du roi pour prendre possession de sa dignité, par une lettre où elle lui marque qu'elle la tient de sa main royale, et le roi en le lui accordant marque dans sa lettre qu'il le lui accorde comme à une abbesse élue par les religieuses avec l'approbation royale.

Quant aux abbayes de Bonlieu et du Beton, outre ce que nous avons dit ci-dessus et qui leur est commun avec celle de Sainte-Catherine en ce que leurs abbesses avaient toujours été élues par les religieuses à forme des canons, il y a un acte de l'année 1652 qui prouve encore cet usage par rapport à l'abbaye de Bonlieu.

Cependant le roi mon père, par patentes du 12 juillet 1719, fondées sur son patronage, nomme pour abbesse de Bonlieu la sœur de Gruel de Villars, et celle-ci ayant ensuite été transférée par une autre nomination au Beton, le même roi nomma le 10 août 1725 la sœur de Bellegarde pour Bonlieu.

Les pièces dont nous avons rapporté ci-dessus le précis ayant été examinées par notre ordre, et la question ayant été agitée en deux congrès différents composés de ceux de nos ministres et autres sujets que nous avons cru les plus capables de l'approfondir et d'en bien juger, ils nous ont donné séparément un avis unanime dont nous jugeons à propos de vous faire part, parce que servant de fondement à la résolution que nous avons cru devoir prendre pour les motifs sus énoncés, il est bien qu'il reste dans vos archives, soit afin que vous soyez pleinement instruits des raisons importantes qui nous ont obligé de nous départir des principes sur lesquels on avait porté le roi mon seigneur et père à se déterminer sur cet article, soit pour que, dans le temps à venir, vous soyez en état, si la question se réveille, de faire les remontrances requises.

L'on a donc eu en considération deux titres pour voir si nous avions véritablement le droit de nomination auxdites abbayes : le premier de patronage et le second d'indult.

Quant au patronage, pour ce qui concerne le monastère de Tamié, quoique l'on trouve des vestiges anciens qui indiquent que le patronage en appartient à notre maison royale, soutenu par deux circonstances singulières qui sont que les princes nos prédécesseurs se sont toujours qualifiés patrons de l'abbaye et que les religieux les ont reconnus pour tels, outre l'usage de demander l'agrément de l'élection capitulaire de l'abbé, cependant l'on n'a point trouvé un titre spécifique qui établisse et prouve ce patronage.

Pour ce qui est des trois autres monastères de filles,

l'on n'a non plus trouvé aucune pièce à laquelle l'on puisse attribuer le patronage, hormis le même usage de rapporter le susdit agrément et une espèce de tradition que ce soient des monastères de fondation royale.

Mais, quoi qu'il en soit, quand même nous aurions pour tous les quatre un vrai titre de patronage royal, comme il s'agit de bénéfices réguliers et par conséquent purement électifs, il est constant que le patronage ne donne d'autre prérogative que celle de placet soit d'agrément susdit, puisque, pour en avoir la nomination, il faut avoir, outre le patronage, un privilège spécifique, ainsi qu'il est porté par le concordat de la France, lequel on sait d'ailleurs n'avoir pas lieu en Savoie.

Et pour l'indult, il ne paraît pas que celui que nous avons de Nicolas V puisse comprendre ces monastères ni autres de nos Etats, quoique ils soient gouvernés par des abbés et qu'ils aient une vraie dignité abbatiale, parce que cet indult n'a point abrogé les élections particulières des monastères pour en réserver la provision au Saint-Siège, même avec la condition de ne les conférer que moyennant l'intention et le consentement des ducs de Savoie, le susdit pape ayant seulement promis de ne pourvoir aucune église métropolitaine, cathédrale et dignité abbatiale *dont la collation fût réservée à sa disposition,* sans avoir auparavant l'intention et consentement susdits, de manière qu'il a laissé les élections des abbés réguliers dans l'état où elles étaient, ce que l'on comprend clairement par les paroles de l'indult où il est dit « afin que par la promotion de qui que ce soit au gouvernement des églises ou monastères du domaine temporel du duc, ou par la provision de quelque dignité que ce soit, réservée à notre disposition et qui doit être faite par nous, etc. »

Il est cependant vrai que si la cour de Rome entreprenait de se réserver la provision de ces abbayes ou d'autres réguliers de nos États par voie de commende, de sécularisation ou en quelque autre manière, et que nous voulussions bien le permettre, en ce cas-là l'indult aurait lieu, de sorte pourtant que le pape ne pourrait jamais y pourvoir sans avoir notre intention et consentement, c'est-à-dire notre nomination royale, comme le pape Benoît XIII l'a déclaré.

Et c'est là la raison pour laquelle, lorsque la cour de Rome a voulu dans les temps passés pourvoir à l'abbaye de Tamié, nos prédécesseurs n'ont pas manqué de proposer leur droit de nomination et d'en donner les lettres, quoique elles n'aient pas été admises, ou si elles l'ont été l'on n'en a point fait mention dans les bulles, à cause des différends que la même cour avait en ces temps-là avec la nôtre, hormis la bulle de l'année 1454 que l'on a citée pour exemple dans notre manifeste pour l'intelligence et l'observation de l'indult.

De tout ce que dessus l'on induit que l'on ne doit point faire état de la nomination faite à cette abbaye de Tamié par le roi mon père en 1727, qui eut son effet par l'institution du supérieur de l'ordre de Cîteaux, non-seulement parce que si on prétend l'appuyer au patronage, nous n'en avons point de titre qui porte la nomination, et que d'ailleurs la pratique d'un fort long temps y est contraire, et même la déclaration faite par le roi aux religieux en l'année 1702, mais encore parce que si l'on voulait la fonder sur l'indult de Nicolas V, il aurait fallu que cette nomination fût présentée au Saint-Siége, ainsi que l'indult l'exige.

Tout ce que l'on vient de dire par rapport à l'abbaye de Tamié a d'autant plus lieu à l'égard des monastères du Beton, de Bonlieu et de Sainte-Catherine, que l'on ne peut pas établir, quant à ceux-ci, une véritable dignité abbatiale.

De toutes ces circonstances il résulte évidemment que nous n'avons aucun juste fondement d'insister pour la nomination de l'abbé de Tamié ou des abbesses des trois monastères du Beton, de Bonlieu et de Sainte-Catherine qui en dépendent, mais que nous devons laisser la liberté aux élections capitulaires et exiger seulement que l'on en rapporte la confirmation de l'abbé général par rapport à Tamié, et quant aux abbesses, de l'abbé de Tamié même comme vicaire-général de l'ordre, sans que la cour de Rome y ait la moindre ingérance, en soutenant toujours le droit que notre royale maison a, par une possession ancienne, d'agréer les élections ainsi faites.

Nous avons donc approuvé cet avis et voulons qu'il serve de règle à nos déterminations, tant par rapport à l'abbaye de Sainte-Catherine, dans le cas présent, qu'à l'égard de tous les quatre dans les vacances respectives. A cet effet, nous vous ordonnons de leur notifier ces mêmes déterminations par la voie de votre premier président et suggérer particulièrement aux religieuses de Sainte-Catherine de procéder à l'élection de leur nouvelle abbesse, et après qu'elle aura été faite par leur chapitre à forme des canons, en rapporter la confirmation de l'abbé de Tamié, l'abbesse ainsi élue nous devant ensuite demander l'agrément avant de prendre possession de sa charge. Et sur ce, nous prions Dieu qu'il vous ait en sa sainte garde. A Turin, ce 15 avril 1733.

Signé : C. Emanuel.

Contresigné : D'Ormea.

Aux très chers, bien-amés et féaux les gens tenant notre Sénat de Savoie.

DOCUMENT XXIV.

Chambéry le 22 juin 1734.

Monsieur

Les Dames Religieuses de Ste Catherine du parti de Mad^{me} l'abesse m'ont engagé à faire parvenir a V. E. le placet ci-joint pour S. M. J'ose me flatter, M. qu'étant apuié de son crédi il fera tout l'effet auquel les bonnes et justes intentions de ces dames peuvent s'attendre, il ne sera pas difficile a V. E. d'y développer le soufle de cet esprit malin et seducteur qui fait agir le parti oposé; Les Dames de celui de Mad^{me} l'abesse se reservent à envoier incessament à V. E. un factum qui la mettra bien mieux au fait de la conspiration concertée depuis long tems contre l'election faitte de Mad^{me} Madelain, elles auront l'honneur de lui en écrire elles memes en le lui envoiant, que me reste-t-il donc M. qu'a suplier V. E. dont la justice est si universellem^t. connue de vouloir faire trouver pour agreables les representations soumises et respectueuses qui lui sont faittes par Mad^{me} Madelain et celles qui lui ont donné leurs suffrages, le sang ne m'engageroit pas seul à faire cette demande si outre que toutes les bonnes raisons paraissent être pour elles (J'ose même dire le mérite) ses concurrentes ne s'en étoient pas pris à moi et à toute sa parenté dans leurs ecrittures J'espère monsieur d'obtenir par les bontés dont V. E. a toujours honoré notre famille et particulièrement mon frère qu'elle nous accordera sa protection et nous procurera la grace que nous demandons à S. M. a commencer par engager M. l'abé de Citaux par une lettre a ne rien precipiter, les discours qu'a tenu son commissaire a Ste Catherine avant son depart, je veux dire M. l'abé de St Sulpice, prévenu en faveur du parti contraire, font tout craindre que l'effet, si l'on ne le prévient, ne suive de près la menasse.......

De V. E.

Le très humble très obeissant serviteur
Le Baron De Gye Devilette.

DOCUMENT XXV.

1734. — Juin.

AU ROI

Sire

Sœur Françoise Gaspard Madelain et les six Religieuses qui l'on Elue consternées au dernier point prenent la liberté d'exposer avec autant de douleur que d'humilité à V. M.

Qu'aiant perdu à la fin de février 1733 la sœur de Menthon leur dernière abesse, et obtenu de V. M. le 15 avril suivant la liberté d'en choisir une autre, l'abé de Tamié vicaire général de Citeaux en Savoie vint avec deux assistants à Ste Catherine pour procéder comme il fit le 29 même mois à l'élection (qui au 3e scrutain tomba sur lad^{te} sœur Madelain) et l'acte fut signé de gré à gré par les 12 ayants voix actives (à l'exception de la s^r de Sales qui ne voulut pas le faire) et par deux notaires assermentés ; La suitte a justifié qu'elle devoit servir d'actrice principale dans une scene bien triste ou soûs son nom, un Esprit séditieux du dehors a pratiqué la Cabale qui forme a présent un schisme dans la maison, et qui n'a pour but que de mettre en dignité une autre qu'elle (1),

(1) C'est-à-dire : personne autre qu'elle.

Cette faction Eclatta deia par l'oposition que formèrent six mécontentes à l'agrément de V. M. Et après l'avoir suspendu elles se pourvurent à l'abé de Clerveaux supérieur Immediat de lad⁰ Abbaie de Ste Catherine en luy proposant différentes prétendues nullités intervenues dans l'Election de la sœur Madelain, mais sur les reponces faittes par l'abé de Tamié (emploiées par les Exposantes) Il les a débouttè par sa sentence du 20ᵉ aoust 1733, Et après avoir déclaré qu'il n'y avoit abus dans lad^e Election, Il l'a Confirmée et déclarée canonique et commis l'abé dud^t Tamié pour mettre sa sentence en Execution.

V. M. informée de ce deboutement d'oposition fit l'honneur d'écrire aud^t abé de Tamié le 16 septembre dernier, et en même tems à lad^te sœur Madelain abese Elue pour estre mise en possession, et elle ajouta de faire comprendre à celles qui pourroient encore songer à faire de nouvelles représentations que cette affaire étant décidée par leur supérieur majeur V. M. ne vouloit plus en entendre parler et qu'elle souhaitoit absolument qu'elles reconnussent l'abesse.

Les six opposantes souscrivirent comme les sept autres à lad^te sentence à l'intimation que leur en fit l'abé de Tamié le 30 septembre dernier (et meme la sœur de Sales qui n'avoit pas signée l'Election), Et le lendemain Il fut procédé à la prise de possession dont l'acte fut signé par le notaire et chaque religieuse promit l'obéissance à la manière de l'Ordre à la sœur Madelain, sauf les six oposantes qui pour se distinguer se servirent de ces termes ambigus « Je vous la promet par ordre de Clairvaux, et pendant que vous serés ma supérieure. » Elles prétendent donc qu'elle l'est, mais qu'elle ne le sera pas toujours, car quoique déboutées, celuy qui a excité par ses pratiques le feu de discorde l'entretient de loin et par lui et par celui qui lui a succédé, et a tant fait qu'il a obtenu le 16 avril dernier de l'abé de Cîtaux une Commission addressée à l'abé de St Sulpice pour connoitre des plaintes des d^{es} six Religieuses qu'il a receues apellantes sur les mêmes prétendues nullités (agitées par devant l'abé de Clairvaux, et par lui rejettées) et faire toutes procédures jusqu'à jugement définitif exclusivement.

Elles se flattent beaucoup sur un ordre qu'elles publient avoir obtenu de V. M. qui disent elles, agrée la Commission donnée à l'abé de St Sulpice par celui de Cîtaux qui s'est réservé le jugement définitif pour eviter apel, et c'est sur cet ordre dont le Sénat a permise l'execution par ledit abé de St Sulpice qui pendant neuf jours de ce mois a procédé sur des mémoires et factum répétés et infinis d'une manière qui donne lieu de craindre aux exposantes qu'il n'arrive comme il a publié, avant son départ, decisivement malgré leurs reponses et deffences qu'il reviendroit bientost déposer l'abesse et procéder a une autre Election. Cette déclaration surprenante ne fait elle pas penser si l'on ne le dit pas qu'il faut qu'il y ait bien de la prévention pour tenir semblable discours.

Mais les exposantes espèrent que V. M. préviendra le coup par son autorité Roiale par l'interest qu'elle a de soutenir son abaie divisée en deux partis, la plus saine partie est celle qui soutient une Election canonique, aprouvée par V. M. et autorisée par le supérieur majeur et immédiat avec connaissance de cause par une sentence aquiescée et exécutée.

C'est un bouclier, Sire, contre ce second apel car enfin peut on ignorer la maxime constante en droit que les apellations ont un terme pour estre interjettées (Et il ne s'etend pas à 7 à 8 mois) tout comm'elles ont leur exclusion et c'en est une touiours lorsque les parties condamnées ont acquiescé au jugement rendu contre elles ainsy qu'ont fait les oposantes et même le 29 may dernier en sous crivant deux actes publics avec la sœur Madelain comme abesse sans plainte et sans proteste.

Quel inconvénient n'y auroit Il pas d'ailleurs si l'abé de Cîtaux venait à ordonner une nouvelle Election car sa sentence étant susceptible d'apel les Exposantes, qui sont inebranlables dans leurs choix ne manqueroient pas d'en porter leur plaintes à Rome si V. M. le leur permettoit pour ne pas voir reussir une indigne faction qui privant la Communauté de la paix la ruine par des grands fraix en courses et autrement.

V. M. previendra tous ces maux si elle veut bien faire ecrire (ainsi qu'elle en est très humblement supliée) a l'abé de Cîtaux de suspendre son jugement pour que les Exposantes aïant Instruit plus amplement V. M. de leurs legitimes deffences en obtiennent sa spéciale protection, et qu'elles aient encore le tems d'en Informer par voie non suspecte ledit abé de Cîtaux, mais quelque longue que soit necessairement cette supplique elles ne peuvent la finir sans y adjouter deux circonstances qui concernent les Intérêts de V. M.

La première est que l'on ne pense a rien moins que d'unir les deux abaies Roiales de Ste Catherine et de Bonlieu, quelques odieuses que soient les unions même des simples bénéfices, et l'on se vante d'y réussir Et la seconde est que les six oposantes pensent si peu à l'intérest de l'abaie et marquent si bien au contraire la passion qui les anime que elles n'ont pas fait façon de declarer qu'elles se desisteroient de soutenir la sœur De Sales qui a reçu disent elles leurs suffrages pourvu que l'on établisse la triennalité ou que l'on prenne un sujet ailleurs aiant son douaire a Ste Catherine.

Ce troupeau affligé attend cette nouvelle grace spéciale de V. M. pour laquelle elles ne cesseront de prier le Dieu des armées de continuer la prospérité des siennes et de la conserver à sa Roiale famille et à ses peuples.

Gonnier
pour les supliantes.

DOCUMENT XXVI.
1770. — 17 Décembre.

SIRE

Dans l'extrême affliction où nous a plongées le decès de Madame nôtre Rev^{de} abbesse Madelain arrivé le six du cour^t mois, nous ne trouvons point, Sire, de plus solide consolation, que de venir nous prosterner tres humblement aux pieds du trône de V. M. pour luy en faire part, et implorer avec une Respectueuse confience son Royal agrément pour procéder à une nouvelle Election ; conséquemment à la gracieuse liberté qu'elle a bien voulut nous en laisser ; Nous n'ignorons point, Sire, que le véritable moyen d'attirer vos regards favorables, est de bien s'acquitter des devoirs de son état ; aussy tacherons nous, pour les mériter de plus en plus, de remplir fidèlement les notres, en élisant celle que nous croirons consciencieusement être la plus capable de maintenir cette exacte régularité que notre respectable Defunte a toujours cultivée, à l'exemple de celles qui l'avoient précédée ; cette double faveur, que nous osons espérer de vos bontés ordinaires, Sire, sera pour chacune de nous en particulier et pour toutes en général, un pressant motif de redoubler nos prières pour la précieuse conservation de Vôtre Majesté, et pour celle de Sa famille

Royale ; quoy qu'elle soit déjà l'objet continuel de celles que nous adressons chaque jour au Seigneur : et aussitôt, Sire, que nôtre Election serat faite, nous nous ferons un devoir essentiel de l'apprendre à Vôtre Majesté afin qu'elle daigne accorder à l'élûe la permission de prendre possession, après qu'elle aura reçut la confirmation de nos supérieurs.

Nous avons l'honneur d'être, avec la plus parfaite soumission et le plus profond Respect

  Sire
    De Vôtre Majesté

Les très humbles très obeissantes servantes et sujettes. Sœur Du Boin Prieure et Cellerière sœur Claudine Donyer sœur Victoire De Loche sœur Marie de lé Aual sœur Claudine De Regard sœur Anne Gentil sœur Francoise de Gondé sœur Julie de Vlieger.

De vôtre abbaye de Ste Catherine ce 17 décembre 1770.

DOCUMENT XXVII.

Monsieur

Si V. E. accorde sa protection selon la confience que l'on a en elle j'ose me flatter de la mériter adjoutant a confience la vénération la plus Respectueuse pour votre Illustre personne à laquelle je reviens encor m'adresser pour exposer aux yeux de V. E. la triste cituation ou se trouue cette communauté par aport a l'incertitude ou l'on nous entretien si l'union de cette maison a celle de Bonlieu aurat bien tot lieu ou non...... V. E. ne peut que d'entrevoir qu'il est toujours nécessaire a une communauté Religieuse que sa ferveur et son zèle soit soûtenu par l'exemple d'une supérieure en qui réside toute authorité qui sert de frain au relachement auquel la foiblesse humaine n'est que trop porté dès lors qu'elle n'est pas retenue par un pouvoir absolu.

Je dois encor informer V. E. que depuis que l'on nous a annoncé le projet d'union nous n'avons fait aucunes réparation dans nôtre maison qui en demande de très essentielles et dispendieuse surtout l'appartement des hotes dont le couvert et les planchers tombe en ruine... Il y a près de deux mois que j''ay écrit à M. l'avocat general...... Mad^e L'abbesse de Bonlieu luy a de même écrit à ce sujet qui luy cause aussy de L'embarras ayant beaucoup fait de dépense pour nous préparer des chambres et s'étant privée d'un nombre de pentionnaires...... ce qui luy est très préjudiciable, les pentionnaires étant une ressource pour sa maison...... c'est donc avec une parfaite confience que J'ose espérer, Monsieur etc........

Monsieur
de V. E.
La très humble etc. etc.
s^r Du Boin Prieure

Ste Catherine ce 13 juillet 1772.

DOCUMENT XXVIII.

Abbaye Royale de Sainte-Catherine. Approbation de l'union et incorporation faite par décret de l'Evêque de Genève des personnes, biens et revenus de la susd^e abbaye à celle de Bonlieu, Ordre de Cîteaux.

Victor Amé......

Les Abbesse, Prieure et Religieuses de nos abbayes de Bonlieu et de Ste Catherine Ordre de Cîtaux et Diocèse de Genève, nous ont supplié de leur accorder nôtre approbation de l'union et incorporation faite par décret de l'Evêque de Genève du 9 d'octobre 1772 des personnes biens et revenus de lad⁰ abbaye de Ste Catherine à celle de Bonlieu, comme par le compte qui nous a été rendu de la sommaire apprise, à laquelle ce prelat a procédé, et des autres actes qui ont précédé, nous avons été informés que les motifs d'utilité et de nécessité de lad⁰ union qui avoient déterminé le feu Roi notre très honoré seigneur et Père à en agréer le projet, sont justifiés, nous avons bien voulu adhérer à la demande des suppliantes. A ces causes par les présentes, de notre certaine science......... Nous confirmons la susd⁰ union et incorporation dans tous les points clauses et conditions insérées dans la décret sus énoncé et l'approuvons afin qu'elle puisse sortir son plein et entier effet. Si donnons en mandement etc....

Données à Turin le 22 du mois de février l'an de grace 1775 et de notre Règne le 3ᵉ.

V. Amé (1).

BONLIEU

DOCUMENT XXIX (2).

1396.

Inst^m. legati facti per nobilem nycoletam filiam Johns ruphi quondam de bastia uxor. nob. Johns vicedognii de Calvomonte [ad opus] boni loci.

Anno Dni millesimo tercentesimo et nonag^mo sexto indit.... ab eodem anno sumpta, die decima quarta mensis.... Per hoc psens pub^m. Instrum. cunctis hbus fiat

(1) Archives de la Cour des comptes de Turin. Patentes, vol. 50, p. 94.
(2) Archives de la Société florimontane.

manifestum ut.... nobilis docella nicoleta filia quondam nblis Johanis ruphi alias de bastia.... condidit testamentum nuncupativum suum.... in dicto testamento continetur quedam clausula et talis est.... Item sepulturam eligit infra monasterium boni loci.... ubi vult et jubet corpus suum inhumari q. pdecessbs Johanis Vicedogni calvimonti viri sui.... infra capellam sti Johanis Batiste... q. diem suum clauserit extremum. Item dat et legat dicte capelle pro remedio aē sue et.... suorum decem lbas gebs. p. atquirendum decem solidos geb. annuales seu de redditu per annum, ad opus dicte capelle p suum heredem persolvendos pro uno anniversario ibid. faciendo per scti moniales (1) dicti monasterii consimilli die obitus dicte testatricis singulis annis. Item vult.... dicta testatrix detur cuil. capllno adineundum atque veniendum q̄situm corpus suum de bono loco apud calvum montem pro deponendo? q. diem suum clauserit extremum apud bonum locum vid. quatuor solidos geb. semel. Item dat et legat luminario quatuor lampades.... in pred monasterio boni loci vid. sex solidos geb. semel. Item ordinavit.... ut legata sua sint soluta de plano sine strepitu et figura judicii (2) p. heredem suum infrascrp.... P. ipsam testatricem est ordinatum in dicto suo testamento heredem suum universalem.... et ex ore suo proprio vocatum nobilem Johanem vicedognij calvimontis..... filium nobilis petri vicedognij de calvomonte etc.

(1) On dit encore *sanctimoniales*, les saintes nonnes, comme dans la charte, antérieure de 150 ans, au bas de laquelle on lit le nom de Béatrix de Jaz (p. 224).

(2) Nous trouvons cette formule : *sans bruit et sans figure de jugement*, employée encore en 1598 dans une lettre écrite de Prague au Sénat de Savoie par l'empereur d'Allemagne Rodolphe II.

Actum apud calvum montem in castro dicti loci in domo h. nblis pet. vice dognij in magna aula, atque present. uno et eodem contextu ad premissa perdictam nicoletam testatricem vocati et rogati vidèlicet nobilis Jacqueto de Copoys, petro mistral, alias mareschal, Ansemaro chen de calvomonte, Johs Thomas, Jhs bouzieri, petro cetardart, henrico Saltier, et dogno michaele mistral. Et ego fran^{us} Burlat de calvomonte, clericus auct. imp. not. pub^{us} .... in hanc formam pub^{cam} redegi signisque meis ex solito signavi fideliter que tradidi et complevi Rogatus.

DOCUMENT XXX.

Du 5e May 1553.

Entre Claude Philippe Oddinette, abbesse de Bonlieu dem^{resse} en cas d'excès; joint à elle le Procureur g^{al} du Roy; et Nicolas de Chavannes et Antoine de Montgaillard, défendeurs;

Veu les pièces, etc.... en ce qui touche Montgaillard, ordonne la confrontation des témoins avec lui dans huitaine; et à ces fins consignera ladite abbesse la somme de vingt souls;

Quant aux religieuses Philippe et Anthoine de Dortain et Jehanne de Crescherel mises sous la main de justice à la garde du seigneur de Mouxi seront remises et réduittes au dit monastaire et abbaye de Bonlieu pour par m^{re} Celse Morin, conseiller en la dite Court, en présence du Procureur général ou son substitut estre faites telles remontrances aux dites religieuses de Dortain et Crescherel qu'il appartiendra suivant les canoniques sanctions règles de l'Ordre de Cisteaux; et par le dit commissaire sera faite deue visitation et inquisition de la dite abbaye et religieuses d'icelle, pour le tout rapporté estre ordonné ainsi que de raison.

Et en tant que touche le dit sʳ de Chavannes la Court luy a ampliqué les arrests par la ville de Chambéry à charge de se représenter quand par elle il sera ordonné, sous peine d'estre attaint et convaincu des cas à lui imposés.

(Signé : Paschal et Valence (1).)

Du 20ᵉ May 1553.

(Entre les mêmes). La Court.... veu.... et les confrontations, ordonne qu'il sera plus amplement informé par le premier conseillier sur ce requis et les réponses des défendeurs équées à l'abbesse, et sur le tout estre conclu et ordonné ce que de raison ; eslargit les défendeurs moyennant une caution de 200 l. t. pʳ chacun et leur enjoint de ne parler ne faire parler de la matière du procès, les despends réservés en fin de cause.

Signé : Truchon et Crassus (2).

Du 21ᵉ Février 1554,

Prononcé à Monsʳ l'advocat gᵃˡ.

Entre le Procureur général du Roy demandeur en cas d'excès et de scandalle

Et Frère Jacques Nicodi religieux de l'Ordre Sainct Dominique prisonnier en la conciergerie de céans accusé,

Veu le procès-verbal de mʳᵉ Cleriadus de Lanoe (3) pré-

---

(1) Claude Paschal de Valentier, premier président du Parlement; de Valence, conseiller rapporteur.

(2) Jean de Truchon, président de chambre; Benoît Crassus, conseiller.

(3) Nommé à cette charge par patentes du duc de Guise du 3 mai 1553.

vost des maréchaulx de Savoie du 26ᵉ jour de décembre dernier les charges et informations sur ce prinses tant par le commissaire que par Sanson Dumontet, clerc du greffe, ensemble les Lettres missives et papiers produits les responses du dit Nicodi faites par devant le Commissaire despêché par arrest de la Court du 5 may dernier les conclusions du procureur du Roy du 16ᵉ jour du présent moys signé de Ganay (1) et tout considéré.

La Court avant fere droict sur la cause privilegiée a Renvoyé et renvoye le dit Nicodi avec ses charges et procédures pardevant son supérieur lequel elle exorte lui faire et parfaire son procès pour ce délist commun et procéder a la correction et pugnition d'icelluy en présence du rapporteur du procès ou aultre qui sera par la Court commis et pour enfin ledit supérieur commettre en son absence dans ceste ville de Chambéry tel vicaire que bon lui semblera et en référer a la Court dans le moys et à la charge du cas privilégié.

Et néantmoins ordonne la Court suyvant le dit arrest du 5ᵉ may dernier l'abbé de Cisteaux ou ses vicaires seront exortés vacquer diligemment en présence du dit commissaire au fait de la réformation du monastaire de Bonlieu selon les saincts decrets et constitutions de leur ordre et procéder à la correction et pugnition des excès et delits que sœurs Philippe et Anthoine de Dortans et Jehanne de Crescherel religieuses du dit monastaire se trouvent chargées par les dites informations et procédures ainsi que le verront a faire par raison et en Court dans trois moys sous peyne de saisie et reduction de leur temporel soubs la main du Roy et aultre plus grande à la

(1) Jules de Ganay, advocat général du Roy.

discrétion d'icelle et sur le tout le procureur général du Roy ou son substitut appelé pour requérir ce qui devra estre a fere par raison.

Signé : Paschal et Valence (1).

(1) Registre des arrêts criminels du Parlement de Chambéry, de 1553, fos 50 vo et 61 vo; de 1533, 1534, fo 72.

CORRECTIONS.

Page 59, 2e ligne des notes, supprimer le (2).

Page 61, 4e ligne, placer Claudine de Chevron après Pernette de Bellegarde.

Page 71, avant-dernière ligne, *lire la seconde note 1 à la page suivante.*

Page 80, 6e ligne, *au lieu de* Pompris, lire *Pourpris*.

Page 203, 9e ligne, *au lieu de* satyrique, lire *satirique*.

Page 249, 12e ligne, *au lieu de* MLXXII lire *MLXXXII*.

TABLES DES MATIÈRES

	Pages.
Chapitre I. — Situation du monastère	3
Chapitre II. — Fondation du monastère. — Guillaume Ier, comte de Genevois. — Béatrix de Genève, sa fille, comtesse de Maurienne et de Savoie	5
Chapitre III. — Tombeau de Guillaume Ier. — Mariage, enfants, mort et sépulture de Béatrix. — Costume et règlement des Cisterciennes	15
Chapitre IV. — Donation de Guillaume II et d'Albert de Compeys. — Le droit d'asile. — La leyde du sel. — Les moulins sur le Thiou, à Annecy	32
Chapitre V. — Sainte-Catherine se rend indépendante de Bonlieu. — Les deux premières abbesses : Agathe de Genevois et Béatrix de Compeys. — Tombeaux de Robert, évêque de Genève ; de Guy, évêque de Langres, et de Béatrix de Compeys	38
Chapitre VI. — xive siècle. Marguerite de Miolans, troisième abbesse. — Sépulture d'Amédée II de Genevois. — Guigonne Allamand, quatrième abbesse. — Sceau de l'abbesse. — Péronne de Crescherel, cinquième abbesse. — Confirmation du monopole des moulins à Gruffy. — Donation d'un personnat à Thônes, par Clément VII	46
Chapitre VII. — xve siècle. Sixième, septième, huitième, neuvième abbesse. — Jacquemette de Menthon. — Aynarde de Saint-Jeoire. — Catherine Blanc. — Anne de Saint-Jeoire. — Composition de l'abbaye en 1425	56
Chapitre VIII. — xvie siècle. Dixième, onzième, douzième, treizième, quatorzième abbesse. — Bernarde de Menthon. — Françoise de Beaufort. — Pernette	

de Bellegarde. — Claudine de Chevron-Vilette. — Jéromine de Maillard. — Passage de l'abbé de Clairvaux. — Composition de l'abbaye en 1543 et en 1560 ; Mlle de Blonay, pensionnaire........... 61

Chapitre IX. — XVIIe siècle. Quinzième, seizième abbesse. — Claudine de Menthon. — Pernette de Cerizier. — Composition de l'abbaye en 1511. — Projets de réforme de saint François de Sales....... 73

Chapitre X. — La Mère de Ballon. — Les réformées à Rumilly. — Election de Thérèse de Ballon, à Rumilly. — La Mère de Ponçonnas et les religieuses des Ayes. — Austérités — La sœur de Vignol. 79

Chapitre XI. — Dix-septième, dix-huitième abbesse. — Françoise de Regard-Chaney. — La novice Delaportaz. — Charlotte-Françoise de Vallon. — Carte du visiteur de Cîteaux. — Christine de Saint-Thomas, coadjutrice............................ 99

Chapitre XII. — Mme de Saint-Thomas, dix-neuvième abbesse. — Manquements dans la distribution des aumônes. — Registre des vestures. — Prises d'habit ; décès de religieuses, — d'oblates. — Maximum fixé par le Sénat pour la dot des religieuses...... 110

Chapitre XIII. — XVIIIe siècle. Aumôniers divers. — Visite de D. Martène et de D. Durand. — L'aumônier D. Masson, ramené à Hautecombe par ordre du Sénat............................ 119

Chapitre XIV. — Composition de l'abbaye en 1714. — Vingtième abbesse. — Election de Françoise de Bellegarde d'Entremont. Le Roi consulte le Sénat à ce sujet et prescrit une nouvelle élection. — L'abbé de Tamié, A. de Jouglas. — Intervention du sénateur Duclos d'Esery, — Election de Marie-Victoire de Menthon. — Prises d'habit ; aumôniers divers ; procès en déclaration d'échûte................ 125

Chapitre XV. — Vingt-unième et dernière abbesse. — Françoise-Gasparde de Madelain. — Composition

de l'abbaye en 1734 — Procès entre les religieuses.
— Enquête du Sénat. — Exil du confesseur D. Pennet. — Situation des couvents des Bernardines réformées dans le Genevois. — Composition de l'abbaye en 1762... 147

Chapitre XVI. — Union du monastère de Sainte-Catherine à celui de Bonlieu. — La prieure Duboin; Mgr Biord. — Composition des abbayes de Sainte-Catherine et de Bonlieu en 1771................ 164

Chapitre XVII. — État des revenus et des dépenses des abbayes de Sainte-Catherine et de Bonlieu... 194

Chapitre XVIII. — Vie en commun de Sainte-Catherine et de Bonlieu. — Incendie de Bonlieu. — Proposition d'envoyer toutes les religieuses à Sainte-Catherine. — Reconstruction de l'église de Bonlieu. — La Révolution française; liste des religieuses en 1793; renvoi des religieuses dans leurs familles; démolition de Sainte-Catherine; vente de Bonlieu. 200

Additions 214
Liste des abbesses de Sainte-Catherine.............. 217

Appendice.

ANNALES DE L'ABBAYE DE BONLIEU.

XIe, XIIe et XIIIe SIÈCLES. — *L'Obituaire.* — Fondation de l'abbaye à Chamarande, — à Bonlieu. — Tombeau d'Hugues de Viry ou de Sallenôve. — Premières donations à l'abbaye. — Les Cisterciennes ont-elles succédé à Bonlieu à un couvent d'Augustins ? — Les prieures. — Abandon de la suprématie sur Sainte-Catherine. — Donation de Guy Vagnard. 219

XIVe SIÈCLE. — L'abbesse Jacquette de Ternier; les abbesses Reuma ou Ramissa, Anglésie d'Hauteville, Acélie de Châtillon et Marguerite de... — L'abbesse Péronette de Sallenôve. — Testament de Nicolette Ruphy, femme de Jean Vidomne de Chaumont.... 227

XVe SIÈCLE. L'abbesse Jeanne de Châtillon. — Procès

et transaction avec Guigues de Sallenôve. — Composition de l'abbaye vers 1430 ; les abbesses Marie de Clermont et Aymée de Monthoux ; Jeanne de Sallenôve 229

XVIe SIÈCLE. — Les abbesses Gabrielle de Chaffardon et Madeleine de Montfalcon. — Passage des Clarisses de Genève à Bonlieu. — L'abbesse Claude-Philippe Oddinet. — Procès des sœurs de Dortain et de Crescherel et du prieur Nicodi, dominicain. — Envoi du sénateur Celse Morin à Bonlieu. — Dons du Duc Emmanuel-Philibert à l'abbesse Oddinet. — Placet en faveur de la sœur de Loissey. — L'abbesse Claudine de Valence. — Dons de Charles-Emmanuel I. — Charlotte de Mareste de Lucey. — Incendie à Bonlieu 231

XVIIe SIÈCLE. — Marguerite de Lucey. — Eléonore de Mareste de Lucey. — Le couvent est transféré de Bonlieu-Sallenôve à Annecy. — Dévotions introduites au couvent par Eléonore de Mareste. — Jeanne-Thérèse de Mareste ; conditions mises à son élection. — Permission de l'évêque de Cavaillon. — Le Chapitre en 1652. — Dons à l'abbaye 237

XVIIIe SIÈCLE. — Mme de Châteaufort de Lucey, coadjutrice. — Nomination de Françoise de Gruel de Vilars. — Composition de l'abbaye en 1719. — Lettre de l'abbesse au Roi. — Nomination de l'abbesse Françoise-Balthazarde de Bellegarde d'Entremont. — Dons du Roi à l'abbaye. — Changement de couvent ; les sœurs vont du faubourg de Bœuf au Pâquier. — Election de Thérèse de Planchamp de Châteaublanc. — Les pensionnaires. — Mlle de Graffenried. — Vente de la maison du faubourg de Bœuf. — Union de Ste-Catherine à Bonlieu. — Inventaire de l'argenterie sous la Révolution 241

Extraits de l'Obituaire 248
Liste des prieures et des abbesses de Bonlieu 252

Documents.

SAINTE-CATHERINE.

I. 1227, avril. — Donation du droit d'asile **254**
II. 1227, 11 juin. — Donations de la leyde du sel, de moulins sur le Thiou, etc., par Guillaume II, comte de Genève, et par Albert de Compeys **255**
III. 1242, octobre et 1243. — Sentence arbitrale entre Bonlieu et Sainte-Catherine **258**
IV. 1280, 1er avril. — Donation de moulins et battoirs à Gruffy, par Robert évêque de Genève **260**
V. 1308, 27 mars. — Confirmation de cette donation par Agnès de Châlon et Guillaume III **262**
VI. 1370, 10 décembre. — Reconnaissance en faveur de l'abbaye pour des immeubles en Semine **263**
VII. 1381, 13 juillet. — Lettres de Mathilde de Boulogne pour les moulins de Gruffy **264**
VIII. 1382, 14 septembre. — Lettres de la même pour le même objet **266**
IX. 1389, 24 mai. — Don d'un personnat à l'abbaye par le Pape Clément VII (Robert de Genève) **266**
X. 1394, 12 mai. — Lettres d'exemption d'impôts de Mathilde de Boulogne **268**
XI. 1413, 12 décembre. — Lettres du comte de Savoie Amédée VIII, nommant un chapelain à Ste-Catherine. **271**
XII. 1493, 9 mai. — Lettres de Blanche, duchesse de Savoie, confirmant les privilèges de Ste-Catherine. **272**
XIII. 1511, 26 septembre. — Approbation d'une vente par l'abbesse Bernarde de Menthon **273**
XIV. 1537, 16 décembre. — Lettres de Charlotte d'Orléans, comtesse de Genevois, confirmant les privilèges..... **275**
XV. 1562, 14 avril. — Lettres de Jacques de Savoie, comte de Genevois, pour le même objet **276**
XVI. 1614, 20 novembre. — Contrat de réception au noviciat de Charlotte-Françoise de Vallon **278**

XVII. 1563, 20 mai. — Vente de la seigneurie de Ballon par Emmanuel-Philibert à Pierre Perrucard, son valet de chambre 282
XVIII. 1716, 18 février. — Procès-verbal du sénateur Duclos d'Escry, de l'élection de l'abbesse Marie-Victoire de Menthon...................... 285
XIX. 1716, 19 février. — Procès-verbal de la même élection par l'abbé de Jouglas 291
XX. 1716, 15 mai. — Bénédiction de la même abbesse par l'abbé de Tamié........................ 294
XXI. 1718, 11 janvier. — Procès-verbal de prise d'habit. 294
XXII. 1737, 10 janvier. — Procès-verbal de profession. 295
XXIII. 1733, 15 avril. — Lettre de Charles-Emmanuel au Sénat..................................... 296
XXIV. 1734, 22 juin. — Lettre du baron de Vilette... 307
XXV. 1734. juin. — Supplique des religieuses au Roi. 308
XXVI. 1770. 17 décembre. — Autre supplique au Roi. 312
XXVII. 1772. 13 juillet. — Lettre de la prieure Duboin au ministre 313
XXVIII. 1775, 22 février. — Lettres Patentes d'approbation de l'union de Ste Catherine à Bonlieu...... 314

BONLIEU.

XXIX. 1396...... — Legs à Bonlieu, par Nicolette de Ruphy, épouse de Jean Vidomne de Chaumont.... 315
XXX. 1553, 5 et 20 mai. — Arrêts du Parlement de Savoie entre l'abbesse de Bonlieu et les sieurs de Chavannes et de Montgaillard.................. 317
— 1554. 21 février. — Arrêt du Parlement contre Jacques Nicodi, Frère prêcheur, et les sœurs Dortain et de Crescherel............................ 318
CORRECTIONS 320

$$\frac{S_0 \sigma}{T_b R}$$

DU MÊME AUTEUR :

En vente

aux librairies Perrin, Lajoue, Baujeat et Cie, à *Chambéry;*
Abry et Gravier, à *Annecy;* A. Brun, à *Lyon;*
Lechevalier, *Quai des Grands-Augustins, 39, à Paris.*

Chronologies pour les Études historiques en Savoie.
Rapport sur les travaux de la Société savoisienne d'Histoire et d'Archéologie (1855-1882).
Une Année de la Vie municipale de Rumilly (1689-1690).
L'Abbaye de Tamié en 1707. Élection de l'abbé de Jouglaz.
Trousseaux de Mariées en Savoie (XVIe et XVIIe siècles).
Le Prieuré de Peillonnex.
Le Mariage d'Alphonse de Lamartine. Chambéry. Aix-les-Bains, 1820.
Une Charte inédite d'Amédée IV de Savoie.
Notes historiques sur le Journal inédit d'un habitant d'Annecy au XVIIe siècle. (Séjour de Henry IV à Annecy. Funérailles de l'évêque Claude de Granier; funérailles d'Anne d'Est; ses portraits. Nomination d'Antoine Favre à la première Présidence du Sénat.)
Saint François de Sales, docteur en droit, avocat, sénateur. Sa correspondance inédite avec les frères Claude et Philippe de Quoëx. — Documents divers. — Fac-Simile et Sceaux.
Un Capitaine recruteur au XVIIe siècle. (Bords du lac d'Annecy, 1672.)